U0587596

逊色：
科学对女性
做错了什么

[英]安吉拉·萨伊尼 Angela Saini 著

李贯峰 译

重庆大学出版社

都非常完美。发射前一晚，我还计算了现有制作材料对于确定要来的人是否充足。

我根本用不着担心这些。因为当天我是唯一到场的人。不过，我的化学老师，善良的伊斯特布鲁克（Easterbrook）先生，最后还是留下来帮我完成了活动。

如果你是一个这样成长起来的怪咖，应该知道自己有多孤独；而如果恰好你又是一个女怪咖，就会觉得越发孤独。当我读到中学六年级时，我是化学班的8个学生中唯一的女生。在数学班的12个学生中，我也是唯一的女生。几年后，当我决定学习工程专业时，我发现自己是9个人的班级中唯一的女生。

这么多年过去了，情况没什么变化。妇女工程协会（Women's Engineering Society）在2016年收集的统计数据显示，英国只有9%的工程人员是女性，而工程专业本科生中，女性的比例也刚过15%。一项来自WISE（Women into Science and Engineering的缩写，这是英国一家旨在促进女性在科学、工程学和技术等领域发展的组织）的数据显示，2015年，女性在这些领域中的人数比例略高于14%。按照美国国家科学基金会（National Science Foundation）提供的数据，尽管有接近一半的科学工作者是女性，但她们在工程学、物理学和数学领域仍表现出弱势。

16岁的我，一个人站在学校操场上，当然想不通。我家一共有三个女孩，数学方面都非常出色。在我就读的学校，女孩和男孩在成绩表现上向来势均力敌。根据妇女工程学会的数据，在英国中学的入学水平考试中，参加人数和核心科学与数学科目的考试成绩中几乎没有表现出性别差异。实际上，如今女生比男生更有可能在这些科目上取得最高分。在美国，自20世纪90年代末以来，科学和工程学学位差不多有一半都颁发给了女性。

然而，随着年龄的增长，坚持从事科学工作的女性似乎越来越少。在各个领域的最高层，她们都是明显的少数。无论我们把目光放到什么时代，情况大抵都是如此。从1901年到2016年，共有911人获得诺贝尔奖，其中女性只有48位，这些女性获奖者中有16位是诺贝尔和平奖，14位是诺贝尔文学奖。菲尔兹奖是当今数学领域的最高荣誉，目前只有出生于伊朗的数学家玛丽安·米尔札哈尼（Maryam Mirzakhani）在2014年得过一次。

我从大学毕业几年以后，2005年1月，哈佛大学校长、经济学家劳伦斯·萨默斯（Lawrence Summers）

对这一差距给出了一个极具争议性的解释。他在一次私下会晤中表示，精英大学中缺少顶尖女性科学家的背后原因，或许某种程度上涉及"固有天分问题"这样一个"不幸的事实"。换句话说，在男性和女性之间，存在一种生物学意义上的差距。虽然仍有少数学者为他辩护，但总体而言，萨默斯的言论引起了众怒。不到一年，他就辞去了校长职务。

但是，始终存在各种轻微的质疑之声。

或许萨默斯敢于把这种话说出来，但有几个人没有产生过诸如此类的念头呢：两性之间可能存在着某种与生俱来的本质差异，这种差异让我们彼此分立；女性大脑与男性大脑有着根本的不同，这就解释了为何我们很少看到女性在科学领域中担任顶尖职务。这种半遮半掩的不确定性正是本书的核心。疑虑始终萦绕在我们心头，是否存在这样一种可能性：女性注定无法与男性平起平坐，就是因为女性在身体和思想方面不如男性。

即便到了今天，我们对宝宝的期望仍以粉色和蓝色填充；我们给男孩买玩具卡车，给女孩买洋娃娃，当他们喜欢诸如此类的玩具时，我们就会很开心。这些从小就有的差别对待，反映出我们内心的想法：男女之间存在着一条生物学分界线，也许正是这种差异塑造了我们在社会中的不同角色。人们彼此之间的关系受到观念的引导，而数十年的科学研究则强化了固有观念，比如男人喜欢见异思迁，女人更愿意从一而终，等等。放眼历史，到处都充斥着此类性别迷思。当我们想象早期人类的生活时，映入脑海的是强壮的男子飞奔在丛林中寻找猎物，而柔弱、温柔的女人待在家里照看炉火和孩子。我们甚至怀疑，是不是由于身体更高大、更强壮，男性天然就占据了主导地位。

在更好地理解自己、去伪存真的过程中，我们当然会求助于生物学。人们相信只有科学才能够解除这些暗暗的、吹毛求疵的感觉，因为似乎无论通过多少平权立法，这种感觉永远挥之不去——男人和女人是不同的。可实际上，我们的生物学甚至可能会对已然存在于世界各地，并将继续存在的性别不平等做出解释。

很明显，这是一个危险的领域。女权主义者尤为强烈地反对由生物学来定义我们的生活。许多人相信，在争取基本权利的过程中，科学说法不应成为考虑因素。他们说，每个人都应该拥有公平的竞争环境。这当然没错，但是我们也不能简单地忽视生物学。如果两性之间确实存在差别，我们当然想要知道。但更重要的是，如果我们想建立一个更公平的社会，就需要能够理解这些差异、适应这些差异。

问题在于，科学给我们的答案并不总是表面上看起来那样。当我们向科学家寻求解决方案时，会假设他们是中立的。我们觉得科学方法不可能带有偏见，也不会算计女性。但我们错了。为什么科学领域中女性如此之少？这个谜题对于理解为什么存在诸如此类的偏见至关重要。不是因为它透露了女性的能力，而是因为它解释了：虽然几个世纪以来我们一直在为之奋斗，但科学仍然未能使我们摆脱性别的刻板印象和危险迷思。女性在现代科学领域中所占的比例严重不足，因为在大多数历史时期，人们认为她们在智力上逊色于男性，故意将其排除在科学领域之外。因此，科学机构同样歪曲了关于女性的整体情况，也就毫不奇怪了。这反过来也扭曲了科学的面貌，甚至扭曲了如今它所表达的观点。

当16岁的我一个人站在操场上，将自制的火箭发射向天空时，我深爱着科学。我想那是一个答案明确，未曾受到主观性和歧视污染的世界，那是一座没有偏见的理性灯塔。但我那时并不知道，自己孤身一人站在操场，正是因为科学的世界并非如此。

在2012年发表的一项研究中，心理学家科琳娜·莫斯–拉库津（Corinne Moss-Racusin）和耶鲁大学的一组研究人员考察了科学中的偏见问题，具体方式是请100多位科学家评估申请空缺的实验室主管职位的求职者所提交的简历。每一份简历都完全相同，除了其中一半用女性的名字，另一半用男性的名字。

当实验人员要求科学家评估这些潜在的雇员时，他们对姓名为女性的简历持有者的称职性和可雇佣性的评价相当低。科学家们也不太愿意指导她们，给出的起薪也明显更低。研究人员在论文中补充说，有趣的是[这篇文章发表在《美国国家科学院院刊》（Proceedings of the National Academy of Sciences）上]："这些来自学院的调查参与者，其性别并不影响回应内容，也就是说，女性和男性科学家都有可能对女性表现出偏见。"这项调查结果表明，性别偏见已经深深根植于科学文化当中，以致女性自己也在歧视其他女性。

性别歧视不仅仅是男性针对女性而施行的行为，也会融入整个体系的机理当中。在现代科学中，这个体系一直都属于男性。按照联合国教科文组织（UNESCO）

保存的全球科学界女性数据估计，2013年，全世界仅有略多于1/4的科学研究人员是女性。在北美和西欧，这一数字是32%；而在埃塞俄比亚，该数字只有13%。

　　通常情况下，在本科阶段女生的数量较多，而随着学历程度上升，人数却越来越少。这一现象至少在某种程度上可以从存在已久的儿童保育问题入手来解释，正在男性同事投入更多时间到工作中，并逐步得到晋升时，抚养孩子却让女性与职业生涯脱节。2013年，美国研究者玛丽·安·梅森（Mary Ann Mason）、尼古拉斯·沃尔芬格（Nicholas Wolfinger）和马克·古尔登（Marc Goulden）曾就这一话题出版过《孩子重要吗：象牙塔里的性别与家庭》（*Do Babies Matters?: Gender and Family in the Ivory Tower*），他们发现在美国，有年幼子女的已婚母亲，比同样状况的已婚父亲，获得终生教职的可能性低1/3。这不是女性缺乏天赋的问题，因为未婚无子女的女性获得此类工作的可能性，要比未婚无子女的男性高出大约4%。

　　美国劳工统计局（The Bureau of Labor Statistics）每年都会开展年度时间使用调查，以分析人们每天如何度过自己的时间。当前美国的劳动力几乎有一半都是女性，但是美国劳工统计局发现，在2014年，女性比男性每天要多花半个小时的时间做家务。在一天当中，只有1/5的男性会做家务，相比之下，做家务的女性数量要接近一半。在有6岁以下儿童的家庭中，男性给予这些孩子实际照顾的时间不到女性的一半。而在工作的问题上，男性每天花在工作上的时间要比女性多52分钟。

这些差异在一定程度上解释了为什么职场中会有如此这般的情况存在。一个能在办公室或实验室投入更多时间的男性，自然会比一个做不到这样的女性在职业生涯中表现得更好。当面对应该谁来休产假或陪产假之类的问题时，暂停工作的几乎总是母亲。

数百万家庭微小个人选择的累积会对社会面貌产生巨大的影响。据美国妇女政策研究所（The Institute for Women's Policy Research）估计，2015年，男性每挣一美元，全职工作的女性只能挣79美分。1970年，英国通过了《同酬法案》（*The Equal Pay Act*）。但是如今，根据国家统计局（Office for National Statistics）的数据，虽然数字正在下降，但两性之间的工资差距仍然超过18%。在科学和技术工作部门，这一差距高达24%。《泰晤士高等教育》（*Times Higher Education*）2016

学领域中的性别失衡，至少部分原因在于，女性终其一生都置身于男性通常不会遭遇到的压力之网当中。

虽然一些地区和领域中的性别图景异常暗淡，但统计数据也揭示出了例外情况。在某些学科当中，无论是大学还是职场里，女性的数量都超过了男性。学习生命科学和心理学的女性往往多于男性。在某些地区，女性在科学中的总体表现要好得多，这表明文化在其中也发挥了作用。比如在玻利维亚，女性占所有科研人员的比例达到了63%；在中亚地区，这个比例差不多是一半。而在我们家族的故乡印度（我的父亲曾在那里学习工程学），女性在工科的所有学生中占比1/3。同样，在伊朗，女性科学家和工程师的比例也很高。如果女性真的在科研方面逊色于男性，我们也就不会看到这些不一样的状况了——这再次证明，事情要比看上去复杂得多。

和所有事情一样，从头细说会很有帮助。因为从一开始，科学就把女性视为智力低于男性的群体。

斯坦福大学科学史教授，《心灵没有性别？：现代科学起源中的女性》（*The Mind Has No Sex?: Women in the Origins of Modern Science*）一书的作者隆达·席宾格（Londa Schiebinger）写道："近三百年来，英国

皇家学会中唯一永恒的女性存在，便是一具保存在学会解剖储藏室中的女性骨骼。"

英国皇家学会1660年在伦敦创建，是世界上最古老的科学机构之一，但它直到1945年都没能选举出一位正式的女性成员。而直至20世纪中叶，巴黎和柏林的各大著名科学院才吸纳了第一批女性成员，这些欧洲的科学院正是现代科学的发祥地。这些成立于16世纪和17世纪的科学机构，是科学家聚集在一起分享思想的论坛，随后，这些科学院开始授予荣誉，包括会员资格等。如今，它们还会向政府提供科学政策方面的建议。然而，在科学院历史的大多数时间里，它们都理所当然地将女性排除在外。

情况在出现转机之前变得更糟了。在早期阶段，当科学尚属于狂热爱好者的业余活动时，女性至少还有机会接触到它，即便只是嫁给有钱的科学家，进而有机会和他们在自家实验室里一起工作。但是到了19世纪末，科学变成了一项严肃的事业，有了自己的一系列规则和官方机构。于是，女性发现自己已经几乎被排除到了科学领域之外，迈阿密大学的历史学家金伯利·哈姆林（Kimberly Hamlin）说："科学中的性别歧视与科学本身的专业化过程是一致的。女性进入科学界的机会越来越少。"

这种差别对待不仅发生在位于科学等级顶端的大人物身上。令人难以置信的是，甚至直到20世纪，女性才被允许进入大学学习或授予学位。隆达·席宾格写道："从一开始，欧洲大学原则上就是将女性拒之门外的。"大学的课程旨在为男性进入神学、法律、政府机构或医学等领域做好职业准备，而女性是禁止从事这些行当的。医生当时相信，高等教育的精神压力可能会损耗女性生殖系统的能量，从而对其生育能力造成伤害。

当时人们甚至认为，只要女性在旁边，就可能会打扰男性严肃的脑力工作。中世纪修道院男性独身的传统，在牛津大学和剑桥大学一直延续到19世纪末，教授是不允许结婚的。剑桥大学直到1947年，才以等同于男性的条件授予女性学位。同样，哈佛医学院直到1945年还在拒绝接纳女学生。第一位申请到职位的女性差不多就在一个世纪前而已。

这并不意味着当时没有女性科学家，她们存在。许多女科学家甚至在逆境中取得了成功，却经常被当成局外人对待。最著名的例子就是玛丽·居里（Marie Curie），虽然她是第一位两次获得诺贝尔奖的人，但1911年法国科学院（France's Academy of Sciences）却拒绝接纳她作为其中的一员，因为她是一个女人。

还有一些女性没有那么为人所熟知。20世纪初，美国生物学家妮蒂·玛丽亚·史蒂文斯（Nettie Maria Stevens）在发现决定性别的染色体方面起到了关键性作用，但她的科学贡献基本被历史忽视了。第一次世界大战期间，德国数学家埃米·纳脱（Emmy Noether）被提名为格丁根大学的教员时，一位教授抱怨说："当我们的战士返回大学，发现自己要屈尊向一个女人学习，他们会做何感想？"在随后的四年中，纳脱在一位男同事的名下非正式授课，而且没有薪水。在她去世后，爱因斯坦在《纽约时报》（New York Times）上称其为"自女性开始接受高等教育以来，迄今为止最有创造力的数学天才"。

甚至到了第二次世界大战，当更多的大学向女性学生和教师开放时，她们仍然被视为二等公民。1944年，尽管物理学家莉泽·迈特纳（Lise Meitner）对核裂变的发现做出了决定性的贡献，但她却未能获得诺贝尔奖。她的故事就是一堂关于坚持不懈的人生课。在她成长起来的奥地利，当时女孩如果超过14岁就不会再接受教育。为了追寻自己对物理学的热爱，迈特纳跟随私人家庭教师学习。当她终于在柏林大学得到了一个研究职位时，办公室却是一间很小的地下室，而且没有薪水。大学还禁止她出入男科学家工作的楼层。

还有其他人像迈特纳一样受到过不公正的待遇。罗莎琳德·富兰克林（Rosalind Franklin）为破译DNA结构做出的巨大贡献几乎完全被无视了，在她去世后，1962年，詹姆斯·沃森（James Watson）、弗朗西斯·克里克（Francis Crick）和莫里斯·威尔金斯（Maurice Wilkins）分享了诺贝尔奖。在离我们更近的1974年，为发现脉冲星而颁发的诺贝尔奖，并没有授予真正取得突破的天体物理学家乔斯琳·贝尔·伯内尔（Jocelyn Bell Burnell），而是给了她的男导师。

我们不得不在科学的历史中追寻女性的身影——并非因为她们没有能力做研究，而是在相当长一段时间里，她们没有接触科学的机会。持续了几个世纪，充斥着根深蒂固的排斥和偏见的体制刚刚开始恢复，而我们至今仍然生活在它的遗物当中。

多伦多大学批判理论教授马里·鲁蒂（Mari Ruti）在其2015年的著作《科学的性别歧视时代》(The Age of

Scientific Sexism）中说："我发现，即便是最卓越的男性头脑，当他们谈到女人时，偶尔也会变得愚蠢——当性别问题作为一个议题时，某些东西会让原本具有洞察力的知识分子变得愚钝不堪。"

在当前的科学研究中，性别差异是最炙手可热的议题之一。2013年，《纽约时报》上的一篇文章说，自千禧年之后，科学杂志已经就性别差异问题发表了三万篇论文。法医在千方百计地寻找男女之间的鸿沟，无论是语言、交往关系、思维方式、养育方式，还是生理和心理能力。出版的著述似乎强化了两性之间鸿沟的巨大神话。

在本书中，我分析了其中的若干研究，并采访了背后一些人物。这样做会揭示出一大批可能让我们每个人都提出质疑的研究工作。有些科学家声称，由于两性大脑结构不同，因此女性在数学、空间推理和任何需要理解系统如何运作的工作上（如汽车和计算机）通常都要比男性差。还有人坚持认为男性在人类进化史中起到了主导作用，因为是他们在狩猎动物，而女性留守后方和照顾孩子的工作显然没什么挑战性。甚至有人认为，人类进化到如今这般智慧和具有创造力，正是男性各种行为的功劳。还有人提出，女性之所以有更年期，是因为男性觉得年老的女人缺乏吸引力。

我们很难去质问此类理论背后的动机。在宴会上听起来非常令人反感的话，如果从一个穿着实验室大褂的人口中说出来，似乎就变得颇为可信。但是我们需要保持警惕。比如，你在报纸上看到有这样的研究，说男人比女人更擅长看地图或者泊车，它可能与另一项针对不同人群的研究结果截然相反，那项研究会说，恰恰是女人更擅长看地图或泊车。精美的脑部扫描并非其所宣称的那样，是我们思维的图像。在某些科学分支，如进化心理学当中，各种各样的理论或许只不过是经由少量不可靠的证据碎片拼凑而成的一段叙事。

如果某些研究看起来有性别歧视的倾向，有时候是因为它们确实如此。很难指望多个世纪以来将女性排除在科学之外这种根深蒂固的偏见，不渗透到科学的血液和骨骼当中，过去如此，也会一直延续至今。

然而，这还不是全部。

让更多女性参与科学，正在改变科学的运作方式。如今有人开始对以往从未被质疑的问题发问，前提假设遭到挑战，新观念正在取代旧思想。近几十年来，研究人员（其中许多是女性，但也包括男性）对过去描绘的那种扭曲的通常是负面的女性形象进行了强有力的检视，他们发现过去的做法存在着缺陷。这种替代性的描绘方式从完全不同的视角揭示了人类。

如今，抛开接二连三颇成问题的性别差异研究，我们获得了一种思考女性思维和身体的全新方式。例如，关于性别差异的新理论表明，女性大脑和男性大脑之间的细微差别，只不过是由我们每个人都与众不同这一事实所带来的统计结果。几十年对女孩和男孩的严格测试证实，两性之间的心理差异微乎其微，而我们所看到的性别差异，在很大程度上是由文化塑造的，而不是生物机制。对人类进化历史的研究表明，男性统治和父权制并非某些人宣称的那样，在生物学的意义上与人类社会之间具有固定关联，实际上，我们曾经是一个人人平等的族群。甚至连"男人比女人更滥情"这种老掉牙的神话都被抛弃了。同样，社会对我们行为的影响要比生物机制大得多。

挑战"作为女性意味着什么"的传统观念，是一项需要充分论证的细致工作。这不是一幅关于弱者或从属者的肖像。她在科学上既没有表现得逊色于男性，也没有任何一个温和顺从式的形容词能用来将其与男性区分开，将她归类到更规规矩矩、更谦恭的性别成员当中。这位女性和其他任何人一样，都代表了坚强、谋略与智慧。

这是一个引人注目的科学研究主体，它肯定了性别平等的重要性，而不是在性别战争中进一步割裂男性和女性。它让我们彼此更加紧密。

在宣传第一本书《极客帝国》（*Geek Nation*）期间，我曾在谢菲尔德市做过一次演讲。演讲最后，一个矮个子的中年男子走过来，私下问了我一些问题。

他冷笑着问道："为什么我看不到女科学家？也没见哪个女的得过诺贝尔奖？在科学方面，女人就是不如男人。事实证明，她们没有男人聪明。"他紧紧贴着我的脸，甚至把我逼到了墙角。一个性别歧视者的夸夸其谈也会迅速转变成种族歧视。我试着反驳，先是列出了能想起来的有成就的女科学家，又仓促整理了一些关于学龄前女孩比男孩更擅长数学的统计数据。但是最后，我放弃了。我不知道说什么才能让他相信我们之间是平等的。

我们中有谁没碰到过这样的人呢？自视甚高的老板、"直男癌"男友、互联网上的"键盘侠"……我希望自己的装备库里有一套科学论据，能证明他们是错的。强化两性平等这一事实不仅是政治理念，而且是每位女性与生俱来的权利。

如果你也一样，遭遇过我在谢菲尔德市所面对的场景，曾经与同样的愤怒对抗，对方告诉你女人不如男人，而你也同样绝望地试着不要失去控制，而是想要用手头确凿的事实和历史向对方解释，那么，这本书正适合你。我在这本书中遍历了一位女性一生中的各个阶段，从出生到工作生活，从为人母到更年期再到老年，以此去探问科学究竟向我们讲述了什么？以及就当前这些争论来说，还有什么是悬而未决的？

尽管有一些不愉快的个人经历，但我并未抱着别有用心的心态写作这本书。作为一名记者，我恪守着真正的事实。同时，作为一个有着科学和工程学学术背景的人，我希望能够更好地理解相关研究。本书所检视的研究范围涵盖了神经科学、心理学、医学人类学和进化生物学。在从19世纪开始一直到今天这个时间跨度中，我一直在努力弄清楚，为什么我们认为如此真实的东西，实际上并不可靠。本书考察了那些引起热议的研究，这类研究声称对女性的刻板印象是有科学依据的。与此同时，我还探讨了赋予女性新形象的研究，这个形象与以往大不相同。

这种做法并不总是让人读起来舒舒服服的。现实有时候要比人们的期望更灰暗。科学研究也不总是告诉我们想要知道的事。但这是对当前的证据和论争现状的解读，记录着为了女性的心灵与灵魂所展开的苦涩科学斗争。

对我而言，这场斗争代表了女权主义的终极前沿。它有可能会破除女性与完全平等之间至今仍然存在的最大障碍，也就是我们心中的障碍。我曾为本书最后一章的写作就更年期研究问题采访过犹他大学人类学家克丽丝滕·霍克斯（Kristen Hawkes），正如她所言："如果你真的关注生物学，怎么能不成为一个女权主义者？反之，如果你是一个严肃的女权主义者，而且想要理解这些东西的基础，以及它们从何而来，那么也要关注生物学，我们需要更多的科学，而不是相反。"

第一章

女性逊色于男性

为了证明女性的低劣，
反女权主义者不但开始像
以往那样诉诸宗教、
哲学和神学，而且利用
科学：生物学、实验心理学等。

西蒙娜·德·波伏娃（Simone de Beauvoir）：
《第二性》（*The Second Sex*, 1949）

夏末的剑桥大学，树叶正开始枯黄，这里一定和19世纪早期达尔文在此读书时一样美丽。在大学图书馆楼上安静而高耸的西北角，至今还保留着他的痕迹。我坐在手稿室的皮面桌子旁，手里拿着三封书信，它们纸张泛黄，墨水褪色，折痕也变成了棕色。这几封信共同讲述了在现代科学史最关键的时刻，当生物学的基础被勾勒出来时，人们是如何看待女性的。

第一封信是写给达尔文的，用工整得无可挑剔的字迹写在了一小片厚厚的白纸上。信的日期是1881年12月，来自卡罗琳·肯纳德夫人（Caroline Kennard），她当时住在马萨诸塞州波士顿郊外一座名为布鲁克莱恩的富裕小镇上。肯纳德夫人致力于提高妇女的地位，在当地妇女运动中表现卓越，有一次她还争取让警察局雇佣女性调查员。此外，她还对科学感兴趣。肯纳德在信中对达尔文提出了一个简单的请求。这个请求基于她在波士顿妇女集会上的一次骇人遭遇而来。肯纳德写道，有人采取了这样一种立场，即女性"无论在过去、现在还是未来，都是劣等的"，而且宣称这样的立场是"基于科学的原则"。鼓励此人做出如此离谱言论的权威，正是达尔文本人的一部著作。

收到肯纳德的信时，距离达尔文离世只剩下几个月了。早在1859年，他就出版了自己最重要的著作《物种起源》（*On the Origin of Species*），12年后又出版了《人类的由来》（*The Descent of Man*）。这两本书揭示了我们如何发展出更善于生存和繁衍后代的特征，由更简单的生命形式进化为今天的人类。这是建立在自然选择和性选择（sexual selection）基础上的达尔文进化论基石，这些理论就像炸药一样炸开了维多利亚社会，改变了人们对人类起源的看法。他的科学遗产让人们深信不疑。

肯纳德在信中很自然地假设像达尔文这样的天才不可能相信女人天生不如男人。他的著作一定被误读了。她恳求道："鉴于您的意见和权威有着巨大的影响力，如果看到了谬论，应该进行纠正。"

次月，达尔文在肯特郡唐恩的家中回信说道："您提出的是一个颇为棘手的问题。"达尔文的回信字迹潦草，难以阅读，以至于人们把整封信逐字逐句抄写在另一张纸上，连同原件一起保存在剑桥大学的档案馆里。但这封信最令人不快的并不是字迹，而是内容。如果彬彬有礼的肯纳德夫人期待这位伟大的科学家消除她的疑虑，否认女性实际上比男性劣等，那可能要失望了。达尔文在信中说："我虽然认为女性的道德品质普遍优于男性，但在智力上却不如他们。而且，从继承法的角度来说（如果我对该法律理解正确的话），如果她们在智力上与男人相当，在我看来似乎会造成很大的困难。"

回信到此并未结束。达尔文补充道，如果要超越这种生物上的不平等性，女性就要像男人一样养家糊口。但这不是一个好主意，因为这样做可能会损害孩子和家庭的幸福。达尔文对肯纳德说，女性不仅在智力上不如男性，而且她们最好不要向往家庭以外的生活。这便否定了肯纳德和当时的妇女运动所要争取的一切。

达尔文在私人信件中所说的话与其著作中明确表达的观点是一致的。他在《人类的由来》中提出，雄性为了赢取配偶要应对巨大的压力，因此在千百年来的进化过程中，他们获得了比雌性更大的优势。比如，雄孔雀进化出了光鲜、奇特的羽毛，以此来吸引外表平庸的雌孔雀。同样，雄狮也进化出了亮丽的鬃毛。他的意思是说，从进化的角度来看，无论外表多么暗淡，雌性总归能够繁殖。

她们可以悠闲地坐下来挑选伴侣，而雄性必须竭尽全力打动她们，还要与其他雄性竞争，从而赢得她们的青睐。按照这个逻辑，对人类来说，争夺女性的激烈竞争意味着男性必须成为战士和思想家。几千年来，这已经让他们磨炼出更敏锐的头脑和更精细的身体素质。女性确实不如男性进化得更完善。

达尔文还在《人类的由来》中解释说："两性在智力上的主要区别在于，无论男性从事何种工作，都要比女性更卓越，不管是需要深刻地思考、推理抑或需要想象力的参与，还是仅仅需要使用感官和双手。"对他而言，关于这方面的证据无处不在。顶尖的作家、艺术家和科学家几乎都是男性。他认为这种不平等只是生物事实的反映而已，因此，他得出了"男人最终变得比女人更卓越"的结论。

如今读起来，这些言论着实令人咋舌。达尔文认为，如果女性以某种方式设法发展出与男性同样非凡的品质，那或许是因为她们在拽着男人的衣摆前进，因为实际上，婴儿在子宫中会继承父母双方的品质。在这个过程中，女孩们会意外获得父亲的某些优秀品质，"的确，幸运的是，诸种品质在两性之间同等传递的规律普遍存在于整个哺乳动物族群当中，否则的话，男性很可能在精神禀赋上也比女性优越，就像雄孔雀比雌孔雀羽毛更华丽一样。"他暗示说，只是由于一丝生物运气，才使得女性免于比现在还更次于男性。试图追赶男性是一场注定失败的赌局，不亚于和大自然做斗争。

公平地说，达尔文毕竟是他那个时代的人。他对女性社会地位的传统看法，不仅贯穿在自己的科学著作中，也是当时许多杰出生物学家的观点。他的进化论理念或许是革命性的，但对女性的态度却是顽固的维多利亚式的。

我们可以从肯纳德对达尔文这封信的冗长、言辞激烈的回信中猜测出她当时做何感想。她的第二封信远不如第一封措辞优雅。她说，女性对社会的贡献远非仅限于家务，而是和男人一样多。毕竟只有在富裕的中产阶级圈子当中，女人才不用出去工作。对许多维多利亚时代的家庭来说，女性的收入对维持生计而言至关重要。男女之间的差距不在于他们做了多少工作，而是他们被允许做什么样的工作。在19世纪，大多数职业，包括政治活动和高等教育等，都将妇女拒之门外。

因此，当女性出门工作时，她们通常只能干各种薪资很低的活儿，比如家务劳动、洗衣服或者在纺织厂和工厂里做工。肯纳德夫人写道："当丈夫一周工作数小时却只……给妻子带回少量的收入，真正养家的是谁呢？她们夜以继日、无休止地牺牲自己，为了爱人精打细算，辛苦赚取每一分钱。"

在书信的结尾她愤怒地写道:"请让女人拥有和男人一样的机会均等的'环境',之后再来公平判断她们是不是智力上不如男人。"

达尔文会对肯纳德的回信做出何种反应,我们已经无从知晓,因为在图书馆的档案室里,找不到他们更进一步的通信了。

但我们知道,她是对的,达尔文的科学理念反映出当时的社会信念,这些信念影响了人们对女性能力的判断。此类观念来自一脉相承的科学思维,这种思维至少可以追溯到启蒙运动时期,当时理性和理性主义在整个欧洲大陆传播,改变了人们对人类心灵和身体的看法。隆达·席宾格对我解释说:"科学作为自然的认识者受到拥戴。"女人被刻画成属于家庭(私人领域),男性则属于公共领域。母亲生儿育女的工作,其作用是培育新生公民。

在达尔文提出自己研究的19世纪中叶,软弱、智力上更简单的女性形象是一种普遍假定。社会期望妻子们是贤惠、被动、顺从丈夫的。英国诗人考文垂·帕特莫尔(Conventry Patmore)在当时流行的一首名为"家里的天使"(*The Angel in the House*)的诗歌中,完美诠释了这种观念:"男人必须被取悦;而取悦男人 / 是女人的快乐所在。"许多人当时认为,女人天生不适合专门的职业工作，她们不需要有公共生活，她们也不需要投票。

当这些偏见遇到进化生物学时，形成了一种特别的有毒混合物，随后将毒害科学研究几十年。杰出的科学家们毫不掩饰对女性的看法，就像达尔文那样，认为女人是人类更次等的那一半。

的确，今天我们阅读维多利亚时期的著名思想家们关于女性的某些言论，很难不感到震惊。1887年，进化生物学家乔治·罗马尼斯（George Romanes，也是达尔文的朋友）在《大众科学月刊》（*Popular Science Monthly*）上发表了一篇文章，他在文中故作姿态地称赞了女性"高贵"和"可爱"的品质，包括"美丽、得体、欢乐、忠贞和机智"等。但和达尔文一样，他也坚持认为，无论女人怎样努力，永远都不可能达到男人的智力高度："从长期存在的软弱感和随之而来的依赖感，女人也会产生一种根深蒂固的欲望，想要取悦异性，这种欲望始于做奴隶的恐惧，最终会在做妻子的忠顺中达到圆满。"

与此同时，苏格兰生物学家帕特里克·格迪斯（Patrick Geddes）和博物学家约翰·阿瑟·汤姆森（John Arthur Thomson）在1889年出版的畅销书《性的进化》（*The Evolution of Sex*）中提出，女性与男性之间正如被动的卵子和精力充沛的精子一样彼此不同。"两性的差距可能被夸大或缩小，但要消除它们，就必须在全新的基础上重新走完所有进化的步骤。在史前原生动物时期已经决定的事是无法被议会法案废除的", 他们这样说显然是在讽刺女性为争取投票权所做的斗争。盖迪斯和汤姆森的论述长达三百多页，其中囊括许多表格和动物线条画，勾勒出他们如何将女性视为男性的辅助角色（作为养家糊口男人的贤内助），而且永远无法与男性平起平坐的观点。

另一个例子是达尔文的表弟弗朗西斯·高尔顿（Francis Galton，历史上称其为优生学之父），他致力于测定人与人之间的生理差异。在他的众多离奇研究规划中，有一张制作于19世纪末的所谓英国"美貌地图"，这张图通过秘密观察英国不同地区的女性，将她们从最丑到最美进行分级。如高尔顿之类的男人，挥舞着他们的尺子和显微镜，将性别歧视强化为无法挑战的东西。通过测量和标准化，他们将本应被视为荒谬的规划披上了科学体面的外衣。

与这样的男性科学体制较量并不容易。但是，对于像肯纳德这样身在19世纪的女性来说，一切都刻不容缓。她们是在为自己的基本权利斗争，因为她们甚至都没有被认可成为正式公民。直到1882年，英国已婚妇女才获得拥有和掌控自己财产的权利；而在1887年，美国只有2/3的州允许已婚妇女保留自己的收入所得。

肯纳德和妇女运动中的其他人士意识到，关于女性低人一等的思想争论，只能以智识为基础才能取得胜利。女性必须像攻击她们的男生物学家一样，利用科学捍卫自己。生活在一个世纪前的英国作家玛丽·沃斯通克拉夫特（Mary Wollstonecraft）敦促女性进行自我教育……她在1792年的《女权辩护》（A Vindication of the Rights of Woman）一书中写道："人类的德性进步和知识提升必须不断接受检视……直到女性接受到更合理的教育。"维多利亚时代杰出的妇女参政论者（suffragists）也持同样的观点，她们运用所允许接受的教育，来质疑关于女性的书写内容。

新兴的、争议性的进化生物学成为一个明确的目标。安托瓦妮特·布朗·布莱克韦尔（Antoinette Brown Blackwell）被认为是第一位由美国公认的新教教派任命为牧师的女性，她指责达尔文在性与性别问题上的疏忽。与此同时，美国作家夏洛特·珀金斯·吉尔曼[Charlotte Perkins Gilman，女权主义短篇小说《黄色壁纸》(The Yellow Wallpaper)的作者]转变了达尔文主义的方向，提出了改革方案。她认为，一半的人类将另一半置于一种更低的进化阶段。有了平等，女性将最终获得证明自己不输男人的机会。吉尔曼在很多方面都领先于其时代，比如反对男孩玩具和女孩玩具之间的刻板划分，而且预见到越来越多的职业女性大军会如何改变未来社会。

但是，在维多利亚时代，有一位思想家在自己的领域挑战着达尔文的权威，她在自己的书中热情且颇具说服力地从科学的角度论证了女人并不比男人差。

> "在我看来，毫无疑问地球上的生命史清晰呈现出的一条牢不可破的证据链，将会证实女性的重要性。"

离经叛道的观念在任何地方都有可能出现，即便是最保守的地区。

密歇根州的康科德镇就是这样一个地方。这里人口不过3000多人，几乎是一个完全由白人组成的角落。该地区最著名的景点是一座内战后保存完好的房屋，屋顶覆盖着灰白的隔板。1894年，正是在这座房子建成不久，当地一位中年女教师发表了当时最为激进的观点。她的名字叫伊丽莎·伯特·甘布尔（Eliza Burt Gamble）。

我们对甘布尔的个人生活了解不多，只知道她是一个别无选择而只能自立自强的女人。她在两岁时失去父亲，16岁失去了母亲。由于生活孤苦无依，她在当地学校以教书为生。有报道说，她在学校里取得了不错的成就。此外，甘布尔还结了婚，生育三个孩子，但其中两个在世纪结束之前就去世了。甘布尔本可以像当时大多数中产阶级女性一样循规蹈矩地生活，成为考文垂推崇的那种娴静、顺从的家庭主妇。但是她加入了日益壮大的选举权运动，为争取妇女平等权利而斗争，成为该地区最重要的活动家之一。1876年，她在家乡密歇根州组织了第一次妇女选举权大会。

甘布尔相信，这项事业不仅是为了确保法律上的平等。她承认，女性权利斗争中的最大症结之一是社会已经逐渐相信女人生来就不如男人。但她坚定地认为这种想法荒谬至极，于是从1885年开始，甘布尔为自己的信念寻找确凿的证据。她花了一年时间在美国首都的国会图书馆研究藏书，在各类著作中搜集证据。她曾写道，自己被驱使着，"除了对信息的渴望之外，看不到任何别的东西"。

尽管查尔斯·达尔文在著作中贬抑了女性，但进化论实际上为女性运动带来了巨大的希望。它为以进化论的新方法来理解人类敞开了大门。金伯利·哈姆林在其2014年出版的著作《从夏娃到进化：达尔文、科学和镀金时代美国的女性权利》（*From Eve to Evolution: Darwin, Science, and Women's Rights in Gilded Age America*）一书中描绘了女性对达尔文的回应，她说：

"进化论意味着一种现代化的方式。"宗教故事将女人刻画为仅是男人的一根肋骨，而进化论提供了一种替代叙事，它挑战了女性行为和德行的基督教模式。"达尔文创造了一个空间，让女性可以说，伊甸园中的故事并未发生……这一点意义重大。亚当和夏娃在约束和塑造人类女性观念上的重要性，怎么评价都不过分。"

尽管自己不是科学家，但通过达尔文的研究，甘布尔意识到科学方法也可能会产生极大的破坏性。如果人类像地球上所有其他生命一样，是低等生物的后代，那么女人被限制在家里，或者屈从于男人就是说不通的。因为在动物王国的其他领域中，规则显然不是这样的。哈姆林告诉我："女人无所事事，完全依赖男人，这本身就不符合自然。"我们可以重新改写女性的故事。

尽管达尔文的思想中蕴含着潜在的革命力量，但他自己从未认可女性在智力上与男性平等。这不仅令甘布尔颇为失望，而且从她的著作来看，这也成为一个巨大的愤怒之源。甘布尔认为，达尔文在结论中说，人类像地球上的其他生物一样都来自进化，虽然是正确的，但关于女性在人类进化中所扮演的角色，他显然弄错了。

甘布尔在1894年出版的著作《女性进化：探索男尊女卑的教条》(*The Evolution of Woman: An Inquiry into the Dogma of Her Inferiority to Man*，后文简写

为《女性进化》）中，将这些批评观点激烈地表达了出来。这本书汇集了各种历史、统计和科学资料，是甘布尔对达尔文和其他进化生物学家针锋相对的反驳。她愤愤不平地指出了这些人的不一致性和双重标准。她说，雄孔雀或许有更华丽的羽毛，但雌孔雀同样必须要在选择最佳伴侣的过程中磨炼自己的能力。达尔文一方面承认大猩猩由于体型太大、太强壮，不能像人类那样进化为更高级的社会性动物，但另一方面他同时又用男性平均要比女性强壮的事实，来证明他们的优越性。

甘布尔认为，达尔文也没有注意到，通常更多与女性关联的人类品质，如合作、抚育、保护、平等主义和利他主义等，一定在人类进步中发挥了至关重要的作用。从进化论的角度来看，以当时社会对女性的态度推断她们的能力是狭隘和危险的。甘布尔认为，在人类的历史进程中，女性一直受到男性及男权结构的系统性压迫。女性从来都不是天生次等的，她们看起来不如男性，只不过是因为没有得到发展自己才智的机会而已。

甘布尔还指出，达尔文没有考虑到，在某些部落社会中也存在着强大的女性，这或许说明当前至高无上的男权并非向来如此。她以古印度教经文《摩诃婆罗多》（*Mahabharata*）为例说，按照经文的表述，女性在结婚前是独立和不受约束的。所以她不禁想到，如果"平等传递的规律"对男性和女性同样适用，那么，为什么不可能是男性被社群里的卓越女性拖着前进呢？

她论称："如果把一个男人和一个女人放在一起竞争，两个人同样拥有完美的精神品格，只是一方具有更充沛的精力、更多的耐心和某种程度上更强的生理优势；而另一方有更好的直觉能力、更敏锐和迅速的感知能力，以及某种程度上更强的忍耐力……毫无疑问，后者的竞争优势与前者是相等的。"

像其他从科学角度出发的妇女参政论者一样，甘布尔传达的讯息得以流行。其中充满挑衅意味的内涵是，女性被剥夺了本应得到的生活，平等实际上是她们与生俱来的权利。1916年，甘布尔在《女性进化》一书的修订版前言中写道："在我看来，毫无疑问地球上的生命史清晰呈现出的一条牢不可破的证据链，将会证实女性的重要性。"

但是，读者群以及其他活动家对她的支持却未能赢得生物学家对其观点的认同。她的言论注定永远不会完全进入科学主流，而只能在科学圈外徘徊。

不过甘布尔从未放弃。她继续为妇女权利战斗，为出版物撰写文章。幸运的是，甘布尔的寿命足够长，她亲眼看到了自己的工作和更广泛的妇女运动获得了真正的力量。1893年，新西兰成为第一个赋予女性投票权的自治国家。在英国，这场战斗一直延续到1918年，尽管当时选举权只适用于30岁以上的妇女。1920年，正是在甘布尔去世一个月前，美国通过了"宪法第十九修正案"，禁止因性别而剥夺公民的投票权。

虽然政治斗争最终取得了胜利，但改变人们观念的战争却需要更长时间。金伯利·哈姆林说："甘布尔的理念在改革派的杂志中受到了赞誉，她的写作风格也得到普遍的赞扬，但科学界和主流媒体却对她的结论，以及她自诩在书写'科学'的做法不以为然。"报纸和学术期刊广泛讨论《女性进化》一书，但这本书却几乎没有给科学留下任何影响。

1915年，《美国社会学杂志》（*American Journal of Sociology*）上发表了一篇言辞激烈的书评，所针对的正是德高望重的英国生物学家沃尔特·希普（Walter Heape）的最新著作《性别敌意》（*Sex Antagonism*），该文指出，即便周遭社会环境已经在不断变化，但某些科学家仍然在不顾一切地坚守自己的偏见。得克萨斯大学的社会学家、自由主义思想家艾伯特·沃尔夫（Albert Wolfe）写道："出版商居然把这本书放入了'科学系列'中，他们一定是出于幽默感才这样做的。"希普将庞杂的生殖生物学知识纳入了这本书中，还不太客观地将其应用到了社会问题上，他认为，两性平等是不可能实现的，因为男性和女性是为不同的社会角色而生的。

当时许多生物学家都赞同希普的观点，包括《性的进化》一书的合著者约翰·阿瑟·汤姆森也对该书给出了正面的评价。但是，沃尔夫却看到了科学家僭越其专业知识的危险。他在评论中嘲笑说："当一个科学家，尤其是生物学家在对自己专业之外的其他领域知之甚少的情况下，竟敢于从'自然法则'（希普先生声称这是自己最熟悉的领域）出发，来定义社会和伦理关系应是何种形态时，他简直就成了一个精神病理学的绝佳范例。他在现代女权运动中只看到了灾难和病态。"

部分科学仍然顽固不化，进步迟缓。进化理论几乎和以前一样，并未从沃尔夫、肯纳德和甘布尔等批评家那里吸取多少教训。如果在当初达尔文发展进化论的关键时刻，社会没有如此深重的性别歧视，我们很难想象科学会走向何方。我们只能设想，如果甘布尔得到了稍微严肃一点的对待，社会对女性的看法或许会有多大不同。今天的历史学家惋惜地把她的激进视角说成一条未被选中的道路。

在甘布尔逝世后的一个世纪里，研究人员越发痴迷于性别差异，醉心于如何来挑选、测量和分类两性之间的不同之处，强化了男性在某种程度上优于女性的教条。

"……在孕马尿中寻找黄金。"

说性别差异科学研究的下一个突破来自一只阉割的公鸡，这或许是恰当的。

20世纪20年代，欧洲一系列新发现将会像达尔文和进化论一样，改变科学对男女差异的理解方式。1894年，德国医学教授阿诺德·阿道夫·贝特霍尔德（Arnold Adolph Berthold）开展的一项奇怪实验预示了这些变化。此前他一直在研究阉割的公鸡，俗称阉鸡。切除睾丸会让公鸡的肉质变得鲜嫩，因此成为一种受欢迎的美味。除了肉质的差别，活阉鸡看上去也不同于普通公鸡，它们会更温顺。此外，阉鸡头顶的肉冠比普通公鸡更小，下巴底部红色垂肉尤为下垂，这样能看出二者的差别。

对贝特霍尔德来说，问题在于为什么会这样？

他取下正常公鸡的睾丸，移植到阉鸡身上，看看会发生什么。他发现阉鸡的外观和叫声明显又开始变得像普通公鸡了。睾丸在它们体内存活，而且又开始生长。这一结果令人震惊，但当时没有人理解其中的原因。睾丸中到底有什么东西，帮助阉鸡看似变回了正常公鸡呢？

针对这一问题的研究进展缓慢。1891年，在另一项不同寻常的实验中，一位来自法国的大学教授查尔斯-杜阿尔德·布朗-塞夸德（Charles-Édouard Brown-

Séquard）终于开始触及这一谜团的根源。他怀疑雄性动物的睾丸中可能含有某种影响雄性气质的未知物质。随后，在试图用艰难的方式证明其假设的过程中，他多次向自己体内注射一种混合试剂，该试剂通过碾碎豚鼠和狗的睾丸，混合其中的血液、精液和汁液而制成。他宣称（尽管其研究发现从未被复制过），这种混合试剂增强了自己的体力、耐力和精神状态的清醒程度。

《英国医学期刊》（*British Medical Journal*）兴奋地报道了布朗-塞夸德的发现，将他合成的物质称为"重获新生的五角星"[1]。随后又有研究者利用豚鼠卵巢中的雌性汁液进行了类似实验，并宣称看到了相同的女性化效应。随着时间的推移，所有来自雄性和雌性性腺中的秘密汁液都被理解为一系列特定的化学物质，叫作"荷尔蒙"。

我们如今知道，性腺中发现的性激素，只是整个人体产生的50种以上激素（hormones，即荷尔蒙）中的一小部分。没有这些激素我们无法生存。它们就像我们身体系统的润滑剂。激素被描述为化学信使，在身体各处传递消息，从而确保人体正常运转，包括发育和维持稳

1　五角星在神秘学领域中被视为完美人的象征。——译者注

定的体温等。从胰岛素到甲状腺素，这些激素帮助身体调节各个器官的功能。性激素则对性发育和生殖起到控制作用。两种最主要的雌性荷尔蒙是雌激素和黄体酮（孕酮）。除了其他方面，雌激素是引起女性乳房发育的因素之一，黄体酮帮助女性的身体为怀孕做准备。雄性荷尔蒙被称为雄激素，其中最广为人知的是睾酮。

甚至在人出生之前，性激素在决定一个人的男性或女性长相方面就起到了至关重要的作用。有趣的是，在子宫里，所有胎儿在生理上都是从女性开始发育的。泰恩河畔纽卡斯尔医院内分泌医学顾问理查德·昆顿（Richard Quinton）说："胎儿默认的发育模板就是女性。"大约在卵子受精七周时，睾丸产生的睾酮开始将男胎从生理上转变为男孩。昆顿补充说："睾酮让我外表上看起来是男性。"与此同时，另一种荷尔蒙阻止这个新生的男性胚胎长出子宫、输卵管和其他女性器官。随着年龄的增长，荷尔蒙在青春期和青春期之后再度发挥作用。

因此，性激素的发现成为理解身为一个男人或女人意味着什么的里程碑之一，也就不足为奇了。

如今供职于荷兰特文特大学的社会研究员内莉·奥德索恩（Nelly Oudshoorn）的研究工作显示，在20世纪20年代，荷尔蒙研究在制药产业中掀起了一波又一波的热潮。一夜之间出现了一种科学理解男性气概和女性气质的方式。经过一番努力，制药公司相信自己可以将性激素分离出来，并将其工业化生产，从而使人变得更男性化或更女性化。

内分泌学，作为一个崭新的、充满争议的激素研究领域，正在变成一门大生意。科学家们拼命找寻能够定义雄性或雌性的化学物质，他们收割了数吨动物的卵巢和睾丸，收集了数千升马尿。荷兰欧加农（Organon）制药公司主管将分离激素的过程描述为"在孕马尿中寻找黄金"。

差不多10年之后，建立在性激素基础上的治疗手段开始出现，而此类治疗手段所承诺的疗效似乎无所不能。在存有大量历史医学文献的伦敦韦尔科姆（Wellcome）图书馆的档案中，我发现一本大约在1929年发行的广告小册子，这本小册子是由伦敦的米德尔塞克斯腺体研究实验室（Middlesex Laboratory of Glandular Research）制作的。该广告颇为自豪地宣布，"生命之火"终于能得到延续了，"从健康动物（如公牛、公羊、种马）体内提取出新鲜的腺体性激素可以用于治疗"男性的阳痿、性冷淡和不育。含有雌性激素的疗法自称对女性也有同样的效果，有望治愈更年期、月经不调和各种其他症状。

当然，激素疗法不可能完全达到这些大肆鼓吹的效果，但它们也不仅仅是一种潮流。尽管证据只是来自道听途说，但它们似乎确实对某些症状有效。1930年，《柳叶刀》（Lancet）上的一篇文章报道了一位接受睾酮治疗的男性患者，他觉得自己的"肌肉变得更强壮，而且感觉更加好斗，差点和同事发生肢体冲突"。另一位60岁的男性，"一天可以打36洞高尔夫球，感觉不到过度疲劳"。于是，人们逐渐将睾酮与被认为属于男性的特质联系在一起，比如侵略性、身体力量、高智商和男子气概等。

人们对使用雌性激素的女性也展开了同样的研究。1931年，研究人员简·凯瑟琳·西摩（Jane Katherine Seymour）在《柳叶刀》上发表的另一篇文章中指出，雌性荷尔蒙与女性气质和生育有关。她还说，在它们的影响下，女性"会倾向于形成一种更被动和更情绪化，以及更缺乏理性的生活态度"。

在内分泌学的早期阶段，关于男性或女性气质意味着什么的设想来源于维多利亚时代。随着荷尔蒙的发现，科学家有了一种解释刻板印象的新方式。例如，按照罗德岛布朗大学生物学和性别研究教授安妮·福斯托-斯特林（Anne Fausto-Sterling）的说法，英国著名妇科医生威廉·布莱尔-贝尔（William Blair-Bell）确信，女性的心理取决于"体内分泌物的状态"，这种状态使其"保持在正常的行为范围"。所谓正常的行为范围，在当时指的就是做一个妻子和母亲。如果女性僭越了这些社会边界，像他这样的科学家就会说一定是她的荷尔蒙水平出了问题。

换句话说，研究人员认为，性激素不止影响到生殖行为。它们是按照当时的标准让男人更男性化的原因，也是按此标准让女人更女性化的原因。以这种方式推理，科学家们设想性激素属于每种性别所独有的。男性荷尔蒙，即雄激素只能由男性产生；女性荷尔蒙，即雌激素和黄体酮，则只能由女性产生。毕竟，如果性激素是男性和女性气质的关键所在，怎么会有其他方式存在？

1921年，一项有趣的实验暗示出，科学家们关于性激素所做的一切假设可能都是错误的。

一位来自维也纳的妇科医生透露，用动物睾丸提取物治疗雌兔会改变其卵巢的大小。随后，令科学家们震惊的是，他们开始认识到女性体内的雄激素和男性体内的雌激素含量都很高。1934年，德裔妇科医生伯恩哈德·桑德克（Bernhard Zondek）在研究种马尿时报告说，"用高雄激素水平来定义男性是矛盾的"。实际上，研究发现，马的睾丸是迄今为止雌激素含量最高的来源之一。

正当内分泌学家自认为已经掌握了性激素的效用时，这一发现让一切都陷入了混乱，而且还引发一个值得关注的两难问题：如果雌激素和睾酮决定了女性特征和男性特征，为什么男性和女性都天生同时具有这两种性激素？生来是男是女又意味着什么？

有一段时间，某些科学家认为男性体内可能会出现雌性激素，因为他们都吃过带有雌性激素的东西。这种离奇的"食物假说"（Food Hypothesis）最后被抛弃了，因为人们逐渐明白，雄性和雌性性腺实际上自身都可以产生出两种性激素。另一些人则认为，雌激素对男人来说唯一的作用就是剥夺他的男性气质，使其更女性化，甚至有可能走向同性恋。

科学家着实花了一些时间才接受这个事实：这些性激素其实同时在两性当中发挥着协同作用。内莉·奥德索恩描述了这种转变对科学理解性别方式而言有多么重要。就好像忽然展开了一道光谱，在这个光谱之中，男人可以更女性化，女人也可以更男性化，而不是彼此简单对立。加州大学伯克利分校实验生物学研究所的赫伯特·埃文斯（Herbert Evans）将这一时期描述为"混乱的时代"，1939年，正是在这一时期的末尾，他在著作中承认："看起来男性特质或女性特质似乎不能被视作意味着某种荷尔蒙存在或者另一种荷尔蒙缺失……尽管我们对此已经有所了解，但只能说，其中的差异仍然不完全清楚。"

能会让他们冒更多的风险。

　　类似地，理查德·昆顿也宣称，虽然刻板观念认为睾酮会使人有暴力倾向，但他并未在自己的病人身上看到睾酮和进攻性之间的关联。他告诉我说："我不清楚这种观点是从哪来的，来自都市传说吗？"

　　人们开始对先天与抚育之间的平衡有了一些更深入的理解。至少在学术圈，社会性别（gender）和生理性别（sex）被视为两个不同的概念。生理性别从科学角度对大多数人进行区分。它经由一系列基因和荷尔蒙，以及更为明确的身体特征来定义，包括一个人的生殖器和性腺等[尽管有一小部分人是生物学意义上的间性体（intersex）]。与此同时，社会性别是一种社会身份，它不仅受到生物学的影响，而且与外在因素，诸如家庭教养、文化和刻板印象的影响有关。社会性别的定义来自外部世界对何为男，何为女的表述，这使它具有潜在的可变性。许多人生物上的性别和社会性别是不一样的。

　　不过对此类研究我们仍然处于初期阶段。最大的问题依旧没有答案。性激素平衡所带来的影响是否已经超越了性器官，深入我们的心灵和行为，导致男女之间具有明显的差异？这对我们如何进化又带来怎样的启示？传统中父亲养家糊口，母亲做全职主妇的刻板模式，是否真的像达尔文设想的那样，属于我们的生物组成部分？或者是人类独有的复杂社会结构？对性别差异进行研究既影响巨大，又充满争议。正如20世纪对荷尔蒙的研究挑战了关于男性气质和女性气质的大众观念一样，科学现在正迫使我们拷问自己的方方面面。

事实一旦涌现出来，就非常重要。在一个如此多的女性仍然遭受性别歧视、不平等和暴力的世界中，各种事实能够改变我们看待彼此的方式。有了出色的研究和可靠的数据（以及明确的事实），强者会变弱，弱者也可以变强。

第二章

女人更容易生病，
但比男人活得更久

"感觉很棒！"生活在新德里的医疗行政米图·库拉纳（Mitu Khurana）说，"当你第一次怀孕时，每个人都特别兴奋，这种感觉无法形容。"

　　她天真地回忆起了10年前的那段日子。结婚几个月之后，米图就怀了一对双胞胎，她觉得没有什么能打碎这种幸福。米图在一个姊妹家庭中长大，并不在乎生男孩还是女孩，龙凤胎也好。她对我说："我只希望孩子能够健康成长。"

　　可她的丈夫和婆家却不这样想，他们想要儿子。

　　于是，一个司空见惯的故事又出现了。在印度等国家的千百万家庭，在这些重男轻女的文化中，这个故事被不断重述。米图这些年来耳濡目染，深知这些文化有时会不惜一切代价阻止女孩降生。一些妇女会不断生育，直到生出男孩；还有一些人被迫堕掉女婴，甚至不惜施以酷刑。即便得以顺利出生，许多女婴和女童，通常会遭遇远不如男孩的对待。甚至在最极端的案例中，她们会被杀死。2007年，警察在印度东部奥利萨邦的一口废弃枯井中发现了三十多具尸骨和遗骸，他们认为这些曾经都是女婴。2013年的一则新闻报道描述了一名女婴被活埋在中央邦的森林中。另一则2014年的新闻报道了博帕尔一个新生女婴被丢弃在垃圾桶的事件。

就在那一年，一份联合国报告称，问题已经达到了紧急的状态。印度2011年的人口普查显示，6岁以下的女孩比男孩少700多万。总体的性别比例比10年前更加向男孩倾斜。部分原因在于产前检查的普及度越来越高，这开始使父母更容易提前知道婴儿的性别，从而能更早地进行选择性流产。

1994年，印度政府取缔了性别选择检查，但一些无良的独立诊所和医生仍然在私下里、暗中提供有偿服务。米图告诉我，她从没想过做这种产前检查，但最后她却没有得到选择权。在怀孕期间，她说自己被哄骗吃了一些含有鸡蛋的蛋糕，她对鸡蛋过敏。随后，她的丈夫，也是一名医生，带她去了医院，一位妇科医生建议她在镇静状态下做一次肾脏扫描。她确信，就在那时，丈夫在没有经过自己同意和她不知情的情况下发现了胎儿的性别。

米图解释说："从他的表现上，我就能看出我要生女儿了。"丈夫和婆家立即开始逼迫她堕胎。"压力实在太大了",他们不给她食物和水,甚至曾经将她推下楼梯。绝望而恐惧的米图最后搬去和亲生父母住在一起,最终在娘家生下了两个女儿。

米图想方设法救自己的女儿,但事情丝毫没有好转。她回忆起丈夫和婆家对女儿的态度时说:"他们对这两个孩子一点热情都没有。"几年后,她偶然发现一份旧医疗报告,报告上标注了胎儿的性别。这证明当时丈夫确实在她怀孕期间未经同意给她做了超声波扫描。发现这份报告之后,米图对丈夫和医院提起了诉讼。当我采访时,她的女儿已经10岁了,可这个案件却还在出了名拖延的印度法庭的审理程序中。她的丈夫和医院都极力否认指控。

如今,米图和丈夫长期分居,正在等待离婚,她也作为第一批采取此类法律行动的女性而闻名印度。在全国各地开展运动的过程中,她明白了诸如此类的问题是多么普遍,无论处于什么阶层或者信仰什么宗教。米图说:"之所以斗争,是因为我不想自己的女儿以后也经历这些。人们希望女人做妻子和女朋友,却不想让她们做女儿。社会必须改变。"

然而,无论选择性堕胎、谋杀和虐待产妇与她们的女婴这些行为多么隐蔽,全国范围内的统计数据却不会撒谎。在异常不均衡的性别比例中，现实状况暴露无遗。联合国2015年的《世界妇女报告》（*The World's Women*）称："对于那些性别比例接近或低于平均线的国家，可以认为其中存在着针对女孩的性别歧视。"

伦敦卫生与热带医学院的孕产妇、青少年、生殖和儿童健康研究中心（Centre for Maternal, Adolescent, Reproductive and Child Health）主任乔伊·朗（Joy Lawn）对这种情况颇为熟悉。她对我说："如果你去南亚的医院，可能整个病房里都是患病的儿童，但你会发现其中有80%的患儿是男童，因为女童不会被送来看病。"2002年，来自伦敦卫生和热带医学院的公共卫生研究人员山中伸弥（Mili Yamanaka）和安·阿什沃思（Ann Ashworth）在尼泊尔的一项研究中发现了与之类似的性别失衡问题。他们检视了打工帮助养家的儿童的工作量，结果表明，女童的工作时间是男童的两倍，而且她们的工作内容也更加繁重。

社会对性别差异的影响极为深远，甚至会褫夺人的生命。与女性比男性更羸弱的假设刚好相反，从统计学上来看，女婴往往比男婴更强壮，这让女婴的死亡数字变得更加惊人。她天生就更适合生存。随着科学家对女性的身体进行更细致的探索，他们了解到女性的生存优势是多么强大——即便在这个并不总是想要她们活下来的世界里。

"几乎在所有年龄阶段，
女性的生存能力都要比男性强。"

我们通常觉得男性是比较坚韧和强大的性别。的确，男性的平均身高比女性高6英寸（大约15厘米），上肢力量是女性的两倍。但是，我们可以用不同的方式定义力量。但说到最基本的本能——生存——女性的身体往往比男性更有能力。

生存能力的差距从婴儿降生的那一刻就开始了。

乔伊·朗解释说："从统计数据来看，当我们在新生儿产房，男婴出生时医生告知你这个新生儿有死亡风险的概率更大。"除了儿童健康方面的学术研究，她还在英国从事新生儿医学工作，并在加纳担任过儿科医生。出生后的第一个月是人类死亡风险最大的阶段。全世界每年有100万婴儿在出生当日死亡。但是从统计学上来看，如果得到完全同等水平的护理，女婴比男婴更容易存活。乔伊·朗的研究囊括了全球范围内的数据，对婴儿死亡问题给出了尽可能广泛的展现。在对这一问题进行了如此深入的研究后，她得出结论，男婴在出生后第一个月的死亡风险比女婴高10%左右——这一现象至少部分（如果不是全部的话）出自生物原因。

因此，像世界其他地方一样，南亚的婴儿死亡数字应该对女婴更有利，但事实上，这些数字甚至都没有体现出平等，反而是向对男婴有利倾斜，也就是说，女孩天生的生存力量正在被她们所出生的社会强行削弱。乔伊·朗说："如果在你那里男婴和女婴的存活率相等，那意味着你没有照顾好女婴。男婴要经历生理风险，而女婴却要经历社会风险。"

其他地区的儿童死亡率统计数据证实了这一点。在撒哈拉以南的非洲，每1000名活产婴儿中，有98名男孩在五岁之前死亡，而女孩则是86名。乔伊·朗及其同事2013年在《儿科研究》（*Pediatric Research*）杂志上发表的研究成果证实，男孩比女孩早产的可能性高14%左右，当男孩和女孩处于同一个早产阶段时，前者患有失明、耳聋和脑瘫等残疾的可能性更大。2012年，伦敦国王学院的一个研究团队也在《儿科研究》发表研究报告说，过早出生的男婴住院时间可能更长，死亡或患有脑部和呼吸系统疾病的概率也更大。

乔伊·朗说："我始终认为这是身体上的原因，因为男婴一般稍微大一些，这也使得他们在生理上更容易受到伤害。"较多男婴早产的解释之一是，由于某些未知的原因，怀男孩的孕妇更有可能出现胎盘问题和高血压。

2014年，阿德莱德大学的科学家在《分子人类生殖学》（*Molecular Human Reproduction*）杂志发表的一份研究报告显示，平均而言，新生女婴会更健康，因为胎儿的性别不同，孕妇胎盘的表现也会不同。如果胎儿是女孩，胎盘就会更倾向于维持孕期的稳定，并增强免疫力，防止感染。为什么会这样，目前还不得而知。或许是因为在出生之前，通常人类的性别比会略微向男孩倾斜，所以出生之后的差异只是自然保持性别平衡的一种方式。

不过也可能有更加复杂的原因。毕竟女婴天生的生存能力会伴随她的一生。女孩不但生来就是幸存者，而且随着年龄的增长会成为更优秀的幸存者。

亚拉巴马大学伯明翰分校的生物系主任史蒂文·奥斯塔德（Steven Austad）是国际老龄问题专家，他确认了这一点。他说："几乎在所有年龄阶段，女性的生存能力都要比男性强。"他将女性描绘成更"坚强"的性别。这是一个如此明确和不可否认的现象，以至于有一部分科学家认为理解这一点可能就抓住了人类长寿的关键。

在千禧年之交，奥斯塔德开始研究使得女性在生命各个阶段都比男性长寿的原因到底是什么。"我想知道这种现象是不是最近才出现的。是否它只存在于20和21世纪的工业国家当中？"2000年，德国和美国研究人员在搜集全世界寿命记录的基础上创建了"人类死亡率数据库"（Human Mortality Datebase），奥斯塔德在挖掘这个数据库的过程中惊讶地发现，这个现象实际上超越了时间和空间。

现在这个数据库涵盖了38个国家和地区。奥斯塔德最喜欢用瑞典做例子，其中保存了全世界所有国家中最全面、最可靠的人口统计数据。1800年，瑞典女性出生时的预期寿命为33岁，男性为31岁。2015年，这个数字分别是83岁和79岁。奥斯塔德说："女性比男性生存能力更强，这一点我认为毫无疑问。18世纪的瑞典如此，21世纪的孟加拉国、欧洲和美国也是如此。"

我问奥斯塔德，是否有可能出于社会原因女性才会生来比男性要长寿。比如，有理由认为男孩通常会比女孩遭受到更粗暴的对待；再比如从事建筑和采矿等高风险职业的男性也多于女性，这也使他们暴露在有害的环境中。而且我们知道，从全世界范围来看，男性烟民要远远多于女性烟民，这将会极大地推高男性的死亡率。但是，奥斯塔德确信，两性之间的差异是如此明确、普遍，而且不受时代限制，所以这肯定意味着在女性的身体中存在着某些特征，为寿命差距奠定了基础。他说："说实话，很难想象这是环境因素造成的结果。"

在生命的尽头，这幅生存优势画面就表现得最为鲜明。美国老年学研究小组（Gerontology Research

Group）保存着一份在线名单，列出了世界上所有确认超过110岁的长寿老人。我最近一次查看这份名单是在2016年7月。在这份"超级百岁老人"名单的所有成员中，只有2位男性，而女性则有46位。

然而，我们还不清楚原因是什么。

奥斯塔德说："我完全想不通为什么会这样。当我第一次开始研究这个问题时，期待会找到大量相关资料，结果一无所获。只找到一大堆关于'这是不是男女之间的差异？'之类的文献。但对于生存差异之下的生物学问题，却很少有人涉猎。这是目前我们所知的人类生物学中的最强大特征之一，但却鲜有研究。"

一个多世纪以来，科学家煞费苦心地研究我们的解剖结构，甚至为了尝试分离出能够让男人更阳刚，女性更阴柔的化学物质，搜集了几千升的马尿。他们对性别差异的探索毫无边界可言。但是，当女性为何在身体上或许比男性更强大（她们为什么是更优秀的幸存者）这个问题出现时，相关研究却少之又少。即便是现在，也只有偶然可见的零星研究工作在指引着答案。

华盛顿乔治敦大学健康、衰老和疾病中的性别差异研究中心（Center for the Study of Sex Differences in Health, Aging and Disease）主任凯瑟琳·桑德伯格（Kathryn Sandberg）说："这是一个基本的生物学

期间也会以较小的规模发生，原因大体相同。奥特尔特－普里吉奥内说："女性拥有更具可塑性的免疫系统。它们以不同的方式发挥适应性。"身体中许多类型的细胞都参与免疫，但与病毒和细菌接触最密切的那种被称为T细胞。她解释说，这些细胞会将物质注入细菌当中杀死它们，或者通过分泌其他物质来召唤更多细胞发挥作用，其中一些会"吃掉"受到感染的细胞和细菌，就像电子游戏中的吃豆人一样。研究人员已经了解到，管理身体对感染反应至关重要的某种T细胞类型，会在女性能够受孕的月经周期后半段变得更加活跃。

性激素与免疫力之间可能存在关联是最近才发现的。科学家已经知道，睾酮和男性免疫力低下之间有关系，虽然此方面的证据还相对较少。例如，在2014年，斯坦福大学的研究人员发现，睾酮水平最高的男性，对流感疫苗的抗体反应度最低，这意味他们最不可能受到注射疫苗的保护。但目前看来，这之间的联系却没有得到证实。在女性身上，这种联系要明确得多，以至于病人自己都能感觉到这些波动。多年来，医生们一直假定女性的免疫力在月经期间是保持稳定的。如果她确实报告了疼痛程度有变化，医生可能会将其视为经前综合征，或者只是一些含含糊糊的心理抱怨，而不加理会。只有当这些关联越来越多地得到硬性研究的支持时，才会激发科学的兴趣，更多的研究才开始蓬勃涌现。

这个问题贯穿于女性健康研究的始终。如果某种现象影响到女性，而且只会影响女性，那么就往往会被误解。而且，尽管女性更擅长生存，但她们并不比男性健康。事实上，恰恰相反。

奥斯塔德说："如果你能把世界上所有的痛苦，所有身体上的痛苦加起来，我怀疑女性的痛苦远比这更多。这是作为更具优势的幸存者所要面临的惩罚。虽然你活了下来，但可能并不像以前那样完好无损了。"从统计数据来看，这就可以解释为什么女性的患病比例似乎高于男性。"健康状况不佳的女性多过男性，部分原因在于女性有可能经历了会让男性丧命的事件，而同等状况下的男性已经不在人世了。"

另一个原因在于，女性的免疫系统如此强大，以至于有时候会适得其反。凯瑟琳·桑德伯格解释说："你的身体开始把自己当成入侵者，免疫系统便开始攻击自身的细胞。"由此引发的疾病被称为自身免疫性疾病。最常见的有类风湿性关节炎、红斑狼疮和多发性硬化症等。"这对免疫系统来说是一把双刃剑。一方面，如果要对抗任何形式的感染，你最好拥有一个女性免疫系统，但从另一方面来说，这样一来你就更容易罹患自身免疫性疾病，这会很成问题。"

这并不是说自身免疫性疾病只对女性来说尤为艰难。当男性罹患多发性硬化症时，情况往往会更糟糕。在同样染病的情况下，女性也会比男性活得更久。尽管如此，据估计，美国人口中有8％患有自身免疫性疾病，其中至少3/4是女性。

奥特尔特-普里吉奥内说："在自身免疫性疾病中，绝经前妇女的病况几乎在每次月经周期之前都会变得更糟。"也有理论认为，正如不同的荷尔蒙水平会在一个月的不同时间段提高女性免疫力，它们可能也会影响女性对疾病的体验。例如，有报道称，患有哮喘的女性在月经前或月经初期发病的风险最高。随着绝经后几年雌激素和黄体酮水平的降低，女性的免疫优势也开始下降。

在病毒感染方面也是如此，女性强大的免疫反应可能会同时带来麻烦与好处。巴尔的摩约翰·霍普金斯布隆伯格公共卫生学院（Johns Hopkins Bloomberg School of Public Health）免疫学家萨卜拉·克莱因（Sabra Klein）对流感的研究表明，虽然在得病期间女性通常受到较少的病毒攻击，但她们往往表现出比男性更严重的流感症状。她推断说，这可能是因为女性的免疫系统对病毒发起了更强有力的反击，但当这些反击效果影响到她们自己的身体时，也同样会带来伤害。

奥斯塔德说，女性也更容易罹患关节和肌肉组织疾病。部分原因在于自身免疫性疾病会影响到关节组织，比如引起关节炎等。生育带来的身体损伤以及更年期荷尔蒙的变化也可能为女性带来身体问题和残疾，尤其是到了晚年。人们已经知道，生产和绝经后骨密度都会短期内下降；体重增加如今也被认为是更年期的症状之一。

但是，疼痛和不健康的总体状况是复杂的。奥斯塔德说，跨文化研究显示，女性的确报告出更多的身体局限性和残疾，而且相当普遍。他补充说，但是当涉及疾病或生存力的性别差异，其根本原因在生物学上的线索时，"我对任何解释都不太有信心"。

将生物特征从其他影响中分离出来是困难的。有时候，社会和环境对疾病的影响比一个人基本的生物机理更大。桑德伯格特别研究过心脏病的性别差异，她说："相比男性，女性在感到胸部疼痛时，不太可能去医院。"在世界各地，男人和女人的健康习惯还有数不清的不同之处。奥特尔特－普里吉奥内指出，在全家一起进餐和食物匮乏的地区，妇女有时是最后一个进食的人，最有可能没有食物吃，这可能会增加她们营养不良的风险。反过来，这也会影响她们对疾病的易感性。

不仅女性自身，周围其他人的行为也会影响她的健康。一个女孩从出生那刻起，就被放在一个不同于男孩的箱子里。或许她会受到不同的对待，以不同的方式抚养和治疗。这也标志着她的一生开始受到医生和医学研究者不同方式的处理。比如，就在最近，医生们开始承认某些女性经期疼痛感的严重性。2016年，伦敦大学学院的生殖健康教授约翰·吉尔博（John Guillebaud）对一位记者说，经期疼痛"甚至和心脏病发作一样严重"，他还承认这一症状并未得到应有的重视，部分原因在于男性没有遭受过此类疼痛。2015年，英国一个研究癌症诊断的团队发现，在男性和女性都会罹患的六种癌症中（包括膀胱癌和肺癌），女性就医后需要更长的时间才能得到诊断。对于胃癌，女性平均要多等整整两周才能得到诊断。

如果在健康方面确实存在着潜在的生物学上的性别差异，而这些差异又在很大程度上无法归因于社会和文化，那么科学家需要进入身体更深处去寻找原因。

加州大学洛杉矶分校教授阿瑟·阿诺德（Arthur Arnold）说："女性更容易生病，但男性死得更快。"这是一句多年流传在他的学生之间的格言。这句话反映出全世界医生都注意到的情况，阿诺德确信，它揭示出健康方面性别差异的长期根源所在。阿诺德管理着一间实验室，该实验室专门研究使女性不同于男性的各种生物因素，同时他还是《性别差异生物学》（*Biology of Sex Differences*）期刊的编辑。他的工作不仅让自己超越了对器官和性激素的研究，而且深入基因的基本层面。

人体由数万亿个细胞组成，每个细胞中都有被称为染色体的基因信息存储在组件中，它们解释了我们的身体是如何由最微小的荷尔蒙一直到皮肤和骨骼建构自己的。人体共有46条染色体，分成23对，而男女之间的遗传差异，其根源在于第23对，即所谓的性染色体。女性的性染色体被称为XX，其中从父母双方各继承一条X染色体。男性染色体被称为XY，其中X染色体来自母亲，Y染色体来自父亲。很长一段时间以来，人们都以为性染色体主要与生殖有关，而不涉及其他。如今，许多科学家，包括阿诺德在内都相信，这种看似细微的基因差异，可能后果影响深远。

一对染色体中的每一条都在相同的位点上携带相同的基因，即等位基因。例如，决定一个人眼睛颜色的染色体来自父亲，它与另一条来自母亲且决定眼睛颜色的染色体在同一个位点匹配。女性的两条X染色体始终如此匹配。但是，对于具有XY性染色体的男性来说，并不存在总是匹配的等位基因。X染色体和Y染色体在同一个位点不存在相同的基因。实际上，Y染色体比X染色体要小得多。

在X染色体上只有一个基因拷贝，这可能对男性的身体产生影响。阿诺德说："人们长期以来一致认为，而且有可靠的证据表明，具有两种不同版本的基因可以缓冲女性对抗某些疾病或环境变化时的影响。"如果一位男性刚好在他的一个X染色体上出现引发某种疾病或缺陷的基因突变，他便会无可避免地患病。但女性却具有一条额外的X染色体来抵消这种突变，除非她运气不佳，在两个分别来自父母的X染色体上都发生了相同的基因突变。"举一个简单的例子，如果一个基因在寒冷的条件下运行得更好，而另一个在炙热的条件下运行得更好，那么，拥有这两种等位基因的女性，无论是在寒冷还是炙热条件下，都会保持健康。而男性的机会仅有一次，他只有一个拷贝，因此，他的身体要么在炙热条件下运行良好，要么在寒冷条件下运行良好，不可兼而有之。"

在某些众所周知的遗传特征上，男性不过是因为他们只有一条X染色体而更容易受到影响。这些与X染色体相关的疾病包括红绿色盲、血友病、肌营养不良以及影响免疫功能的IPEX综合征（即免疫失调）等。在发达国家有2%到3%的人患有精神发育迟缓，而**男性**患者的数量明显多于女性，这也和X染色体有很大的关系。

这就是为什么阿诺德为了了解健康的性别差异，选择将注意力集中在染色体上。"我们又回到了男女之间最基本的生物学差异上。从卵子受精那一刻起，我们知道两性之间的唯一区别是性染色体不同。所以一切都得从这一点出发……一切都是性染色体的下游。"

奥斯塔德说："与X染色体相关的疾病，我们目前所知道的就是它们非常罕见。但我认为，与X染色体相关的疾病要比我们想象的多。我想这可能是性别差异很大一部分的原因所在。"其中一个例子是呼吸道合胞体病毒（respiratory syncytial virus），这种病毒会感染肺部和呼吸道，是英国和美国1岁以下儿童支气管炎的最大病因之一。研究人员发现，这种病毒对男孩的侵害比女孩要大得多，而且，X染色体上某个特定的基因内部物质可能是造成这一问题的原因。

奥特尔特－普里吉奥内也认同人类的X染色体上可能存在着与恢复力、免疫力和疾病的易感性有关的基因，而尚未被发现或了解。"我们在学校时学到的是，X和Y染色体基本上是与性功能联系在一起的。仅此而已。当时真的没有人想得更远，我说的是20年前。但现在情况正在慢慢改变。"

1961年，英国遗传学家玛丽·弗朗西斯·里昂（Mary Frances Lyon）发现，尽管女性有两条X染色体，但每个细胞中都有一条是随机失活的（randomly inactivated）。换句话说，它们中只有一个会出面工作。因而，女性是一个基因嵌合体（genetic mosaic），其中有些细胞具有来自一条X染色体的基因，而另一些细类似于多发性硬化症的疾病，实验发现，具有XX染色体的小鼠，病情要比具有XY染色体的更严重。"人类的多发性硬化症是一种自身免疫性疾病，受其影响的女性要多于男性。

该研究传达出一个关键信息：我们在健康方面看到的许多性别差异，都深植在遗传学当中。2016年，阿诺德及其团队将实验的研究成果发表在《伦敦皇家学会哲学学报·丛书B》（*Philosophical Transactions of the Royal Society of London Series B*）上，他们在文章中写道："以小鼠为模型的研究用令人信服的证据表明，带有两个X染色体的细胞在本质上区别于那些只带有一个X染色体的细胞。而由X染色体数量所导致的性别差异，能够对疾病产生深刻影响。"

但是，并不是所有人都认可这个观点。有些人怀疑啮齿动物是否真的能够如阿诺德确信的那样，为我们提供如此多的洞见。奥特尔特-普里吉奥内说："我个人对小鼠没什么兴趣。我不知道要怎样将小鼠身上的发现转移到人类身上……我认为，此类研究虽然提供了大量信息，但当前要在此方面深入到何种程度还有待研判。"

其他批评则更进一步。哈佛大学社会科学教授萨拉·理查森（Sarah Richardson）在其2013年出版的《性本身：在人类基因组中寻找男性和女性》（*Sex Itself:*

The Search for Male and Female in the Human Genome）一书中质疑了这种观点，即身体中的每一个细胞都因为性别而有着本质上的不同，这让我们看到了男女之间的差距。她写道："基因组正彻底改变着社会关系，这是社会科学家们的普遍共识。对性与性别的基因研究可能也是如此。"例如，阿诺德将人类基因中性别偏向因素带来的影响描述为"性体"（sexome）（和基因组一样，但是有性别上的差异）。他告诉我说："你可以把细胞想象成一个巨大的网络。男性和女性之所以有差距，是因为他们具有不同程度的性别偏向因素，这些因素在不同的点上对细胞网络产生影响。"这种观点表明，尽管性染色体只是我们拥有的23对染色体之一，它们的影响却是深远的。

理查森提醒我们不要只把遗传学作为性别差异的总括性解释，因为它模糊了社会与文化，以及其他生物因素带来的影响。比如，人们已经了解到，年龄、体重和种族会对健康产生巨大影响，荷尔蒙也很重要。她指出，当涉及性别差异时，一系列遗传证据描绘出一幅极为相似的图景。实际上，阿诺德本人也向我承认，他的性体观念与其说是一种有研究支持的坚实理论，不如说是一个"更能使人产生联想的术语"。

围绕男女之间的分野到底有多深的争论在科学界内

有残疾。[1]

阿诺德继续说道："如果你将育龄妇女排除在实验之外，也就把她们大部分人排除在外了。"女性荷尔蒙水平的波动也可能影响其对药物的反应；而男性的荷尔蒙水平比较稳定。"研究一种性别成本更低，因此，如果你要在男女之间做出选择，大多数人会避开女性，因为她们的荷尔蒙相对比较混乱……所以人们转而研究男性。在某些学科中，这的确是一种尴尬的男性偏见。"

研究人员现在意识到，这种聚焦于男性的倾向性可能会伤害女性的健康。阿诺德解释说："尽管存在着若干避免在女性身上做实验的理由，但这样做却产生了不尽如人意的结果，即这些实验所产生的治疗信息，在男性方面要远远多过女性。"为美国国立卫生研究院（NIH）充当顾问的妇女健康研究委员会（Committee on Women's Health Research）于2010年共同撰写了一本关于解决妇女健康问题的进展的书，该书指出，自身免疫性

1　"反应停"学名沙利度胺，是研制抗菌药物过程中发现的一种具有中枢抑制作用的药物，曾经作为抗妊娠反应药物在欧洲和日本广泛使用。但投入使用后不久，数据显示使用该药物的孕妇流产率和畸形胎儿率都有所上升，随后该药物退出市场，该事件被称为"反应停事件"。—译者注

疾病（对女性的影响远超男性）与其他一些疾病相比，仍然没有得到更好的了解："尽管自身免疫性疾病有其患病率和发病率，但在更深入地理解这种疾病、识别风险因素或开发治疗方法方面却进展甚微。"

另一个问题在于，女性对某些药物的反应或许会与男性不同。20世纪中叶的医学研究人员往往认为这不算什么问题。位于华盛顿的美国国立卫生研究院的妇女健康研究委员会资助了美国绝大多数健康研究，其负责人雅尼娜·克莱顿（Janine Clayton）表示："有一种观点认为女性更像是小型的男性；所以在这种观点看来，如果某种治疗手段对男性起作用，对女性亦然。"

如今我们知道，这种情况并不尽然。2001年，据新西兰皮肤病专家马里厄斯·拉德梅克（Marius Rade-maker）估计，女性对药物产生不良反应的可能性大约是男性的1.5倍。2000年，美国政府问责总署（United States Government Accountability Office）检视了自1997年以来美国食品和药物管理局（US Food and Drug Administration）从市场上撤回的10种处方药。通过研究所报告的不良反应案例发现，其中8种药物都对女性产生了比男性更大的健康风险。这些撤回的药物中包含两种厌食剂、两种抗组胺药和一种糖尿病药物。其中四种药物在使用人数上，女性远多于男性，但另外四种平上会降低他们住院的风险。耶鲁大学的研究人员注意到，在该药物的测试对象中，男性的数量大约是女性的4倍，而且两性间的反应不尽相同。服用地高辛的女性相比服用安慰剂的女性，死亡时间更早的比重会高一些。在男性之间，服用地高辛和服用安慰剂所表现出来的差别要小得多。耶鲁大学的研究团队得出结论说，性别差异"会被男性服用地高辛治疗所带来的效果所掩盖"。

但是，科学从来没有停滞不前。耶鲁大学团队的研究结果后来证明并不是表面看上去那样。最近的一些研究表明（包括一篇2012年发表在《英国医学期刊》上使用更大样本组的文章），实际上女性服用地高辛的死亡风险并未显著增加。

第二种药物是治疗失眠的唑吡坦（zolpidem），该药物通常在美国以安必恩（Ambien）为品牌销售。失眠可是制药公司的大生意。医疗保健情报公司IMS Health收集的数据显示，2011年，美国大约开出了6000万片安眠药，而这个数据在五年前只有4700万片。安必恩是其中最受欢迎的一款。但它也有一定的副作用，包括严重的过敏反应，记忆力减退和有成瘾的可能性等等。唑吡坦的另一个副作用是有可能导致第二天嗜睡，这会让开车变得危险。该药物获准上市很久之后的一项研究显示，在服用同样剂量的情况下，女性比男性更有可能出现晨起困倦的症状。在使用唑吡坦8小时之后，有15%的女性（但只有3%的男性）体内的唑吡坦含量足以增加她们发生交通事故的风险。

2013年初，美国食品和药品管理局做出了一个里程碑式的决定，降低了安必恩的推荐起始剂量，女性服用量减半。阿诺德说："唑吡坦有点像一个警示案例。"

但就和地高辛一样，该发现还需要更进一步挖掘。2014年，波士顿塔夫茨大学医学院的科学家们对唑吡坦的效果展开了一项额外的研究，他们指出，唑吡坦对女性具有更持久的疗效，这可能主要是因为女性的平均体重低于男性，这意味着唑吡坦在她们体内代谢的速度更慢。

地高辛和唑吡坦的例子凸显出将性别作为医学研究变量的隐患。除了平均体重和身高较低之外，女性身体脂肪量的平均比例也高于男性。她们通常需要更长的时间来经由肠道消化食物。这两个因素都有可能影响药物在体内的作用。不过这些因素在男性和女性中都有可能发生。比如说，许多女性比一般的男性体重更重。性别并不总是能归入两个互相分离的类别当中。

同样重要的还有成为一名女性的经历，其中包括社会、文化和环境等方方面面。雅尼娜·克莱顿说："生理性别和社会性别都是影响健康的重要因素。"那么，在理想情况下，就应该按照将它们区分开的各种因素的范围对人们进行治疗。不仅性别，社会差距、文化、收入、年龄等其他因素都要考虑在内。正如萨拉·理查森写道："一只雌小鼠——更不用说一组细胞系——并不是一个生活在机理丰富的社会世界中的具体女性。"

扎比内·奥特尔特-普里吉奥内认为，问题在于，"医学是非常二元的。你要么拿到药物，要么拿不到；要么这样做，要么那样做。因此，我认为唯一的手段就是纳入这样一种概念，即事实上并不存在一种中性的身体，而是至少有两种身体。我相信这只是另一种看待事物的方式。在医学当中，只要有新的范式或以不同的方式看待事物的方法，就可以打开一连串可能性。这种方式可以观察性别差异，但仍然有许多其他事情，最终会有助于医疗保健更具包容性"。

凯瑟琳·桑德伯格说："我们要做什么？是要提升人类健康，对吧？因此，如果我们看到一种疾病在男性身上比在女性身上表现得更普遍或更具攻击性（或者相反），就可以通过研究为何这种性别更易受影响，而另一种性别更具抵抗力来更好地了解这种疾病。这些信息会带来让所有人受益的新疗法。"理解为什么女性更容易长寿可以帮助男性获得长寿。将孕期女性纳入研究当中，或许可以帮医生打开药柜，拿出那些由于目前对胎儿的影响还不确定而尚不能用于孕妇的药物。更全面地理解女性在月经周期期间的身体反应，或许会对用药剂量产生影响。

至少从目前来看，政治家和科学家的判断似乎是说，在进行医学研究时将性别作为一个变量能够改善整体的健康状况。1993年，美国国会出台了《国立卫生研究院复兴法案》（*National Institutes of Health Revitalization Act*），其中包括一项一般要求，即除非有充分的理由，否则所有由国立卫生研究院资助的临床研究都要将女性纳入试验对象当中。按照雅尼娜·克莱顿在《自然》杂志上发表的一份报告显示，截至2014年，在由国立卫生研究院资助的临床研究项目中，女性参与者刚过一半。

自2016年初以来，美国的法律范围已经扩大，将女性纳入了脊椎动物和生理组织实验当中。欧盟现在也要求由其资助的研究人员考虑将性别作为工作的一部分。

对于诸如雅尼娜·克莱顿和扎比内·奥特尔特-普里吉奥内这样的女性健康活动家和研究者来说，这当然是一次胜利。让女性平等参与到研究当中，是她们几十年来始终为之奋斗的目标。现存的男性偏见正在被一步步扫除；人们开始把女性考虑在内。也许我们最终会搞清楚是什么让女性通常能成为更好的幸存者，以及为什么男性似乎更少得病。

但是，随着科学进入如今这个崭新的时代，科学家需

简而言之，如果没有
在自然产生差别之前反复
灌输两性的划分，
那么男孩和女孩就可以
无害地一起玩耍。

玛丽·沃斯通克拉夫特（Mary Wollstonecraft）：
《女权辩护》（*A Vindication of the Rights of Woman*，1792）

"我们得穿牛仔装，对吧？它最百搭了！"一位妈妈柔声说。她那只有6个月大的小女儿，穿着一条小牛仔裤，这可能是我见过世界上最小的牛仔裤了，她自己从头到脚也被牛仔装包裹着。

　　我们正坐在伦敦市中心伯克贝克学院的婴儿实验室里。这间实验室让我想起托儿所，却和一般托儿所不太一样。等候区堆满了玩具，门口装点着一只紫色的大象玩偶。但是在楼下的实验室里，此时可能正有一个婴儿身体被连接到脑电图仪上，她观看屏幕上的图片时，脑电图仪会监测她的大脑活动。在另一个房间，科学家们或许正在观察婴儿玩耍，检视他碰巧选了哪个玩具。与此同时，在我被邀请进入的这个小实验室中，实验人员正在用画刷轻轻抚扫着一个婴儿的后背。她就是目前为止参与该实验的第30个婴儿。

"她真的很喜欢坐在那到处看，把一切尽收眼底。我自己也喜欢坐着观察"，妈妈一边说着，一边把孩子抱到膝上。科学家推测，在发育的早期阶段，诸如此类的身体抚触对个体的发展具有重要影响。只是如何影响以及产生影响的原因尚不明确。因而，今天这个实验的研究目标就是测定抚触如何影响婴儿的认知发展。儿童在成长的过程中受到各种各样因素的影响，由此潜移默化地将他们塑造成未来的样子，今天的研究是其中一种方式。

虽然宝宝很可爱，但以这种方式研究他们并不像看起来那么有趣，几乎就和与动物一起工作一样。研究人员面临的挑战是要设计出足够巧妙的实验，既能捕捉到婴儿行为的核心，又不会无意中对其行为做出过度解读。孩子的一瞥可能蕴含意义，也可能是无意识的，而最迷人的笑容，或许不过是气息而已。在这种特殊情况下，研究人员之所以在抚触实验中使用画刷，是因为只有这样才能控制父母以不同的方式触摸自己的孩子。使用画刷可以保证他们每次都以同样的方式触摸。

遗憾的是，小婴儿的下嘴唇开始颤抖，紧接着放声大哭。显然画刷达不到人类真实的触摸感。这是其中一个无法使用的实验结果。

伯克贝克学院大脑和认知发展中心（Birkbeck's Centre for Brain and Cognitive Development）的

心理学家特奥多拉·格利加（Teodora Gliga）也在婴儿实验室中开展实验，她说："这就是所谓的婴儿科学，尝试在噪声中探寻信号。"格利加的工作聚焦于儿童在早期是如何发展的，她的研究秉承了瑞士心理学家让·皮亚杰[1]的传统。皮亚杰从20世纪20年代开始观察自己的孩子，众所周知，他因此认识到科学家对早期发展所做出的许多假设都是错误的。他认为婴儿并不是白板。相反，关于世界的知识，他们有自己预先设置好的组织方式。最简单的例子就是新生儿的吮吸这种本能反应。

但科学家意识到，这不过是个开始。当前的目标是搞清楚新生儿到底有多聪慧，以及这又意味着什么。婴儿研究的另一个用处是探索男孩和女孩之间的差异。如果儿童确实已经以某种方式预先被设计好了，那么此类设定是否因性别而有所不同？是因为女孩生而为女就更偏爱穿粉红色衣服和洋娃娃？还是由于社会教导她们应该去喜欢洋娃娃和粉红色？

相关研究已经不少了。我们知道，大约在两三岁的

1　让·皮亚杰（Jean Piaget, 1896—1980）是近现代最著名的发展心理学家之一，其理论和思想在哲学界同样具有深远的影响。皮亚杰1929年至1975年在瑞士日内瓦大学担任心理学教授，他的认知发展理论是发展心理学的基本纲领。——译者注

时候，儿童开始意识到自己的性别。在4至6岁，男孩就知道自己长大会变成一个男人，女孩知道自己会变成女人。到了那个年龄，孩子们也会根据自己所处的文化，对于每种性别的适宜性有所了解。美国心理学家黛安娜·鲁布尔（Diane Ruble）和性别发展专家卡罗尔·林恩·马丁（Carol Lynn Martin）解释了儿童大脑是如何在5岁左右具有一种固化的性别刻板印象的。他们描绘了这样一个实验，研究人员在实验中向儿童展示其他人从事各种活动的图片，比如缝纫或烹饪等。当一幅图片展示的内容与传统刻板印象相悖时，孩子们更有可能出现记忆错误。在一个例子中，有的孩子不记得自己曾看过一张小女孩锯木头的照片——实际上看过——有些孩子说自己当时看到的是一个男孩在锯木头。

这是一个许多家长已经清楚意识到的问题。我今天在实验室看到的那个婴儿的妈妈告诉我说，她是一位具有博士学位的科研人员，她希望有朝一日自己的女儿也能获得博士学位。一路走来，她努力避免让自己暴露在可能会损害感知自身能力的性别刻板印象之下。她对我说："我倒不是讨厌粉红色，只是我们更倾向于买藏青色或蓝色的东西。"最近有人提议给她买一套玩具屋，但她拒绝了："我宁愿要一些更中性的东西。"

和伯克贝克学院的研究者一样，许多人已经意识到，对科学家来说，从后天因素中筛选出先天因素，从社会因素中筛选出生物因素的最有效方式就是研究年龄足够小的儿童，因为他们尚未暴露在社会严重的性别化方式当中。特奥多拉·格利加解释说："我认为研究成年人对我们理解性别差异不会有任何帮助。只会告诉我们那些已经长大的人在怎样生活。其中更多的是关于性别差异的经历，而不是它的生物机理。在发育的越早阶段介入观察，就越容易切近性别差异的本然状态。"

2000 年，国际期刊《婴儿行为与发育》(*Infant Behavior and Development*)发表了一篇短文，该文的内容可能会塑造世界各地的人看待出生时性别差异的方式。这篇文章由剑桥大学实验心理学和精神病学系的一个研究团队撰写，其中包括心理学家、神经学家和自闭症专家西蒙·巴伦－科恩(Simon Baron-Cohen)。

这篇论文声称，他们第一次证明了新生婴儿的行为方式具有明显而且重要的性别差异。

该实验的研究结果如此具有冲击力，以至于在其他研究论文和育儿及儿童书籍中至少被引用了 300 余次。当哈佛大学校长劳伦斯·萨默斯在 2005 年颇具争议地提出女性科学家和数学家的稀缺，或许是因为男女之间先天的生理差异时，巴伦－科恩一定程度上是在用此项研究为其辩护。哈佛大学的认知科学家史蒂芬·平克(Steven Pinker）和伦敦经济学院的哲学家海伦娜·克罗宁（Helena Cronin）都曾经运用这个研究来论称两性之间存在着先天的差异。有人甚至将其改编成一本受到《圣经》启发的心理自助书——《男脑，女脑》（*His Brain, Her Brain*）——以此描绘两性之间"天赐的差别"如何帮你巩固自己的婚姻。

自2000年以来，巴伦-科恩所在的部门名声大噪。这篇论文发表时，他距离揭露出一个充满争议且范围广泛的新型两性理论也不过只有两年的时间，他将这种理论命名为"共情化-系统化理论"（empathising-systemising theory）。该理论要传达的基本信息是说，"雌性"大脑生来倾向于共情；"雄性"大脑就像汽车和计算机，是为了分析和构建系统而设计的。不同的人或许会在其大脑中显现出不同程度的男性和女性气质，但正如这两个形容词所暗示的那样，一般来说男性倾向具有"雄性"大脑，女性则倾向具有"雌性"大脑。

巴伦-科恩说，自闭症（一种使患者很难理解别人以及与他人交往的疾病）是男性大脑的一种极端类型。这就是为什么被诊断出患有自闭症的人（到目前为止，自闭症患者大多是男性，虽然现在有越来越多的女性也被诊断为带有此类症状）有时候会表现出异乎寻常的系统化行为，比如具有在大脑中快速进行数学计算或记住火车时刻表的能力。

至今还没有人能完全解释婴儿在出生时大脑是怎样沿着某种路径朝偏向男性或偏向女性的方向发展的。如若果真如此，细节很可能非常复杂。但是按照巴伦－科恩的说法，关键因素在于性激素——这种化学物质正是我们所看到的男女之间许多生理差异的根源所在。他认为，暴露在子宫中的睾酮不仅会影响到性腺和生殖器，而且也会以某种方式渗透到男胎发育中的大脑里，将其塑造成一个系统化的雄性大脑。女胎往往没有那么多的睾酮，最后默认生成了共情化的雌性大脑。

那么，这篇论文对新生儿有什么意义？巴伦－科恩想要知道，女性具有较强的社交技能和男性更具系统性思维这种刻板印象是否具有某种生物性的基础。换句话说，是否女孩生来就是共情者，男孩生来就是系统思维者。据他和他的研究团队所知，全球范围内是他们第一次说服了当地医院的产科病房，允许研究人员对世界上最幼小的被试群体进行研究。100多名婴儿被纳入了研究范围当中，他们都是刚刚出生两天左右或更小的孩子，显然已经小到不会受到社会条件作用的影响。研究团队认为，他们所观察到的会是未受到教养影响的天性。这也使其成为巴伦－科恩的共情化－系统化理论所依凭的重要根据。

像许多资深科学家所做的那样，巴伦－科恩将实验交给一位资历较浅的同事来完成，这位同事不久前才加入他的团队。珍妮弗·康奈兰（Jennifer Connellan）是一名只有22岁的美国研究生。她告诉我说："实际上，我都不敢相信他接受我加入他的实验室。"她坦言自己太年轻，没什么经验。来剑桥之前，她在加州一个海滩做救生员。

康奈兰每天都会去产科病房看看有没有产妇分娩。实验本身并不难。她说："我们想要在社交性和机械性之间做出对比。"因而会向每个婴儿展示一张人脸的图片（图片中的人脸是康奈兰本人）以及一张可以机械移动的拼接图片（这张图片也是用康奈兰的脸照制作的）。然后，如果婴儿观看照片的话，研究人员会测定每个婴儿看了每张照片多长时间。这种在婴儿研究中流传已久的实验

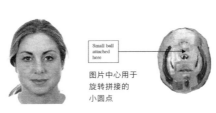

康奈兰的脸部照片 | 图片中心用于旋转拼接的小圆点 | 康奈兰照片的可移动拼接图片

康奈兰在实验中使用的两张图片[2]

2　图片出自珍妮弗·康奈兰和巴伦-科恩的《新生儿社会知觉中的性别差异》（Sex differences in human neonatal social perception, in: *Infant Behavior & Development* 23 [2000]，113-118）一文。——译者注

方法被称为选择性观看法（preferential looking）。研究团队假设，更具社交性的婴儿会倾向于盯着人脸，而更具系统性的婴儿会选择观看可移动拼接图片。康奈兰回忆说："就实验设计而言，这是非常初级的，感觉有点像一个科学竞赛项目。"

实验结果表明，大部分婴儿对两种类型的图片都没有表现出偏好。不过大约有40％的男婴倾向于观看可移动拼接图片，相比之下，倾向于观看脸部照片的男婴比例为25％左右。同时，大约36％的女婴倾向于观看人脸图片，而倾向于观看可移动拼接图片的比例只有17％。这当然不是说每个男婴与每个女婴都不同，但在该研究的语境之下，这种差别却具有统计意义，足以引起科学界的注意。

康奈兰、巴伦－科恩及其同事在该文中声称，这项研究提供了压倒性的证据，表明男孩生来就对机械对象有更强烈的兴趣，而女孩天然具有更好的社交技巧和情绪敏感性。他们写道："在这项研究中，我们毫无疑问证明了两性之间的差异至少部分地源于生物机制。"

康奈兰回忆说："我们对这项研究的意义颇为惊讶，两性之间居然有如此显著的差异。（巴伦－科恩）非常兴奋，可以说，我俩都是如此。我们花了许多时间审视该实验，目的是确保实验结果确实如同我们想的那样。"果然，就是这样——似乎迄今为止某些最强有力的证据表明，男孩和女孩的确生而不同。女性更有同理心，男性对制作东西更感兴趣，这种文化上的刻板印象或许不仅取决于父母养育他们和社会如何对待他们的方式。

康奈兰说："该研究解释了两性之间最初的性别差异，这一事实几乎让人感到震撼。"

在接下来的几年中，巴伦-科恩进一步充实自己的观点，即雄性大脑和雌性大脑之间存在着明确的区分。

2003年，巴伦-科恩出版了《关键的区别》(*The Essential Difference*)，这是一本为普罗大众写的书，该书揭示了他所秉持的那种两性思维方式的根本差异。书中包括对康奈兰实验的描述，以及她展示给婴儿的人脸照和可移动拼接照。他写道："这种社交兴趣上的差别在出生的第一天便已存在"，之后又在其他段落补充说："这种与生俱来的差别呼应了我们在人类的生命周期中所看到的模式。例如，平均而言，女性会展示出更'一贯'的社交性微笑。"这明确暗示出两性似乎并不是因为社会或文化而具有不同表现的，而是由于某些深植于先天和生物机理中的东西。

巴伦-科恩在书中解释说，这些差异也可以从人们所选择的爱好类型中发现。"具有雄性大脑的人，倾向于花时间在修理汽车或摩托车、驾驶小型飞机、航海、观鸟或观察火车、数学、鼓捣音响，或者沉迷电脑游戏与编程、DIY或在摄影等活动中寻找乐趣。而具有雌性大脑的人倾向于花时间和朋友喝早茶或者共进晚餐，就亲密关系问题为彼此提供建议，或者照顾朋友或宠物，或者在情感热线做志愿者，倾听抑郁、悲痛、困苦甚至有自杀倾向的来电者的心声。"这个分类多少有点古怪，其中列举的活动尤为中产阶级和英式。此外，我们也很难不注意到，雄性大脑似乎更适合收入较高、社会地位较高的领域，如计算机编程或数学；而雌性大脑似乎最适合地位较低的工作，比如护理员或求助热线的志愿者。

尽管如此，巴伦-科恩的观点依然颇受欢迎。他关于自闭症的极端男性化大脑理论被其他研究人员引用了一千多次。从事儿童发展和性别研究的学者和知识分子广泛提及他的共情化-系统化理论背后的理念。2014年，英国著名生物学家刘易斯·沃尔珀特（Lewis Wolpert）在其关于性别差异的著作《为什么女人不能像男人》（*Why Can't a Woman Be More Like a Man？*）中讨论了巴伦-科恩的工作："总体而言……这种趋势可以概括为，男性倾向于严密地思考，而女性倾向于宽泛地思考。"

然而，布朗大学生物学和性别研究教授安妮·福斯托-斯特林对于宣称在这么小的婴儿身上就能看出性别差异的研究表示警惕。这是一个争议很大的科学领域，尤其是考虑到婴儿具有极大的不可预测性。此外，想要更好地理解自己孩子的父母也非常容易接受这种观点，她觉得："你知道，你可能会在婴儿网站上看到，'要对自己的女儿有这样的期待，对自己的儿子有那样的期待'。"福斯托－斯特林说，当科学家给出诸如此类的主张时，需要确保自己的研究发现是可靠的。如果西蒙·巴伦－科恩的工作得到认真对待，那么他的观念可能会对社会判断男性和女性应当如何对待自己的生活产生重要影响。福斯托－斯特林说："我认为，最终你会得出一种理论，让你把男孩和女孩限定在固定种类的行为或长期兴趣上，并最终限定在某些具体的职业当中。"

巴伦－科恩自始至终都知道自己正在涉入具有争议性的领域。他曾在《关键的区别》一书差不多开篇的地方承认，自己多年来一直没有写完这本书，因为他觉得这个话题太过政治敏感。他提出了科学家们在发表可能会被解读为性别歧视的著作时经常会给出的辩护理由——科学不应该回避真相，无论真相多么令人不适。这是那些宣称洞穿了性别差异的人在其研究中始终坚持的说法。他们说，客观研究就是客观研究。

> "许多研究从未被复制过，
> 或许本身就是错误的。"

当性激素在20世纪初被发现时，许多科学家认为它们只对性行为有短暂的影响，同样，按照我们现在的理解，有些人在压力之下可能会出现肾上腺素激增，或者在陷入爱河时催产素激增。然而，随着研究的发展，大家开始怀疑这中间是否有某些更持久的东西正在发挥作用。

1980年，两位美国科学家——心理学家和灵长类专家罗伯特·戈伊（Robert Goy）和神经学家布鲁斯·麦克尤恩（Bruce McEwen）——共同发表了一份关于过去几十年动物实验的调查，研究出生前后睾酮水平的影响。一项研究显示，在出生当日为雌性大鼠注射一次睾酮，成年后会表现出较少与雌性相关的性行为，而与雄性相关的性行为更多。类似的结果也出现在恒河猴身上，恒河猴是在生物学上离人类比较近的物种，经常被用于研究（恒河猴是第一种被送上太空的哺乳动物）。恒河猴接受注射的睾酮越多，所表现出的差异就越大。

戈伊和麦克尤恩在其著作《大脑的性别差异》（*Sexual Differentiation of the Brain*）中论称，睾酮对未来的性行为有持续的影响。但是，像他们那样的研究却不能脱离研究时所处的时代。科学和性别研究此前都曾认为文化在性别认同中起到了巨大的作用。在1980年，人们普遍假定男性和女性的大脑是相同的，成年人之间的行为差异必然是由父母的抚养方式和社会的塑造所带来的。一位评论家还曾经将谈论胎儿的睾酮水平与大脑中的性别差异，类比为谈论种族和智力水平的差异。

在这样的氛围之下，像戈伊和麦克尤恩这样的观念标志着某种根本性的转变。当然，他们也并非没有遭遇挑战。例如，有批评指出，用来描述男性气质和女性气质的语言本身就带有歧视性。比如说所有"假小子"的行为都被解释为女孩的行为像男孩。但是谁又能说假小子式的行为实际上不是一种作为女性正常的、常见的特征呢？后来还有人抱怨说，以灵长类动物研究作为证据的理论并没有考虑到，猴子可能会像人类那样，以不同的方式对待雄性和雌性后代。如果幼猴的生殖器官受到注射性激素的影响，就可能影响其与母猴之间的关系，进而会作用于其玩耍或成年后的性行为。

虽然戈伊和麦克尤恩的研究发现并未让所有人满意，但他们的研究路线还在继续。它以颇具争议性的观点实现了一次巨大的飞跃，即认为大脑的整个结构可能都是由子宫内的睾酮水平决定的，从而使男性和女性在出生时就有着根本上的不同——不仅影响性行为，还影响到其他行为。

苏格兰神经学家彼得·贝汉（Peter Behan）和美国神经学家诺曼·格施温德（Norman Geschwind）以及艾伯特·加拉布尔达（Albert Galaburda）说，对大鼠和兔子的研究已经表明，即使在幼崽出生之前，高于正常水平的睾酮也会减缓左脑的发育，使右脑更具优势。扩展到人类身上，由于在出生之前男孩自然要比女孩更多地暴露在睾酮当中，因此男性往往有更大的右脑。1983年，格施温德在接受《科学》杂志记者采访时声称，如果高于一般水平的睾酮与一个人对睾酮的反应方式之间的机制是"恰到好处的，那么你的右脑就会获得更具优势的天赋，比如艺术、音乐或数学天赋等"。他暗示说，这可能解释了为什么世界级的男性作曲家和艺术家要比女性多。

当时还没有安全测量活胎睾酮水平的方法。因此，格施温德转而专注于研究左利手（右侧大脑趋向于控制身体左侧的肌肉，左侧大脑则控制身体右侧肌肉，所以右脑占优势的人更有可能是左利手）。通过这种粗略的衡量，当时确实至少有一项研究表明，在具有数学天赋的儿童中，左利手要比一般人群略多。

1984年，格施温德和加拉布尔达共同出版了一本名为"大脑的支配地位"（*Cerebral Dominance*）的著作，他们在书中阐述了自己的研究证据如何支撑这样一种观点，即由于睾酮的作用，男性的大脑被引向了一个完全不同于女性的发展方向。这正是巴伦-科恩在发展自己的共情化女性大脑和系统化男性大脑理论过程中所呼唤的研究范式。

格施温德在《大脑的支配地位》一书出版同年逝世。他的离世留下了一个悬而未决的问题，那就是他的观点是否正确。少量支持他的证据是否意味着睾酮确实极为深刻地塑造着男性的大脑？抑或真相实际上更为复杂？克里斯·麦克马纳斯（Chris McManus）是伦敦大学学院的心理学教授，他多年来一直在剖析格施温德－贝汉－加拉布尔达的理论，麦克马纳斯说："他（格施温德）是最杰出的神经学家之一。"他认为，实际上这就是格施温德的睾酮和大脑研究的部分问题所在。他在该领域的卓越成就使得他的理论即使最后并不总是有支撑的证据，也很容易在重要期刊上发表。

麦克马纳斯认为，格施温德－贝汉－加拉布尔达的理论只是想把太多领域囊括进来。它在当时成为解释大脑是如何组织的宏大理论，在并不必然有联系的事物之间建立起了巨大的关联，而这些联系还没有经过验证。该理论试图涵盖的范围如此之广，以至于即使在今天，研究人员也很难将其明确下来。麦克马纳斯说："幸运的话，你可以用它来解释任何事情……当数据对你而言可以随心所欲时，你就能以任何想要的方式剪切这些东西。"

但这并不意味着该理论是一堆废话。

自20世纪80年代以来，利用新技术对动物进行细致研究确实表明，性激素在胎儿发育过程中会对胎儿大脑产生影响，从而在随后导致某些行为的微小差异。如今，这种现象背后的证据已经足够让神经科学家和心理学家感到，即便与自己的直觉相抵触，也不能再无视它。这是科学难以预料的天性：科学发现不会总是与政治和谐相处，研究结果也不是永远非黑即白。在这种情况下，虽然格施温德的宏大理论显得有点过于宏大，但或许其中隐藏着一个颇具前途的研究领域的内核。

剑桥大学心理学教授梅利莎·海因斯（Melissa Hines）曾经就性与性别议题开展过许多最具世界影响力的研究，巴伦-科恩在论文中也大量引用过这些成果。2010年，她在《认知科学动态》（*Trends in Cognitive Sciences*）上表示，数以千计以非人类哺乳动物为对象的实验研究表明，子宫内的睾酮水平的确会对后续的行为产生影响。此类研究课题是通过为灵长类动物注射额外的性激素，之后再对其行为进行监控而展开的。海因斯的文章中有两张值得注意的照片，一张是一只母猴正在观察一个洋娃娃，另一张是一只雄猴像人类孩童一样在地板上移动玩具警车。

但是，猴子和人类毕竟不一样。从动物跳跃到人类对于证明睾酮是否真的以同样方式塑造了我们复杂的思维至关重要。如果人类和动物具有相似的两性差异，那么，人类之间的差异会像哺乳动物一样小吗？还是像巴伦－科恩指出的那样，差异非常巨大？真相到底在何处？

当然，对于人类来说，从事此类研究的伦理标准与灵长类动物完全不同。科学家不能通过人为地给胎儿或儿童注射激素来研究其影响。相反，他们必须求助于性激素水平天生就很高或很低的人，但这样的人很罕见。

迈克说："我出生时是不完整的。"

迈克不是他的真实姓名，我已经同意不用真名。两天前，迈克刚过完51岁生日，但他告诉我，他选择不庆祝生日，因为他不希望让自己回想起出生的那一天。正是在那一天，父母被告知要以女孩的方式抚养他。

迈克出生时是男孩，但他患有一种被称为"5-α-还原酶缺乏症"的罕见遗传疾病，得了这种疾病意味着出生时他的身体没有表现出男孩的特征。虽然他是一名具有XY染色体的正常男性，但身体缺乏转化睾酮的酶，睾酮经转化后将产生一种化学物质，这种物质对于出生前性器官的发育具有至关重要的作用。也就是说，尽管他在基因上是男性，但生殖器却不明确。

类似迈克这类案例帮助生物学家和心理学家理解了对人类来说，出生时在生物学意义上是哪种性别到底意味着什么。如果我们想知道性激素是如何影响一个人的男性气质或女性气质，没有比研究一个基因上是男性，但身体对激素的反应却与典型的男性不同的人更好的方式了。

迈克解释道："当我出生时，初看之下性别并不确定。我长了阴茎，但是非常非常小。"在这种情况下，医生通常会建议迈克这样的人像女孩一样生活，因为让他们的生殖器看起来像女性的手术比重塑阴茎手术更简单。在迈克出生的年代，专家们认为性别主要是由社会塑造的，所以这完全是一个合理的选择。如果他从小被当作一个女孩对待，他就可能会觉得自己真的是个女孩。一些处境相似的儿童已经适应了自己的新性别身份。但是对包括迈克在内的许多人来说，这样的决定却导致了个人悲剧。

他发育不全的睾丸留在体内，在他五岁时，也就是远在青春期到来之前，他的睾丸就被部分切除了。由于意外，切除手术并不完全，这意味着他的身体仍然能产生少量的睾酮。从小到大，他都没有注意自己的基因性别。对这个世界来说，他就是一个女孩，但他越来越意识到自己不像女孩。

三岁左右时，他开始对典型的男孩玩具产生了兴趣。后来，在学校的体育课上，当老师让女孩去场地的一侧，男孩去另一侧时，他会站在中间犹豫不决。他回忆说："老师一直把我和男孩们分开。"对一个小男孩来说，这个场景既悲惨又让人困惑。有一次，当一个店主问他，"你想来点什么，小伙子？"时，他兴高采烈地想着她一定看到了自己真实的样子。当身后有人向店主解释说他实际是个女孩时，迈克感觉那就像一记耳光。他回忆说："随着年龄的增长，我看着祖母、母亲和表姊妹们，意识到自己永远也不会像她们一样。"

年幼的他生活在一场难以设想的困顿之中，夹在社会对他的期待（包括不断被告知"女孩要有女孩的样子！"）和坚信自己是个男孩之间。他记得自己当时是唱诗班的成员，当自己的声音开始破音时，会感到羞愧，他别无选择，只能把这归咎于喉咙痛。当他年龄更大的时候，人们经常认为他只是一个非常有运动天赋的女孩。他说，大家都觉得我是个假小子。

如今，有着像迈克这类情况的人被称为"间性人"（intersex）。这是一把雨伞，在这把伞下有许多极其罕见的症况，包括雄性激素不敏感综合征（androgen insensitivity syndrome），患有此种疾病的人由于身体无法识别睾酮，因此虽然携带男性染色体，但看起来完全是女性；先天性肾上腺增生症（cogenital adrenal hyperplasia），患有此种疾病的女性出生时看起来是女孩，但体内含有高水平的雄性激素，从而导致外生殖器性别不明显。他们并不是阉人或两性体，也不符合男性和女性这种二元分类的范畴，却占据着一个生物学意义上的中间点，这一点很多人还不理解。

英国内分泌学家理查德·昆顿说，患有雄性激素不敏感综合征的患者，"在我的整个职业生涯中，只见过不到10例"。昆顿在其职业生涯中一直在观察间性人和其他想要改变性别的群体，这让他对性激素如何影响性别认同有了独特的见解。许多患者选择对自己的境况保持沉默。但昆顿听说过中东地区的一个案例，两个患有雄激素不敏感综合征的姐妹向伊斯兰法院提起诉讼，要求承认她们是男性，以确保获得家族遗产，因为如果她们是女性，这些遗产就不会传给她们。他说，对于先天性肾上腺增生而言，"在极端情况下，可能会有一些出生时看起来像男性的案例"，虽然表面上几乎是女性，但具有某些男性特征。这些患者"据说行为看起来更像男孩，尤其是在儿童时期。随着年龄的增长，她们中许多人被同性所吸引"。

迈克在16岁时发现了自己的真实病史，随后终于有机会自己决定如何度过余生。19岁时，他开始向男性身份转变，每周注射睾酮。他的声音越来越低沉，胳膊、腿和脸上的毛发也越来越长，肌肉也日渐发达。他说："就像太阳出来了。"

他出生时接受的生殖器手术当时被称为"清理术"，

但他现在认为这是虐待儿童。迈克说："很多这样的孩子都在迷茫中长大"，而他之后是通过互助社团"英国间性人协会"（UK Intersex Association）找到了接受与理解。

如今，迈克是一名心理学家，致力于儿童心理健康工作，他选择这个职业的部分原因正是在于自己的经历。他的声音强有力且清澈。他的性别毫无疑问是男性。此外，他也是一个活生生的例子，证明性别认同至少在某些层面必然有生物学上的基础。性激素不仅影响我们身体的外观，也影响我们对自己的看法。由此引发的问题是，性激素对我们的思想和行为到底有多大影响？睾酮、雌性激素和黄体酮在多大程度上塑造了我们的思维，把它们引向何种不同的方向？

有人告诉我心理学教授梅利莎·海因斯是她所在的学科中最平衡、最公正的研究人员之一——这一点在一个有时候既不平衡也不公正的领域里非常重要。她的办公室位于剑桥大学一条小巷后面，沿着一条木质镶板的走廊走到尽头便是，里面摆满了各种关于性别议题的书籍。

海因斯依靠像迈克这样的间性人案例来研究性激素对心理性别差异，包括对智力的影响。如同婴儿研究一样，这在理解先天和后天方面也是影响因素的重要部分。如果睾酮确实引导着男孩朝向一个明显不同于女性大脑的男性大脑发展，那么，我们应该能看到睾酮异常高或异常低的人，行为会有怎样明显的差异。

海因斯在选择词句时异常小心。她在开始时说："我们观察了各种各样的行为。"其研究发现揭示出三个在统计上有显著差异的领域。首先是最为明显的第一个差异，"对性别认同而言，差异是非常巨大的。绝大多数男性认同自己是男性，而绝大多数女性并不认同自己是男性。第二个是性取向。大多数女性对男性感兴趣，而大多数男性不对男性感兴趣"。第三个是童年的玩耍行为。她在研究睾酮水平高于正常水平的先天性肾上腺增生女孩时发现，"暴露在雄性激素之下的女孩，争斗式的玩耍行为会增加。她们喜欢男孩的玩具多一些，喜欢女孩的玩具少一些，而且她们比普通女孩更喜欢和男孩一起玩，但并不像普通男孩那么喜欢和男孩玩。这个研究结果已经由七八个独立的研究小组所证实"。

研究的可复制性这一事实至关重要。心理学领域中的许多工作，甚至某些被媒体报道最广泛的研究都没有得到复制。如果有一定数量的独立科学家，基于对广泛人群的不同研究而得出相同的结论，那么我们对研究结果的信心就大得多了。海因斯说："许多研究从未被复制过，或许本身就是错误的。这就是科学的运作方式。你无法研究整个世界，所以就提取一个样本，这个样本可能具有代表性，也可能没有代表性。"对海因斯而言，这一点是如此重要，她提醒我说，她甚至不确定自己的某些研究是否可靠，因为至今还没有在其他地方复制过。

不过，对于玩具偏好的研究，她却充满自信。"我在这方面最先做的研究之一，是把儿童带到一间堆满玩具的房间，并记录他们玩每个玩具的时间长度。实验结果让我感到非常惊讶，因为我当时的想法是，玩具的选择应该会完全由社会因素决定。原因你应该清楚，因为儿童会由于承受太大的社会压力选择适合自己社会性别的玩具。"她和其他研究人员在一项又一项实验中发现，男孩们确实通常更喜欢玩卡车和小汽车，女孩们通常更乐意选择洋娃娃。她说："主要玩具是汽车和洋娃娃。这些是最具社会性别特征的玩具类型。"

2010年，海因斯及其同事曾经开展过一项针对婴儿的研究，该实验通过观察婴儿看两个玩具哪一个时间更长，表明这些偏好早在婴儿两岁之前就已经出现了。"在12至24个月内，婴儿就已经表现出对性别类型玩具的偏好。因而，女婴看洋娃娃的时间要比看小汽车长，男婴看小汽车的时间要比看洋娃娃长。"但是在这12个月的时间里，男婴和女婴看洋娃娃的时间都比看小汽车的时间更长。

从统计数据来看，婴儿玩耍的这种差异意义重大。

海因斯解释说:"我想把玩具偏好与身高进行比较。我们知道男性一般比女性高,但并不是所有男性的身高都高于所有女性。因此,这种性别差异的大小是两个标准差。玩洋娃娃和玩卡车在时间上表现出的性别差异与身高上的性别差异大致相同。"

标准差是衡量数据分布情况的标准。身高的分布看起来像一条钟形曲线。男性的平均身高约为69英寸(约175.26厘米),标准差为3英寸(约7.6厘米)。这意味着,在一大群男性中,有超过2/3的人将会在一个平均的标准差当中,从而使他们的身高介于66英寸(约167.64厘米)到72英寸(182.88厘米)之间。离平均线越远,越接近钟形曲线的细端,这样的男性就越少。两个标准差之外的是比平均值高6英寸(约15.24厘米)或矮6英寸的男性(只有不到5%的男性比平均值高出两个或更多个标准差)。因此,在男性和女性的行为方面,两个标准差之间的区别,就好像他们的平均身高具有6英寸的差距一样。在日常生活中,这会是一个相当明显的差距。

在研究患有先天性肾上腺增生女孩的过程中,海因斯的团队热衷于测试她们是否有可能得到了某些无意识的鼓励,从而选择去玩男孩的玩具,或许是因为家人了解她们的间性人病况之类的。"所以我们想把家长带过来和婴儿在一起,看看家长对此做何反应。他们在玩具房中到底有没有鼓励女孩这样选择玩具？但是，我们发现，家长实际上尝试让她们玩女孩式的玩具。比起他们其他的女儿，他们更愿意给这些女孩介绍女孩式玩具。如果女孩正在玩一个女孩式的玩具，家长们会说，'很好'，并且给她们一个拥抱。"她指出，更多的证据表明，玩具偏好差异不仅可归因于社会条件作用，也取决于一定的生物因素。

然而，这种玩具选择上的差异，与两性的大脑由于接触到睾酮数量的不同而在结构上有很大不同的理论相去甚远。与巴伦-科恩的主张也有相当的差距，巴伦-科恩认为存在着某种典型的雄性大脑和典型的雌性大脑——前者喜欢数学，后者喜欢喝早茶。如果巴伦-科恩是对的，那么在许多其他行为中也会表现出明显的差距。那些具有雌性大脑的人通常表现得像共情者，而具有雄性大脑的人更像系统思维者。

按照海因斯的说法，情况不是我们能看到的那样。在厘清手头各个年龄层的全部科学数据之后，她认为"共情化和系统化的性别差异大约是半个标准差"。这相当于男女之间大约1英寸的平均身高差距。这个差距很小。她说："这很有代表性。大多数性别差异都在这个范围内。我们在许多事情上并没有表现出任何性别差异。"

研究人员在很久之前就已经认识到这一点。1974年，美国学者埃莉诺·麦科比（Eleanor Maccoby）和卡罗尔·纳吉·杰克林（Carol Nagy Jacklin）出版了《性别差异心理学》（*The Psychology of Sex Differences*）一书，他们在书中选取了大量研究来检视男孩和女孩之间的异同。他们的结论是，男女之间的心理差异远小于社会中男女之间存在的性别差异。2010年，海因斯利用最新的研究重复了这一实验。她发现，如果两性之间存在差异的话，那么男孩和女孩只在精细运动技能、展现心理旋转的能力、空间视觉化、数学能力、语言流利性和词汇方面有细微的差距。

伯克贝克婴儿实验室的奥多拉·格利加也赞同，在正常条件下抚养的儿童，如果没有不同寻常的医疗环境，研究人员并未发现女孩和男孩之间的巨大鸿沟。"在典型的发育过程中，找到差异是非常少见的。"她解释说，两性之间的重叠度如此之大，以至于科学家们一直在努力寻找和复制能够表明二者存在着任何真正差距的研究结果。"目前，婴儿科学尚未令人信服地揭示出任何不矛盾的差异性。"

海因斯说，即便我们对极少数暴露在高于一般雄性激素水平中的女孩进行研究，虽然能揭示出有关性别差异的若干问题，却并未表明这些差异非常巨大。"如果我在基因上是一个会产生稍多雄性激素的女胎，那么相比于产生更少雄性激素的女孩而言，长大后我可能会和男孩玩得多一点。或许我会有两个男性朋友，而不是一个。"除了性别认同和玩具偏好之外，在科学家研究过的几乎所有其他行为和认知测量标准当中（这是一个在寻找证据的过程中几乎没有留下任何悬念的领域），女孩和男孩的重叠性非常之高。实际上，几乎完全重叠。例如，海因斯在一项关于颜色偏好的研究中发现，女婴对粉色的偏好程度并不比男婴高。

2005年，威斯康星大学麦迪逊分校的心理学家珍妮特·希伯利·海德（Jenet Shibley Hyde）提出了一个"性别相似性假说"（gender similarities hypothesis），以此来说明两性之间的重叠性到底有多大。在一张超过三页的表格里，她列举出了在各类衡量标准中发现的两性间的统计差距，从词汇和对数学的焦虑，到攻击性和自尊心等。结果显示，除了投掷距离和立定跳远这两项之外，每项数据中的两性标准差都小于1。在许多测定项目中，男女之间的差距不到标准差的十分之一，这在日常生活中几乎是无法区分的。

智商方面也是如此，已经有可靠的证据表明，两性之间的平均智商没有差别。马德里自治大学的心理学家罗伯托·科洛姆（Roberto Colom）经过对1989至1995年间申请私立大学的一万多名成年人的测试发现，两性

"一般智商"之间的差异可以小到忽略不计（该测试将智商、认知能力和心理能力都包含在内了）。他的论文发表于2000年的《智慧》（*Intelligence*）杂志上，证实了此前研究中一再显示的结论。

有些人认为，从统计数据来看，男性之间比女性之间有更多的变化，也就是说，尽管普通男性并不比普通女性智商高，但在该群体中有相对更多智商极低的男性和智商极高的男性。他们说，在钟形曲线的远端，也就是重叠末尾的地方，差异就变得明显。这可能就是哈佛大学校长劳伦斯·萨默斯在尝试辩解为何顶尖大学中男教授多于女教授时所提出的有争议主张的基础。

科学研究并不完全支持这一主张。2008年，爱丁堡大学的一组研究人员通过对苏格兰全民范围内的11岁儿童的一般智力情况进行调查证实，男性在其测试结果中确实表现出更多的可变性。他们指出，这些差异虽然并不像某些人过去暗示的那样极端，但确实是真实存在的。同时，这些研究人员指出，最大的影响出现在量表底端。智商得分最低的人往往是男性，这在一定程度上与遗传基因有关。比如说，X连锁精神发育迟滞综合征（X-linked mental retardation）对男性的影响远远超过女性。

海因斯也证实了这一点："主要是因为男性有更多

的发育障碍病例，所以处于最底层。在上端，差异并不大。"苏格兰的研究团队发现，他们在数据顶端看到的较小规模差异肯定不足以解释两性在数学和科学领域的差距。在他们的一组特定数据集中，男孩与女孩获得最高智商测试分数的比例大约是2：1。在大学里，男女科学教授的人数差距通常要大得多。

海因斯认为，苏格兰研究团队测试结果中的这种差异也可以归因于社会因素。她对我说："尽管平均来看智商没有性别差异，但我认为在顶端的男孩们仍然会得到鼓励。我觉得在某些社会环境中，他们根本得不到鼓励，但在富裕的、受过教育的社会环境中，人们仍然倾向于给予男孩更多的期待，进而对他们投入更多。"

这一观察得到了最近研究的支持，即人们通常是如何将天才视为一种男性特质的。2015年，发表在《科学》杂志上的一项研究探讨了这种对男性天生睿智的期望是否会影响某些学科的性别平衡。在由普林斯顿大学哲学教授萨拉－简·莱斯利（Sarah-Jane Leslie）和伊利诺伊大学心理学家安德烈·辛皮安（Andrei Cimpian）主导的一项研究中，研究人员调查了来自美国三十多个学科的学者，问他们是否认为成为该领域的顶尖学者需要某种"无法传授的特殊天赋"。他们发现，在那些人们认为确实需要天赋或天才才能取得成功的学科中，女性博士的人数较少。

那些努力工作会给予更高评价的学科，往往有更多女性。

"我们很难将自己的观点
从数据中分离出来。"

珍妮弗·康奈兰未曾预料到事情会有反弹，这或许是天真的想法，但随后几乎所有人都没有想到反弹如此之大。

在她和西蒙·巴伦-科恩2000年发表关于新生儿更喜欢人脸照片还是可移动的人脸拼接照片研究后不久，人们便开始质疑他们。在新生婴儿的行为中，真的存在诸如此类的深刻性别差异吗？女孩真的天生更具有共情，而男孩生来更具有系统思维吗？人们对这项研究的方法及结果的可靠性产生了怀疑。

这种质疑在2007年达到了顶点，当时，纽约心理学家艾莉森·纳什（Alison Nash）和焦尔达纳·格罗西（Giordana Grossi）以法医学式的细节处理方式剖析了该实验，并将其中一系列大大小小的问题进行了归类。一方面，康奈兰等人在论文中宣称实验结论"无可置疑"的宏大论断，似乎是一种令人不适的夸大，实际上，在该研究中，盯着可移动的人脸拼接照片的男孩连一半都不到，而喜欢盯着人脸照片看的女孩的比例甚至更小。

但对于该研究最严厉的批评是说，康奈兰事先至少已经知道一部分受试婴儿的性别了。这可能会产生一些微妙的偏见。例如，她可能有意无意地移动自己的脸部照片，让女婴注视它的时间更长。正是基于要规避此类问题的需求，科学家才建议在不知道被试性别的情况下，以双盲形式开展此类实验。如果缺少这种保障措施，结果可能会受到质疑。

心理学家和作家科迪莉亚·法恩（Cordelia Fine）在2010年出版了一本关于大脑研究的著作《性别错觉》（*Delusions of Gender*），书中也收入了纳什和格罗西的研究成果。科迪莉亚在书中补充说，即使他们的研究发现是正确的，康奈兰、巴伦－科恩及其同事在猜测这些研究结果意义时跳跃性也太大了。她对我说："他们做出的其中一个假设是，研究结果中的视觉偏好预示了儿童随后会具有共情还是系统化的旨趣，但这两点都缺乏证据。"

当我在她的论文发表15年之后向康奈兰提出批评时，她谦虚地接受了。这篇论文在她获得博士学位之前问世，当她站在答辩委员会面前进行论文答辩时，文章引发的批评声浪已经产生了效果。她被告知自己没有通过答辩。

她说："答辩进行得如此糟糕，实在让人意想不到。答辩组成员带着很多政治观念……我们提出了申诉，随后遇到了一些更为中立的评审员。"这一次，她才终于在新评审之下通过了答辩。

她承认，实验的确存在一些问题。她发现自己不可能意识不到某些婴儿的性别，主要是因为她与其中一些孩子的接触发生在周围遍布新生儿用品的产科病房，包括粉色和蓝色的气球等，有时候甚至能看到婴儿的名字。她说："我们在一个中性的区域测试这些婴儿，这里没有气球之类的东西，所有的毯子也是中性的。实际上，我们做实验的就是这样一个地方。"但是在得到允许测试婴儿之前，他们必须先去拜会婴儿的妈妈，这可远非一个中性的环境。

她说："为了得到现在的结果，我们尽了最大努力。结果完美吗？并不。"在撰写论文的过程中，她也感觉到或许自己对实验结果过于兴奋了："我当时没什么经验，现在觉得经验的缺乏比其他任何事情都更容易引发问题。"

当我采访西蒙·巴伦-科恩，让他告诉我关于该实验的想法时，他在电子邮件里说："这个实验设计得很严密，而且经过同行评审，因此它符合优秀科学的标准。没有一项研究是无可非议的，人们总能想出改进它的方法，我希望在尝试复制实验的过程中，研究的问题也会得到改进。"

事实上，复制性是实验面临的最大问题之一。迄今为止，尚没有人尝试复制该实验，来检验其研究结果是否可靠。特奥多拉·格利加评论说："科学研究必须被复制，尤其是如果涉及的是新观念。未曾被复制的研究是不可信的。它可能会是一个有趣的观点，但不是一个事实。"随后以年龄稍大一些的儿童为对象的研究显示，两性儿童之间并没有性别差异。而且，正如海因斯的工作所揭示的，儿童在一岁至两岁之前，似乎没有玩具选择偏好。

但是，巴伦-科恩告诉我说："研究尚未被复制这一事实完全不能说明该研究是无效的，只是意味着实验还有待被复制。"至于为何至今还没有其他研究者尝试复制实验，他给出的一个解释是婴儿比较难于测试，也就是说，你需要大量样本群才能得到可靠的结果。他补充说："其次，新生儿心理性别差异测试似乎仍会招致相当多的争议。因此，一些研究人员可能因为不想走进潜在的政治雷区而望而却步。"

自此之后，康奈兰彻底放弃了雷区。最终，她也只在巴伦-科恩实验室工作了很短一段时间。取得博士学位后，她离开剑桥加入了佩伯代因大学，这是一所位于加州的私人研究机构。现如今，康奈兰在经营一家培训机构。她还养育了一个女儿和一个儿子。她告诉我，自己现在仍然对共情化和系统化大脑类型的观点感兴趣，但她认为，只有在极端情况下，研究人员似乎才有可能找到任何差异。她说："这完全是一条钟形曲线……对处于曲线中段的孩子来说，他们之间几乎没有任何性别差异。"

与此同时，巴伦-科恩仍然继续尝试在出生前的睾酮水平和大脑中的性别差异之间建立关联。2002年，他和另一位研究生斯韦特兰娜·卢奇马亚（Svetlana Lutch-maya）宣称，他们在实验中观察到12个月大的女婴与同龄的男婴相比，与人做出更多的眼神接触。该研究已经被其他研究人员引用了超过200次。

2014年，巴伦-科恩及其同事通过对世界上最大的数据来源之一（来自丹麦的19000份羊水样本，这些样本是基于医疗原因从1993年至1999年间的孕妇体内抽取的）进行观察，公布了一项研究结果。按照巴伦-科恩的设想，胎儿时期高水平的睾酮会导致自闭症，从而产生"极端男性化的大脑"，如果有数据能够证明他的这个假设，那就是这一组了。他的团队测量了这些羊水样本中的激素水平，以便了解婴儿会接触到多少睾酮。之后再将测量结果与同一组儿童长大后的医疗和心理记录进行交叉比对。这是一套极为庞大和详尽的患者信息组。

在数据库中，有128名男性被诊断为带有自闭症谱系障碍症状。但是，海因斯对我说，巴伦-科恩的研究结果并未揭示出这些人与胎儿期高睾酮水平之间具有直接关联。"那就像一个终极测试，但在睾酮和诊断为自闭症谱系障碍之间并没有关联。这只是一项研究，但它并未支持巴伦-科恩的设想。"

在没有证据表明"极端男性化的大脑"和睾酮之间有明确联系的情况下，当他们的研究发现在2014年的《分子精神病学》（Molecular Psychiatry）杂志上发表时，巴伦-科恩及其同事却宣称自闭症和性激素混合物，包括睾酮以及女性性激素黄体酮和雌性激素之间具有相关性。他告诉我，他们这样做的原因是"该路径中的性类固醇激素不是彼此独立的，因为每一种都是经由其前体合成的，因此，某一种性激素的水平将会直接影响路径中的下一种性激素的水平"。

自此之后，海因斯开始自己研究先天性肾上腺增生儿童的胎儿睾酮水平与自闭症特征之间的关系，她的研究发表在2016年的《儿童心理学和精神病学》（Child Psychology and Psychiatry）杂志上。她并未找到二者之间的联系。这再次证明了巴伦-科恩的设想是错误的。

我不禁好奇海因斯对自己研究领域中正在发生的事有何看法。她没有使用"性别歧视"这个词，但是，她相信某些科学家并非像他们应该的那样，在生理性别和社会性别的差异问题上表现得足够好。她说："我不认为人们是有意这样做的。感觉这是我们每天都要面对的事。"性别是每个人都会有各自看法的话题之一，当然，每个人对此也都有直接的经验。那么，这个领域有时会缺乏客观性或许就毫不意外了。

她提醒我们："将观点从数据中分离出来很难。我认为这是人类心智的作用。它想要有某些能定义男性气质的东西，也需要定义女性气质的东西。从心理学上来看，男性气质在历史当中与工具性相关联，所以有点类似于系统化；而女性气质则带有抚育和温情的特质，有点类似于共情化。所以在漫长的传统中，这些特质就被以类似的方式概念化了……但是，我不清楚这种思维会将我们带向何处，因为两性之间有很大的重叠。因此，你不能为某人做一个测试，得到一些分数，之后就说他们是男性抑或女性。个体之间差异很大。"

安妮·福斯托-斯特林也赞同这一点："我认为，当谈论具有极大可变性的重叠人群时，我们真的必须格外小心。"

她认为，巴伦-科恩关于雄性和雌性大脑的理论毫无意义。她说，将出生前的睾酮水平与之后行为的性别差异关联在一起，"不过是一次巨大的解释性跳跃，这让我很不舒服，因为当你有如此巨大的跳跃时，我不认为这种解释能有多少科学性了……我们确实看到了差异，我不否认这一点发现。我不认可的是经由这一点就跳跃到它意味着某种与生俱来或天生的东西。我的确觉得如果你直接跳到胎儿期……就会错过整个发育的窗口期，这期间有一些非常重要也非常社会性的事情发生"。

福斯托-斯特林属于生物学家和心理学家中的先锋派，她将先天与后天之争视为一个过时的问题。她解释说："我们有更好的方式来观察身体及身体如何在世界中运作，即将身体理解为一个由社会所塑造的实体。"男人和女人之间或许不同，但同样每个个体也不尽相同。又或者正如她所说："性别差异在一个连续体当中，而不是分别在两个桶里。"

特奥多拉·格利加也认同这一点："我认为人们倾向于用非此即彼的方式来思考这件事。"要么女孩和男孩生来迥异，要么彼此相同。现在出现的科学图景是，两性之间可能存在着非常小的生物差异，但这种差异很容易被社会强化，以至于随着孩子的成长，差异会显得非常突出。"我的观点是，在任何得到强化的地方你都会发现差异，因为我们喜欢归类……我们需要归类。所以，一旦我们决定了，一旦贴上了'这是一个女孩''这是一个男孩'的标签，那么就会出现太多文化上强烈的偏见，以至于或许会就此产生能力上的差别。举例来说，在身体能力上，如果我们要求男孩更加积极，应对危险，那么当然在之后的生活中，当他们还是孩子的时候就会看起来不同。但这并不意味着生物学意义上的差异。"

福斯托-斯特林认为，每个个体都应该被视为一个发展的系统，一个独特的、不断变化的抚育、文化、历史和经验，同时也是生物的产物，而不是我们现在所采纳的二元分类。在她看来，只有这样我们才能真正触及问题的核心，即当我们对数学能力、智力、运动技能和几乎所有其他衡量标准的研究不断告诉我们两性之间并无不同时，为什么世界各地的女性和男性看起来彼此又是如此不同。

她问道，如果玩具偏好直到一岁之后才显现，而其他差异甚至更晚出现，那么在一岁之前还发生了什么呢？例如，一个尚未被完全探索的研究领域是精确计算婴儿在一岁之前会得到多少玩具，以及这些玩具是什么类型的。她说："我敢说，男孩会看到更多的男孩式玩具，女孩会看到更多的女孩式玩具，但坦白说，并没有数据表明这一点。"

在最近一项研究规划中，福斯托-斯特林尝试通过拍摄母亲与孩子的玩耍寻找答案。她讲述了一个生动的例子："你看到一个只有三个月大的小男孩，懒洋洋地倚在沙发上。他甚至小到不能自己坐起来，靠枕头支撑着。妈妈极力想让他参与到玩耍中，正把一个软软的小橄榄球塞到他面前，一个美式足球……妈妈一边把球推向小男孩一边说着，'你不想拿这个球吗？不想像爸爸那样踢球吗？'而他只是像一小团糨糊似的坐在那，无论如何都提不起兴趣。"

这样的行为尽管看起来很微小，但影响可能是长期持续的。福斯托-斯特林解释说："如果这种互动在婴儿出生的最初几个月里反复进行，那么如果在某个时刻他真的伸出手去抓东西，当他在四五个月或六个月时，大到足够完成这个动作，就会得到母亲非常积极的加强反馈。"当看到自己的表现让母亲如此兴奋时，男孩与橄榄球之间的关系就会得到强化，同时橄榄球对他来说更加熟悉了。"他可能会在年龄增长后再度邂逅橄榄球，那时他已经更有能力与其进行身体互动了。只要看见这种运动，认出它们或许就能为他带来某种快乐。"当他有能力为自己选择玩具时，这个男孩似乎已经爱上了橄榄球。

福斯托-斯特林补充说，从其团队对母亲的观察中可以看出，有证据表明她们对待男孩和女孩的方式也不尽相同，这可能会影响他们的成长方式。"在我的研究小组中，养育儿子的母亲们会更多地让男孩动起来。妈妈们移动着他们，与他们玩耍，而和他们对话却在减少。当男孩们移动身体时，妈妈们就会表现得更深情。"这可能只是因为男孩在最开始时渴望更多的身体运动，但这同样也属于发育过程中尚未被充分研究的另一个要素。

像福斯托－斯特林所做的工作，虽然在其早期阶段强化了一个事实，那就是作为一个发育中的孩子，他们就像一个生面团，上面有无数的小拇指印记。但性激素对大脑的影响，或者其他根深蒂固的生物差异，不一定是我们看到的性别差异的最有力原因。文化和教养方式能够更好地解释为什么男孩和女孩在成长过程中看起来彼此不同。

如果是这样的话，文化的改变或者对教养的调整可能会扭转这种差异。福斯托－斯特林解释说："如果你见到你以为是障碍的东西，不要从它如何从身体中发展出来，以及起源于何处来理解。从一开始就要明白身体是由文化塑造的。如果你在出生时就忽视一个孩子，那么他们的大脑就会停止发育，进而变得非常糟糕。如果你高强度刺激一个孩子，倘若他们在一个正常的发育范围之内，此时就会发展出各种各样你不曾预料到的能力或者没有发展潜力的能力。因此，问题始终都会回到发育是如何进行的这一点上来。"

梅利莎·海因斯同意，自然界没有理由决定一个女孩的命运，尽管她自己的研究表明，睾酮或许会解释一些行为上微小的性别差异。"我确实认为睾酮会在出生前让事情朝着某个方向发展，但这并不意味着这个过程是无可避免的。就好像一条河，如果你愿意，当然可以改变它的路线。"

改变河道比看上去要容易。这首先取决于社会想要改变。在这个世界中，即使冷酷、理性的科学家也无法舍弃探寻男女之间差异的欲望。睾酮对大脑的影响研究只是其中一例。2013年，一个来自中国台湾、塞浦路斯和英国（巧的是，这组团队的带头人正是巴伦-科恩）的研究团队将另一个事例带入人们的视野。他们搜集了大量以大脑体积和密度为出发点探索性别差异的独立研究，看看能总结出什么结论。在翌年发表的论文中，该研究团队宣称男性的大脑体积通常比女性大，二者的差距范围在8%到13%之间。

这并不是什么新闻，人们早就知道，一般来说男性的头部和大脑都要比女性略大。这种研究发现早在一个世纪之前就已经在科学期刊上出现了。

但诸如此类的研究表明，无论时间如何流逝，这种现象都不会消失。研究大脑的人从未抵抗住搜刮女人和男人的头骨来寻找差异的冲动。他们如此坚持的原因也很简单，因为如果男人的大脑看起来和女人的大脑在生理上不同，那么，也许这就会证明二者在心智上也有所不同。

第四章

女性大脑中缺失的五盎司

女性头脑的明晰和
力度不断证明,
长期以来被轻蔑地称为
"妇人之见"的扰攘藐视
是多么不公正。

夏洛特·珀金斯·吉尔曼(Charlotte Perkins Gilman),
《女性与经济》(*Women and Economics*, 1898)

1927年9月29日，一则脑死亡案例成了新闻。这篇新闻出现在美国大学报纸《康奈尔太阳日报》（*Cornell Daily Sun*）第五版上。

讲述新闻的原委之前，我要先说说大脑的主人。它属于教师兼作家艾丽斯·切诺韦思·戴（Alice Chenoweth Day），她在去世时以笔名海伦·汉密尔顿·加德纳（Helen Hamilton Gardener）为人所熟知。自1875年以来，加德纳就一直生活在纽约，在那里她是一名狂热的女权倡导者。她在其中一部著作《生活的事实与虚构》（*Facts and Fictions of Life*）中谴责了社会通过婚姻和不平等教育的方式使妇女处于屈从地位的做法。

加德纳的著作与同时代人伊莉莎·伯特·甘布尔的作品相呼应。她同样也对科学"事实"被用来阻止妇女争取平等而感到愤怒。1888年，她在华盛顿举行的国际妇女理事会（International Council of Women）会议上发表了一篇题为"大脑中的性别"（Sex in Brain）的演讲，该演讲反驳了某些科学家基于女性大脑比男性重量更轻，进而引申出女性必然也在智力上逊于男性的观点。持有此种观点的人中最受瞩目的一位要数威廉·亚历山大·哈蒙德（William Alexander Hammond），他是前美国陆军军医署署长和美国神经学协会（American Neurological Association）的创始人之一。

加德纳不具备能够证明哈蒙德观念错误所需的教育。她哀叹道，很少有人"具有解剖学和人类学的信息去冒险对抗一整个领域，该领域被假定是由那些把所有观点都建立在科学事实基础上的人把控的，这些科学事实通过显微镜和标尺搜集，并被简化成无可争辩的统计数据"。如果科学家们想要做出如此离谱的断言，她或者任何其他外行人又能做些什么来与之抗争呢？

她宣布说："我终于战战兢兢地下决心要学习他在这个问题上所了解的学科知识，否则就会在尝试中覆灭。"最终，她和纽约医生爱德华·斯皮茨卡（Edward Spitz-ka）一起工作，并且很快就成为美国神经学协会主席，希望能足够理解大脑的解剖结构，从而挑战声名显赫的威廉·哈蒙德。加德纳花了14个月的时间拆解哈蒙德的统计数据，同时与全纽约20位解剖学家和医生展开合作。

一篇饱含聪颖和机智的书信最终发表在《大众科学月刊》（*Popular Science Monthly*）上，加德纳在信中披露，与她合作的专家中，没有一个能区分出生时的大脑属于男性还是女性。即便是成年人的大脑，专家也只能猜测给定的样本是男性的还是女性的。两性之间的重叠相当大。在她的考察中，最犀利的一点莫过于指出，一个人大脑的重量根本不能作为衡量智力的标准。重要的是体重与大脑重量的比率，或者体型与大脑大小的比重。她说，如果不是这样，"一头大象肯定比我们任何人都聪明"。如此一来，我们就可以预见像鲸鱼那样的庞然大物，有着与其身材相匹配的巨型大脑，成为旷世奇才了。

　　加德纳的观点有一定的说服力，但显然还不够。威廉·哈蒙德亲笔写了一封长达五页的回信（他抱怨说，自己几乎没什么好写的，因为他觉得加德纳的语气"太糟糕了"）。他嘲笑了与之合作的"20位行业领先的大脑解剖学家"，并再度重复了自己的研究结果。他补充道："我们发现有10位智力发育超群的人"大脑的重量尤为重，平均重量超过54盎司。他挑衅地说："现在请加德纳女士和'20位行业领先的大脑解剖学家'之类的人找找人类学记录和他们自己搜集的海量数据，找出一个重量能与这10位智力超群的男性中大脑重量最轻的那位相当的女性大脑。"

就在加德纳的信件发表后一个月，声名显赫的进化论生物学家以及查尔斯·达尔文的好友乔治·罗马尼斯也加入了论战。他在《大众科学月刊》中称："鉴于女性的平均脑重比男性低5盎司，仅仅从解剖学的角度来看，我们应该有心理准备地认识到，女性的智力水平显然会逊色于男性。我们必须正视事实。未来的女性要花多长时间才能恢复过去的女性在心理竞争中失去的领地，这一点还很难说；但是，我们或许可以自信地预测，即便在最有力的文化条件下，甚至假设男性的心智保持不变……遗传也必须花上几个世纪的时间才能生长出女性大脑中缺失的那5盎司。"

为缺失的5盎司而战斗是惨烈的，在海伦·汉密尔顿·加德纳的有生之年，这个问题从未解决。她指出，像威廉·哈蒙德和乔治·罗马尼斯之类的科学家，"在对自己信念睁一只眼闭一只眼的过程中，损害了事实"。

一以贯之，加德纳承诺死后将自己的大脑捐献给科学研究。1925年，她的大脑被保存在康奈尔大学的怀尔德大脑收藏馆（Wilder Brain Collection，现在仍然在一个罐子里）。就这样，1927年的《康奈尔太阳日报》刊登了一篇关于海伦·汉密尔顿·加德纳的文章。称重后显示，她的大脑重量几乎刚好比一般的男性大脑轻5盎司。但这并不意味着她的观点是错误的。日报的文章写道：

"从其大脑结构来看，加德纳女士已经充分证明，女性大脑并不比同级别的男性差。"她的大脑重量与康奈尔大学解剖学和神经学教授伯特·格林·怀尔德（Burt Green Wilder）的相同——他正是受人尊敬的怀尔德大脑收藏馆创始人。

加德纳已经提出了她的观点。如今，大脑体积与身体体积的相关性已经得到充分证明。伦敦帝国学院脑科学主管保罗·马修斯（Paul Matthews）告诉我："如果你对头骨大小进行校正，两性之间的差异非常小，两性大脑之间的相似性要比差异性大得多。"缺失的5盎司已经计算在内了。

然而，即便在今天，这些结论也没能阻止科学家们搜刮大脑来寻找女性思维不同于男性的证据。

"男人更善于观察和行动。"

鲁本·古尔（Ruben Gur）是宾夕法尼亚大学佩雷尔曼医学院的心理学教授，我曾经问他："您是从何时开始对性别差异研究感兴趣的？"他停顿了一下，开玩笑说："从青春期开始的！在那之前，我没那么感兴趣。"

鲁本是两位古尔之一，另一位是他的合作者和妻子拉克尔·古尔（Raquel Gur）（拉克尔也在宾夕法尼亚大学工作，是该校精神分析学教授，但她没有回应我的采访请求），他们的职业生涯致力于理解两性大脑之间的差异，以及这些差异意味着什么。他们在该领域的第一个实验发表于1982年，鲁本当时35岁。他们在实验中测定了健康人体大脑的血流量，令人惊讶的是，女性大脑的血流量比男性高15%到20%。他告诉我说，实验结果如此出人意料，以至于第二天早上美国有线电视新闻网（CNN）都在他的实验室外等待采访。

这标志着一连串吸引眼球的科学出版物头条开始问世。它们出现的时机也恰到好处。在20世纪70年代，性别差异研究已经式微，因为性别学者和女权运动人士认为，寻找男女之间的生理差异属于性别歧视，就像寻找黑人与白人之间的差异是种族歧视一样。尽管如此，此类研究后来又逐渐变得可接受了。如果从其先前的任务来看，神经科学是一个处于萌芽阶段的领域。大脑比之前任何的研究对象都要难懂和复杂，它有数十亿个神经细胞，彼此之间的关系网极其精密。但是，由于新的成像技术，如今科学家比以往任何时候都能更详细地了解大脑活动，因而对大脑的理解有所提升。这些技术为探寻性别差异注入了新的活力。2006年，古尔夫妇受邀参加美国《今日秀》（Today），使用其中一种扫描仪观察该频道医学编辑的大脑和她丈夫大脑之间的差异。

如今，探寻大脑中的性别差异不仅被社会所接受，而且几乎成为一种风尚。鲁本笑着说："回想1982年，我们还是荒野中的独狼，如今每个人都在研究它！"

自19世纪以来，改变的不只是技术，还有我们对头骨内部的了解。研究人员不再像称煤块一样为大脑测重，然后再推测其结果所展示的一些关于人类行为或智力的信息。鲁本承认："男女两性大脑的相似程度当然高于它们与其他物种大脑的相似程度。"但是撇开这种相似性不谈，他仍然相信女性大脑以多种不同的方式表现出差异，这反过来能揭示出女性如何思考和行动。"虽然整个大脑的体积与身体比例一致，但大脑中的组织成分不同，女性大脑灰质比例较高，而男性大脑白质比例较高。"

性别战争的最后战场正是建立在这种观察之下。由于未能表明大脑尺寸会带来任何差异，如古尔夫妇之类的科学家将注意力转向大脑的组成。

人脑的横切面看起来有点像刚切开的花椰菜。花椰菜的末端是粉灰色区域，被称为脑灰质。通常认为这个区域是耗能主力部分。在脑灰质中，脑细胞体将化学信号转化为可以在大脑中转播的电子信息，帮助大脑处理肌肉控制、视觉、听觉、记忆、语言和思维等功能。这就是为什么人们有时会交替使用"大脑"和"灰质"这两个术语的原因。

但是大脑不仅有美味绚丽的花椰菜式的顶端。在木质茎上的是脑白质，包含脑细胞薄而纤细的尾端，它们在大脑的不同部位之间建立起了长距离的连接——它们之于大脑的重要性，就像城市之间的高速公路一样。利用脑白质中的联系来理解大脑的结构在神经科学中是一个相当新的趋势，但是现在已经被认为很重要了。

这项工作得益于一种名为"弥散张量成像"（diffusion tesor imaging）的新型大脑扫描技术，该技术可以让研究人员绘制出这些导体之间的连接强度。保罗·马修斯告诉我说："这种技术的出现完全改变了游戏规则，因为它使大规模观测成为可能。你可以非常快速地检视整个大脑。"以前需要数年才能完成的观测，如今只要一个下午。古尔夫妇与一大批同事组成的团队在一项重要的研究中使用了这门技术，这项发表在2014年1月的《美国国家科学院院刊》上的研究，揭示出女性大脑在传导方面与男性的不同之处。

他们的论文从每年出版的几百甚至几千份性别差异研究中脱颖而出，其中一个原因是团队研究了一大批年龄在8岁到22岁之间的人，数目接近1000人。这一点帮助该研究获得了更大的科学价值。其次，该研究的发现是惊人的。鲁本·古尔说，他在1999年做过的一项研究表明，"男性大脑有很大一部分致力于与脑白质有关的工作"。同时，"女性大脑有体积相同，甚至更大的**胼胝体**（corpus callosum）。胼胝体是连接两个脑半球的神经纤维，也是最大的脑白质体"。这项2014年的新研究超越了体积研究，考察了脑白质内部这两个区域的连接强度。这似乎证实了男性大脑在左右半部的内部连接更多，而女性大脑左脑和右脑之间的连接更丰富。

这篇论文中充斥着令人眼花缭乱的大脑图像，上面覆盖着蓝色、橙色、绿色和红色的线条，以表明其中某些通路的强度如何。特别是一张被世界各地报纸和网站转载的图片，显示了一个大脑半球内蓝线交叉的男性大脑，在它下面是一个显示出橙色"之"字形的女性大脑，代表了两个脑半球之间密集的神经网络群。这幅图片是完美的新闻头条素材，看起来就像如实描绘了性别思维之间如何不同。

论文发表后，美国《大西洋杂志》（*Atlantic*）立即宣称："男性和女性大脑的构造确实不同"，而英国《每日电讯报》（*Daily Telegraph*）则宣布："男性和女性的大脑有着天壤之别。"网络杂志《档案》（*The Register*）对此却并不完全买账，他们采用了一个半开玩笑的标题，"权威发布：女性泊车技术超烂"。

真正吸引全世界关注的是，科学家们暗示他们的数据可能会向我们表明男人和女人不同的行为方式。他们曾在2012年针对同一人群发表过一项较早的行为研究，该研究宣称发现了"显著的性别差异，即女性在注意力、词汇和面部记忆以及社会认知测试方面的表现优于男性；而男性在空间处理、运动和速度感知方面表现得更好"。他们认为，利用弥散张量成像的力量所绘制的新神经网络图可以解释其中某些差异。

鲁本·古尔说："你需要脑白质来做空间处理。要创造一个三维对象，并且能够在你的脑海中向不同的方向旋转，这需要区域之间大量的互相连接。"显然，这是男性思维的一个特征。"男性更善于观察和行动。"当我追问他，这在实践中意味着什么时，他告诉我，男性可能对看到的事物更快做出反应。比如说，如果一个男人发现一头狮子正要发动攻击，他可能会跑得更快。与此同时，他发现大脑中"言语、分析的"部位和"空间、直觉的"部位之间存在着关联。他含糊其词地推测道："我认为，对女性而言，她们可能更善于运用直觉将言语思维整合在一起。如果她们直觉思维更强，那么她们就能够更好地表达直觉，至少对自己的直觉来说。"

论文发表时，媒体得到了宾夕法尼亚大学医学院发布的新闻稿的帮助，该新闻稿旨在将研究结果转化为更易于公众理解的语言。结果，新闻稿中的观点远远超过了论文实际表述的内容。新闻稿中说，鲁本·古尔及其展示的大脑神经网络差异表明，男性更擅长专心完成一项任务，而女性更擅长多任务处理。古尔本人向我承认说，他尚未看到有任何科学证据支撑这种观点，也不清楚它是如何进入新闻稿当中的。

该论文的合著者之一，宾夕法尼亚大学从事生物医学影像分析的副教授吉妮·维尔马（Ragini Verma）在接受《卫报》（Guardian）采访时说："我很惊讶它与我们自认为头脑中具有的那些刻板印象相吻合。"她补充说："女人更擅长直觉思维；女人更擅长记事情；交谈过程中，女人会善于情感交流——她们会更多地倾听。"她对《独立报》（Independent）说："直觉就是没有经过思考的思维。也就是人们说的'本能感'（guts feelings）。诸如这类与做一个好妈妈相关的方面，女人总是比男人做得更好。"

以这种方式刻画两性特征有时会被委婉说成男人和女人彼此之间是"互补的"。各有所长，但又彼此平等。他们以自己的方式发挥作用，只不过擅长的领域不同而已。这种观念贯穿在一些宗教典籍当中，而在欧洲启蒙运动期间也很有市场，因为当时的思想家们正在努力确定女性应该在社会中扮演何种角色。18世纪的哲学家卢梭是众多反对女性平等的知识分子之一（这些知识分子中有男有女），他的理由是男性和女性在生理和心理上都有所不同，两性都是为自己的不同领域而设计的。男女互补的观念一直在维多利亚时代延续，并最终于20世纪50年代在中产阶级郊区家庭主妇身上展现得淋漓尽致。女人履行了作为妻子和母亲的天然使命，而她的丈夫负责养家糊口。

　　按照鲁本·古尔的说法，他的研究强化了女性辅补男性的观点。当我问他关于大脑方面，这些结果又能揭示什么时，他回应说："两性之间的互补性让我印象深刻。看起来几乎一种性别的优势在另一种性别中就会表现为弱势，无论是某一种性别中的何种差异，你在另一种当中都会找到互补效果。从生物学角度来说，男女生来就是彼此互补的。"

"我想他们有一项特殊的使命。"

　　伯明翰阿斯顿大学认知神经成像教授吉娜·里彭（Gina Rippon）抱怨道："这是一个18、19世纪的问题。真的不应该再用这套语汇说话了，我不知道为什么我们还在这样做。"她的办公室又窄又长，里边散落着各种神经科学和性别研究的书籍，她自豪地宣称这是整个欧洲最大的独立式砖房。书架上有几个微型大脑复制品和一个形状像头骨的白色咖啡杯。她是目前人数虽少，但数量正逐渐增多的神经科学家、心理学家和性别专家群体中的一员，这些分散在全球的研究人员极力拒斥明确的性别差异在大脑中有所表现的观点。她正在21世纪继续为海伦·汉密尔顿·加德纳参与的古老战争战斗。

里彭在华威大学教授妇女和心理健康课程时，对性与性别问题产生了兴趣，她在这里足足待了25年。她发现，女性比男性更容易罹患抑郁症或饮食失调，但她们的病症一次又一次被解释为，身为女性与生俱来的某种特质让她们变得脆弱。相反，她却相信此类心理问题有更强的社会性原因。这引发了她对生物学解释如何被使用和误用的兴趣，尤其是在女性身上。

里彭告诉我："我正是在那个时候得到了女权主义生物学家的称号。"

当2000年到达阿斯顿大学并开始从事神经成像工作时，她决定看看最新的强大成像技术是如何被用于女性研究的。当时，用脑电图之类的技术研究头骨表面的电流信号已经存在将近一个多世纪了。但是在20世纪90年代，功能性磁共振成像（这是一种通过测量哪些区域血流更多来跟踪大脑活动变化的技术）彻底改变了这一领域。新的研究层出不穷，其中许多研究都附带着夺人眼球的彩色脑成像图片。

保罗·马修斯告诉我，认知神经科学就此诞生了。当人们执行不同的任务或者体验一系列情绪时，此类技术成为观察大脑活动的最流行方式。

尽管新技术带来了希望，但它生成的图片并不总是漂漂亮亮的，尤其是对女性来说。里彭说："2008年，我评估了新兴的大脑成像报道与性别差异当时的研究走向，结果令人震惊。"包括宾夕法尼亚大学的鲁本·古尔在内，诸多研究都发现，几乎所有的事情都涉及大脑中的性别差异。例子包括言语和空间任务，听别人朗读，应对心理压力，体验情感，吃巧克力，看色情照片，甚至闻气味等。有一种观点认为，相比于男异性恋的大脑，男同性恋的大脑与女异性恋更加相似。她说："我完全被它吸引住了，因为我感觉这种观点非常可怕，以前人们说女孩不应该上大学，否则会扰乱生殖系统，用的正是同样的方式。"

里彭并不是唯一对这些大脑研究感到愤慨的人。功能性磁共振成像所生成的图像很容易被噪声和假阳性歪曲。它能达到的最佳分辨率是1立方毫米左右，而许多其他机器分辨率要低得多。这听起来无足轻重，但对于像大脑这样致密的器官来说差别却是巨大的。仅仅1立方毫米就可以容纳大约10万个神经细胞和10亿个神经网络连接。鉴于这些局限性，科学界中的一些人开始考虑他们是否对脑部扫描做出了过度的解读。

在世界各地，一开始只是无声的批评，随后声浪却越来越大了。2005年，当时还是新罕布什尔州达特茅斯学院一年级研究生的克雷格·本内特（Craig Bennett）做了一项设备测试，这项测试不经意间揭示出此类设备可能会将脑部扫描曲解为任何东西。他和一位同事想开个玩笑，于是尝试将大小合适却最不同寻常的物体放进功能性磁共振成像机，以便在正式的科学工作开始前帮助校准机器。他们最开始用了一个南瓜，最后用塑料包裹了一条已经死亡的18英寸长的成年大西洋鲑鱼。若干年后，当本内特寻找脑成像假阳性的证据时，他挖出了这幅旧鲑鱼扫描图。不但证明了对该技术的批评是准确的，而且表明即便是最好的技术也有可能会误导我们，这幅图像显示鲑鱼大脑中间三个红色活动区域紧密相连。这是一只死鱼的大脑。

虽然鲑鱼实验很有趣，但它凸显出神经科学领域中比人们预想中更严重的问题。本内特的鲑鱼恶作剧实验八年之后，《自然评论：神经科学》（*Nature Reviews Neuroscience*）发表了一份神经科学研究分析报告，并给出了定罪式的断言：成问题的研究实践会导致不可靠的结果。文章开头说："已经有人指出而且证明了，许多（而且可能是大多数）由生物医学研究得出的结论或许都是错误的。"

作者解释说，最大的复杂因素在于，科学家都处于发表论文的巨大压力之下，而期刊倾向于出版那些看似有统计意义的研究结果。如果研究影响力不大，期刊就不太会感兴趣。他们继续说道："因此，这会强烈刺激研究人员从事那些研究结果可以快速发表的研究实践，即使这些实践降低了研究发现对真实……结果的反映。"他们指出，"低统计力"是神经科学中"特有的问题"。总而言之，科学家正面临着从事不良研究的压力，包括使用小规模的样本或者夸大真实效果，这样他们就能得到令人兴奋的研究结果。

保罗·马修斯承认，在功能性磁共振成像技术的早期阶段，许多研究人员——包括他自己——被无意中对数据的错误理解所干扰。他说："所犯的错误都属于基本的统计谬误。我们每个人都犯过。我如今已经非常小心了，但以前也犯过此类错误。这事非常尴尬。这种错误来自一个人无论完成什么工作都想要从中产生结果的强烈冲动，因为无法再次重复了……即便不是绝大多数，大多数人的本意也不是要作假。他们往往会因为探索而兴奋起来，并且错误地表述了自己对数据的探索程度和探索结果的意义。"

人们至少已经意识到了这个问题。尽管如此，吉娜·里彭仍然认为性别差异研究持续受到不良研究的影响，因为它仍然是一个热门话题。对于科学家和期刊来说，一项关于性别差异令人眼前一亮的研究，就等同于立时可见的全球知名度。

她说，绝大多数实验和研究都没有显示出性别差异。但期刊并未发表此类论文。"我用冰山来形容这种状况。你可以看到水面以上的部分，这是最小却最明显的部分，因为很容易在这一领域发表研究成果。但是水下还有更巨大的部分，在这部分中人们没有发现任何性别差异。"最后，人们只能看到冰山一角，就是那些强化性别差异的研究。

古尔夫妇为冰山一角贡献了相当大的一块工作，里彭说："我想他们有一项特殊的使命。"

在2010年出版的《性别错觉》一书中，心理学家科迪莉亚·法恩创造了"神经性别歧视"（neurosexism）一词来描述那些依赖于性别刻板印象的科学研究，虽然有时候这些刻板印象本身尚未得到证实。吉娜·里彭告诉我，在那些研究中，鲁本·古尔2014年关于两性脑白质中性别差异的研究应该被描述为"极端的神经性别歧视"。

她说："鲁本·古尔一生的热忱都集中在钻研、统计、鉴别和证明大脑中存在性别差异。他在心理性别差异问题上有极为强烈的信念，并且用大脑的特征来解释它们。那是他一生的工作，他的实验室仍然在制造此类素材。这是一项令人印象深刻的工作，但直到你开始深入研究它，在某些情况下，你才会以一种相当不可思议的方式，发现其中的一些工作确实存在着缺陷。"

例如，有批评者质疑了古尔的基本假设——在社会认知测试、空间处理和运动速度方面，男性和女性的表现不同。但一项又一项的研究表明，两性之间几乎所有的行为和心理差异都很小或者几乎不存在。梅丽莎·海因斯及其他研究人员已经反复证明，在精细运动技能、空间视觉化、数学能力和语言流利性方面，男孩和女孩之间差距很小，甚至几乎没有明显的差异。

里彭解释说，当谈到关于脑白质的论文时，鲁本·古尔及其同事们声称看到的每种性别差异都可以通过男性拥有更大的身体尺寸和大脑体积这个事实来解释。随着大脑体积越来越大，其他区域也必须按照保持大脑正常运转的比例变大。"如果你把它看作是一个比例问题，那么脑灰质和脑白质作为大脑功能的体现会随着大脑的大小而变化，所以即便这样也与大脑尺寸有关。"

另外还有人指出，古尔始终都不清楚统计结果的真实量级及其实际意义如何。保罗·马修斯说："在所有的神经网络关联中，有多少比例是不同的，这是他们始终没有真正解决的问题。"甚至有人指责古尔及其同事故意筛选出少数具有可能性的神经通路，在它们当中碰巧有若干表现出了性别差异，进而在蓝色和橙色脑部图像中有选择地使用它们。里彭说，这表明所有筛选出的神经通路都在被积极地使用，但实际情况却未必如此。

她继续说道："它假设了男女之间存在着这种二元分立，即两性之间是完全孤立的。"这种假设有时会被描述为我们的大脑是"性别二态的"（sexually dimorphic），意思是说它们在相同的物种中会表现为完全不同的形式——就像阴茎和阴道是性别二态在身体部分的表现一样。从古尔关于脑白质论文末尾令人眼花的图片来判断，两性之间似乎差异巨大。神经科学家及特拉维夫大学教授达芙娜·乔尔（Daphna Joel）在一封信中回应了此类控诉，这封信正是写给最初发表论文的《美国国家科学院院刊》的。她在信中写道："难怪读者记住的主要讯息是存在着一种'雄性大脑'和一种'雌性大脑'，就像二者不仅来自不同的星球，而且来自不同的星系似的。"

毫无疑问，最近的研究已经表明大脑各部分的性别差异并不像科学家以往认为的那样大。例如，2016年发表在《神经影像》（Neuroimage）期刊上的一篇论文确定了，海马体（大脑的一个脑区，许多科学家都曾经声称女性大脑的海马体较大）实际上在两性中大小相同。在芝加哥罗莎琳德·富兰克林医学和科学大学神经科学副教授丽莎·艾略特（Lise Eliot）的主导下，研究人员分析了76篇已发表论文的研究发现，这些论文总共研究了

6000名健康人士。他们的研究结果有助于消除这样一种假设，即至少从生理上来说，女性必然具有更强的语言记忆、更优秀的社交技能和更好的情感表达能力。

艾略特补充说，此类分析同时表明，胼胝体的大小在两性之间并无差别——这个脑白质区域正是鲁本·古尔声称女性通常更大的地方。

她在论文发表时对记者说："大脑中的性别差异对于试图解释两性之间刻板印象的人来说是极具诱惑力的。尽管基于少量的样本，但它们经常引起很大的轰动。但是，当我们考察多重数据集合并且能够整合大量的男性和女性样本后就会发现，这些差异往往会消失或者变得微不足道。"

"科学并并在政治真空中运作。"

加州大学欧文分校神经生物学和行为学教授拉里·卡希尔（Larry Cahill）认为："这些批评完全是无稽之谈，简直是废话。"他对我说，吉娜·里彭、达芙娜·乔尔以及其他人对鲁本·古尔研究工作的攻击是"站不住脚"和"假冒的"。他说："大脑中的性别差异，范围从微小到中等，再到巨大。"而在巨大差异的末端涉及的是脑白质的差异。他并不接受单纯借助大脑尺寸的比例就能解释其中的差别。

在过去的15年间，卡希尔始终致力于他形容为"十字军东征"的研究，以证明女性的大脑与男性不同。他解释说："我看倒不如这样说，不是我在寻找问题，而是问题找到了我。我和其他人一样，也是一名神经科学家，在与生殖相关的那个非常有限的大脑区域之外，我会在男女之间没有一点区别的前提下快乐地工作。"随后在1999年，他在杏仁核中发现了性别差异，杏仁核是大脑中与情绪记忆有关的杏仁状区域。他告诉我："2000年，我发表了这篇文章，这是一个破釜沉舟的时刻。"

当他开始自己的征程时，资深同事曾警告他不要涉足这个当时被视为政治敏感的领域，但他还是坚持了下来。"我固执地从研究子宫开始，当确信找到一些正确的东西时，我常常会说，'这该死的鱼雷！全速前进！'我就是这样做的，也很高兴这样做。"在文献研究过后，他声称找到了"数以百计"的论文支撑在人类大脑中存在着难以解释的性别差异这种观点。"性别差异不仅关系到大脑深处与生殖直接相关的某些微小结构。性别差异无处不在。"

他认为，诸如鲁本·古尔这样的科学家，完全有资格推断他们自己的数据可以向我们透露哪些关于人类行为的问题。"他们对这些差异可能意味着什么做出了完全合理的推测，就像你我会对解剖学上的差异进行推测一样。"

对吉娜·里彭来说，这俨然成为一场令人厌烦的斗争。她告诉我说："像拉里·卡希尔这样的人把我们称作性别差异否认者，但是，在每个历史阶段，或者无论你自认为处于何种浪潮当中，女权主义都会遭受同样的攻击。我不是偏执狂或者阴谋理论家，但在这个领域始终有一股非常强烈、极具力量的对峙反应。它以某种奇怪的方式谈论性别歧视可以被接受，但如果你以同样的方式谈论种族或宗教却不可行。"作为一个对科学领域中的性别歧视直言不讳的人，她偶尔会收到观点相左的男性发来的歧视女性的邮件。最恶劣的是有人会附上自己生殖器的照片。

另一场最近的冲突是与英国象棋大师奈杰尔·肖特（Nigel Short）。2015年，他在一家国际象棋杂志上写了一篇颇具挑衅性的文章，试图解释为什么在国际象棋领域中最高级别的女性选手如此之少。他问道："男人和女人的大脑在构造上非常不同，所以他们怎么可能在功能上完全一样呢？我丝毫不怀疑我妻子的情商比我要高得多。同样，她让我从我家狭窄的车库里把车倒出来也不会感到尴尬。一个并没有比另一个好，我们只是各有所长。"当他的评论甚嚣尘上时，里彭被邀请在BBC第四台的《女性时刻》（*Woman's Hour*）中评论此事。她争辩说："奈杰尔·肖特认为之所以没有那么多女性棋手，是因为她们<u>不会</u>下棋。但实际是因为她们<u>没有</u>在下棋。"女性棋手们说，职业象棋中那种侵略性的、大男子主义的和性别歧视的氛围将她们驱离了赛场。

里彭告诉我，她所在的研究领域不可能看不到被政治化的科学数据，尤其是进入公共议题时。她说："科学并非在政治真空中运作。我想有些科学会比其他科学更具有客观性。但是我们处理的是人，人类不是大型强子对撞机。"与粒子物理学不同，神经科学是关于人类的，它对人们如何看待自己有深远的影响。

"这不是人们不太了解的事情，而是关乎每个人的生活。每个人都有大脑，每个人都具有某种性别……人们要么在一个男女混合的学校上学，要么在一个两性兼有的环境中工作。他们抚育男孩和女孩，所以才能看到两性的差别。因而，当你说男女之间没有真实的差别时，他们就会说你错了。"她在工作演讲的过程中亲眼见证了这一点："我在学校里和女生们聊天，她们的整体期望比过去更加性别化。这些都是非常有害的刻板印象，正在影响这些女孩的未来。"

按照爱尔兰梅努斯大学的社会心理学家克里奥德纳·奥康纳（Cliodhna O'Connor）的说法，古尔夫妇的脑白质研究对于性别差异研究如何能够快速地被吸收到人们广泛的性别刻板印象当中，是教科书级别的范本。当他们的论文在2014年发表时，奥康纳决定对其引发的反应进行监测。她的发现令人震惊。她告诉我："所有重要的全国性报纸都报道了这一研究。人们从中断章取义得到的意思只是说：男人和女人在某些基础的、原始的、无可回避的方面有着根本的不同。"

奥康纳发现，人们在网上发表了成千上万的评论，在推特和脸书等社交媒体上讨论这个研究。她说："随着对话的深入，文化和性别中的刻板印象逐渐投射到科学信息上，以至于人们把这项研究描述为发现了最初的科学论文中尚未提及的东西。"人们在新闻稿中（但不是在论文里）抓住了女性更擅长多任务处理的观点。不久，他们又在这个研究的基础上论称，男人更具逻辑性，而女人更感性。她说："无论在报道中还是最初的论文里都没有提及此类的两性区别，当人们讨论这项研究时，总是会不自觉地采用这种观点。"

奥康纳对我说，诸如此类对性与性别大脑研究的曲解非常普遍。她解释说："不管最初的信息呈现方式如何中立，人们都倾向于逐渐吸收文化中流行的刻板印象和联想，然后投射出来。"这是人之为人的一部分。我们常常通过归类，利用我们已经具有的任何理解来解释新信息，即便这种理解带有偏见。

促使人们这样做的另一个因素是，我们喜欢为自己所处的社会体系辩解。如果我周围的每个人都认为女人缺乏理性或者泊车技术比男人差，那么即便是强化这种假设最微弱的一条信息，也会被贴进我们的思想当中。研究确证了看上去似乎明显是合理的事情。与此同时，任何与之相悖的东西都被视为反常。这就是为什么当挑战性别刻板印象的理论出现时，我们很难接受它们的原因。

但仍然有一个悬而未决的问题。如果女性和男性的大脑没有那么明确的差异，为何像鲁本·古尔和拉里·卡希尔这样的研究人员会不断看到性别差异？

"你随便拿出两个大脑，它们都会不一样。"

在本世纪初，作为最受欢迎的工人阶级，出租车司机使他们的伦敦居民大吃一惊。伦敦出租车司机以其完美的导航能力闻名于世，他们能够定位到最狭窄和隐蔽的小巷，他们的大脑正在被自己的工作从生理上改变。

伦敦大学学院的神经学家埃莉诺·马圭尔（Eleanor Maguire）发现，记忆25000条街道和数千个地标（这些被称为"知识")的精神壮举可能正在改变出租车司机海马体的大小,海马体是大脑中与记忆有关的区域。这个发现具有重大的意义。它帮助我们确证了科学家自20世纪70年代以来就在形成的想法,尤其是经由动物研究,人们发现:人类大脑并非从童年开始一成不变,实际上终生都带有可塑性。

保罗·马修斯说:"这些变化极其微小,却是可测定的。"针对音乐家、篮球运动员、芭蕾舞演员、杂耍演员和数学家的研究证实,大脑的可塑性真实存在。在性别差异研究的背景下,这同时也提出了一个重要的问题:如果高强度的体验和学习新的技能会塑造一个人的大脑,那么作为一个女人的经历也能塑造它吗?进而,可塑性是否能够解释有时会在成年人大脑中看到的性别差异?

按照吉娜·里彭、心理学家科迪莉亚·法恩、纽约性别学者丽贝卡·乔丹-扬(Rebecca Jordan-Young)以及瑞士伯尔尼的阿内利斯·凯泽(Anelis Kaiser)的看法,当神经科学领域的人谈论性别差异时,可塑性居然成为一个被忽视的现象。里彭说:"我们的大脑实际上时刻在吸纳大量信息,其中也包括别人对你的态度和期待。"本职工作让她倾向于这样一种观点,即影响大脑的不仅是最大程度的学习或创伤经历,还有更微妙和更持久的事情,比如社会对待女孩和妇女的方式。

这种观点转而被编织进更为宏大和激进的新理论当中，该理论可以解释我们偶尔在大脑组成中看到的微小性别差异是如何出现的。里彭、乔丹－扬和凯泽曾经指出，生物学和社会学是"纠缠在一起的"——它们通过可塑性等机制相互配合，创造出我们称之为性别的复杂图景。

关于性别差异如何随着时间而改变的研究证据不断增加，从而进一步证明了她们的观点。20世纪70年代和80年代的研究揭示出，在美国，具有出色数学天赋的男孩与女孩的比例是13：1。这种不平衡性让当时的人们极为震惊。然而，正如美国心理学家戴维·米勒（David Miller）和戴安·哈尔彭［Diane Halpern，美国心理学会（American Psychological Association）前主席］所言，自此之后，这一比例已经跌至4：1，甚至2：1。他们在2014年发表于《认知科学动态》上的一篇论文中指出，美国学校数学考试成绩表现之间的差距也同样在缩小。

但是，这种情况是如何发生的呢？如果数学能力根植于生物当中，而性别差异又是固定的，那么我们就不会指望随着时间的推移而发生改变。更进一步来说，我们会预见到这些差异无论在哪都是一样的。事实并非如此。例如，在美国幼儿园的拉丁裔儿童中，女生往往在数学考试中成绩最好，而不是男生。米勒和哈尔彭也注意到:"男性普遍数学较好的观念正在受到挑战,数学测试平均成绩中的性别差距在许多国家中并不存在,甚至在少数国家发生逆转(女孩表现更出色)。在某个特定的时空看起来像是生物差异的东西,最终可能会演变为文化差异。"

可塑性与复杂性表明,就像伦敦出租车司机记忆街道的布局一样,文化可以对生理产生连锁影响。例如,我们知道玩某些类型的玩具会积极影响孩子的生理发育。保罗·马修斯解释说:"我们擅长大脑允许我们擅长的事,而当我们变得擅长某事时,我们的大脑又会做出改变来适应它。"比如玩建筑类动作视频游戏能提升空间技能。因此,如果父母刚好让一个男孩玩积木玩具而不是洋娃娃,那么男性拥有更优秀空间技能的刻板印象就会在他的身体上得到证实。最终经由社会塑造出一种生理性的变化。

另一方面,将某个人暴露在不良刻板印象之下会损害他们的表现。在米勒和哈尔彭援引的一项颇具争议的研究中,如果提醒女性被试负面的刻板印象,即女性通常数学能力较差,她们就真的会在数学测试中表现糟糕。她们写道:"消除刻板印象的威胁能够同时提高男生和女生的学业成绩。"

里彭说,在这样一个有性别偏向的世界里,我们面对所有施加于大脑的影响，却惊讶地发现，我们在大脑中所看到的性别差异实际上比我们现实行为中表现出来的少得多。但是，除了性别，还有许多其他因素影响着我们。可塑性与复杂性揭示出，每一个大脑都必然是独一无二的，原因很简单，每个人的人生经历不同。达芙娜·乔尔认为，正是这一点使得寻找群体间的差异充满了错误。大脑性别差异的证据在统计学上是有问题的，因为每个大脑都不一样。

这或许可以在某种程度上解释，为什么神经科学和心理学研究在看待同一件事情时，往往得到不同的结果。如果一项研究未能确认某种性别差异，而另一项主张发现了性别差异，那么科学家有时会假设他们一定犯了某种错误，并得出假阴性的结论。乔尔说："他们有许多理由来解释自己为什么没有发现性别差异。但你却永远不会说，性别差异可能并不存在，或者别人发现的差异只是一个偶然发现，实际上是一种假阳性结论之类的事实。这尤其令人惊讶，因为在科学中，你首先需要思考的问题就是，如果没有发现差异，是不是理论本身有错误。"

这种思维方式认为，使男女性别二态的证据模糊不清的并不是多样的环境、假阴性或者糟糕的实验，而是因为人类大脑从一开始就不是以二态性呈现的。吉娜·里彭解释说："每个大脑都与众不同。我们应该采取一种更具区别性特征的方法。所以说，大脑具有某种个体性特征，也是这个人生活经历的真实写照。这样比试图将它们全部整合在一起，试图将它们塞进某种分类中要有趣得多。"

乔尔的理论在线发表于2015年末的《美国国家科学院院刊》上，她在文中指出，大脑并非明确划分为男性或女性，而是以一种独特的"马赛克"作为特征。在每个人身上，你可能会发现以某种形式在男性身上表现得很普遍的特征，也可能是以某种形式在女性身上很普遍的特征。为了说明这一点，她以色情影片和肥皂剧为例。看色情影片是与男性密切相关的一种兴趣，但并不是所有男性都看色情影片，而在那些看色情影片的人中，有些人也爱看肥皂剧，这种兴趣通常被认为是女性乐于从事的娱乐活动。将所有重合的不同兴趣加在一起，在任何给定的个体那里，你都会看到巨大的性别混合。乔尔说："当然，大多数特质只是中间形式，即在男女中都很常见的东西。"

对乔尔来说，探索整个大脑一系列性别特征的想法是一个启示。她看到有报道称，在老鼠身上发现，环境因素可以逆转某些性别差异的效果，这些研究启发了乔尔。她告诉我："不管妈妈在照顾你时承受了多大压力，你住在哪里，吃什么，你的生殖器官都不会改变。性别对生殖器官的作用是固定的，永远不变。但是，我看到对大脑的性别影响实际上可能发生逆转，所以在某些情况下，你在一种性别中看到的，在其他情况中，也可以在另一种性别中发现。我意识到，在思考性别对大脑的影响时，我把性别对生殖器官的影响作为一个隐含模型。这并不是一个很好的模型。"

研究人员很少以这种方式看待大脑。他们最常研究的只是大脑的某个区域，比如杏仁核或海马体，或者某个特定的行为，比如数学能力或观看色情影片等。当涉及性别差异时，将大脑和行为视为一个整体进行观察会得到非常不同的研究结果。乔尔的研究表明，根据这项实验，23%到53%的人在其大脑中呈现出可变性，其特征与男性和女性都有关联。与此同时，在她分析的研究中，拥有纯男性或纯女性大脑特征的比例在0%到8%之间。

她解释说："如果你取任意两个大脑，它们是不同的，但是它们在任意两个人之间如何不同却无法预测。"按照这种逻辑，不可能有任何一个典型的男性或女性大脑。我们每个人都是混合型的。我们的大脑是间性体（in-tersex）。

在拥有了吉娜·里彭、安妮·福斯托-斯特林、梅利莎·海因斯、科迪莉亚·法恩和达芙娜·乔尔等女性研究者全新视角的情况下，虽然可能不会立即改变科学处理性别差异的方式，但至少会迫使人们重新思考女性思维要么与男性思维完全一致，要么在本质上不同的旧观念。他们将过去的非黑即白分隔开，揭示出真相更有可能是灰色的。

安妮·贾普·雅各布森（Anne Jaap Jacobson）是加州大学伯克利分校的哲学家和荣誉教授，现就职于休斯敦大学，她创造了"神经女权主义"（neurofeminism）一词来描述脑科学的另一种研究方法，这种方法的目的是根除刻板偏见，客观看待大脑。她对我说："许多研究都是从被各种人称之为本质主义（essentialism）这一前提开始的，即男人和女人本质不同，这种差异实际上是很基本的。"

达芙娜·乔尔说："男女差异和相似的问题在于，我们都是不同的，却又具有相似性。当人们想要研究大脑中的性别时，他们马上将其转化成研究性别差异。但此时他们已经做出了诸多假设，首先就是存在着两类大脑居民，男性和女性。这是一个需要科学解释或证明的假设。他们说，'这个假设具有坚实的基础，我从这里继续深入下去'。但我质疑这个所谓的坚实基础。"

保罗·马修斯赞同这种方法对神经科学来说是一种有益的矫正。"在任何一个时间点比较男性和女性并使其有意义都是一个复杂的问题，因为它的定义是如此不清。

个体的大脑极具变化性。实际上，解剖学意义上的可变性远比我们之前认识到的要大得多。因此，所有男性的大脑都具有固定不变的特征，这种想法在我看来不太可能。事实上，这种可能性小到让我觉得试图把大脑的某些部分描绘成更像男性或更像女性的想法毫无用处。"

虽然鲁本·古尔拒绝改变他的信念，即大脑中的性别差异是普遍规则而非例外，但他向我承认，最近他已经改变了自己使用的语言。他说："很多人在谈论大脑结构中的性别差异时使用了性别二态这个术语，我自己也有这样的想法。我以前曾使用它，但以后不会了。因为如果想到这一点，当你谈论二态时，实际上讨论的就是性别二态。你说的是不同的性别形式，即一种阴茎与阴道的性别二态。具有乳房是一种二态，但我不会直接说大脑是二态的。我会说大脑在解剖学意义上存在着一些显著的差异，即性别差异，但我不会说它们上升到了二态化的程度。"

所有这些关于我们身体和大脑性别差异的研究都有一个基础叙事。

当诸如鲁本·古尔和巴伦–科恩等神经科学家宣称看到女性和男性之间存在的剧烈差异时，他们意识到这些差异不仅是天生的。如果它们确实如此，那一定有存在的原因。古尔指出人类必然是随着两性之间的某种劳动分工而进化的，以此说明我们是如何"被建构为互补的"。

他暗示说，女人是更具有共情感和直觉的性别，这可能是为了抚养孩子而进化出来的。他说，男人更善于观察和行动，这似乎表明他们是天生的狩猎者和建设者。巴伦-科恩还认为，男性倾向于成为系统化思维者，而女性则是共情者。

古尔问我："如果你的工作要举起150磅（约68千克）的重物，而你做不到，那你为什么要从事这份工作？"

这种逻辑很难与之争论。但是，尽管他乐于推测生物学告诉我们女性已经进化到什么程度，但这个问题超出了他的工作范围，属于进化生物学领域。

进化论的视角提醒我们，人类的身体并非昨日才创造出来。它们经过千百年的锻造，每一部分都慢慢适应了环境的压力，以更好地满足某些需求。从乳房和阴道，再到大脑的结构和认知能力，我们看到的每一个不同或相似之处都必然具有某种进化的目的。这就是生物学家声称在我们的身体和大脑中看到的性别差异和相似性与我们过去的历史相联系的地方。如果说女性比男性生存能力更强，那么这个故事就是对此的解释。如果女人和男人有非常相似的大脑，原因也在这里。如果小女孩喜欢洋娃娃胜过卡车，我们或许可以通过了解在遥远的过去女性如何生活来找出原因。

进化生物学家几乎不可能解密这段历史。两性是否像鲁本·古尔所言彼此互补，抑或他们做着相同的工作，分担养育后代的责任？女人真的围着营火蹲着，一边照顾孩子，一边等着男人打完猎把肉带回家？他们是一夫一妻制还是乱婚制？是否男性总是支配着女性？

这些或许是科学永远无法完美解答的问题，但仍然有许多办法可以尝试。灵长类动物学家曾研究过与我们关系最亲密的动物近亲类人猿，人类大约在500万年前从类人猿中进化分离出来，由此类人猿为科学家们提供了一扇关于过去的窗口。研究它们是如何相互影响，让我们对自己成为现在的物种之前的基本生活方式有了一定的了解。另一扇窗口来自进化心理学家，他们试图描绘人类更新世的生活，这一时期包括了大约20万年前，现代人类从解剖学来看进化为我们当前样态的方式。此外，还有考古证据，比如工具和骨骼等。通过观察现代狩猎-采集者的生活，人类学家也可以画出早期女性的肖像。

书写我们的进化故事并不容易，而且还饱受争议的困扰。正如查尔斯·达尔文在19世纪所做的工作表明，此类叙事通常是由当前时代的态度塑造的。即便作为进化生物学之父的他也深受性别歧视文化的影响，以至于认为女性是劣等性别。研究人员花了一个多世纪才推翻这些旧观念，重写这个有缺陷的故事。

第五章

女性的工作

我们仍然生活在这样一个世界上，有相当一部分人，包括妇女都认为女性属于，并希望她们只属于家庭；在这个世界上，一个女人不应该比男性同侪渴求更多的事业成就。

1977年12月，罗莎琳·萨斯曼·亚洛（Rosalyn Sussman Yalow）
接受诺贝尔生理医学奖时的演讲

萨拉·布拉弗·赫迪（Sarah Blaffer Hrdy）是灵长类动物学家、人类学家和加州大学戴维斯分校的荣休教授，一条两旁是旱地的长长的蜿蜒小路通向她的住所。她和丈夫在萨克拉门托附近的不毛之地建造了自己的核桃农场。农场的树木崭新，羔羊和山羊吃草的牧场也是新的，细长的银核桃树林由他们自己亲手种下。他们生活在潜藏的风险中，野火随时可能出现，像曾经发生过的那样，把一切都夺走。

但即便这样，无论什么样的大火都要先过赫迪这一关，如今已经70岁的她本身就带有一股自然般的力量。一位科学家告诉我说，赫迪对灵长类动物行为给人类行为启示的研究，让她非常感动。由于其关于女性问题的开创性思想，她被称为最具原创性的达尔文主义女权主义者。

灵长类动物学如今是一个由女性主导的领域，它由如珍·古道尔（Jane Goodall）和戴安·弗西（Dian Fossey）等早期先驱所引领。但是，当赫迪从20世纪70年代开始其职业生涯时，男性不仅主导着潮流，而且公认的观点是，人类的进化主要由男性的行为塑造。是男性承受着吸引更多的配偶以提高其生育更多后代的概率的压力，是男性在寻求统治的过程中具备了进攻性和竞争性，也只有男性在狩猎时才需要创造性和智慧。

作为与人类关系最紧密的进化表亲，我们自然会期待彼此都遵循着相似的模式。赫迪告诉我说，当雄性灵长类动物学家进入旷野时，他们通常会将注意力集中在进攻性、支配性和狩猎之类的事情上。雌性则习惯性地被忽视。她们被视为被动的、性羞怯的，以及通常受到更强壮、更庞大的雄性所摆布的群体。而且，早期对黑猩猩的研究强化了这一点（黑猩猩是一个恰好雄性特别具有攻击性和支配性的物种）。

当赫迪亲自来到野外时，事情发生了变化，她发现诸如此类对雌性的解读可能是错误的。

这趟旅程从莫乌恩特阿布（Mount Abu）开始，那里是印度西北部拉贾斯坦邦的一个地区，也是一种被称为哈努曼长尾叶猴（Hanuman langur）的家园。哈努曼是印度教猴神的名字，是力量和忠诚的象征，而"**叶猴**

在梵语里是指长长的尾巴"，赫迪在她宽敞的办公室里向我解释着这些，这间办公室里装饰着灵长类动物的画框。"它们全身长满漂亮、优雅的灰色毛发，双手和脸蛋是黑色的。"赫迪曾听说雄性叶猴会杀死同物种的幼猴。这一现象太奇怪了，以至于科学家设想它们一定是出了什么严重的问题。他们认为，动物肯定不会做出伤害自身群体的行为。唯一的解释必然是雄性叶猴发疯了。过度拥挤的居住环境或许创造了病态的攻击性的温床。

真相出人意料。当赫迪密切观察这些动物时，她开始意识到这种谋杀根本不是随意的疯狂行为。她注意到，雄性叶猴在日常生活中对幼猴鲜有暴力行为。"我会看到幼猴跳到躺在地上的雄性叶猴身上，像把它们当成蹦床一样。雄性叶猴也完全容忍猴群中幼猴的这种行为。根本不存在所谓的病态表现。"

相反，极为少见的杀死幼猴的行为是经过精心设计的。而且这个行为通常由繁殖猴群之外的雄性执行。"当我第一次看到幼猴失踪时，随后真的发现一只雄性叶猴攻击幼猴，这是目标非常明确的追踪，就像被鲨鱼攻击一样。一天又一天，一小时又一小时。"让一只雄性叶猴做出此类可怕杀戮行为的原因在于，他期望母猴在失去这只幼猴之后不得不再次交配。如果他不杀死幼猴，就只能等到一年之后，母猴完成哺乳并开始再次排卵之时。

在那之前她是不会交配的。

对科学家来说，这种想法令人震惊。赫迪已经表明，雄性叶猴之所以选择杀死同物种中健康的幼小成员，只是为了延续自己的血统。杀婴现象进而成为动物研究中一个富有成果的领域。赫迪在其1977年的著作《阿布叶猴：雌性和雄性的繁殖策略》（*The Langurs of Abu: Female and Male Strategies of Reproduction*）中详细阐释了这种行为模式，并在随后报告了超过50种灵长类动物以及其他物种的相关情况。

不过诸如此类的杀戮行为还有其他方面引起了她的兴趣。比如雌性叶猴不同寻常的反应方式。她们并不是被动的。她们没有粗心地任凭自己的幼崽被咄咄逼人的雄性叶猴杀死。相反，她们联合起来，发起战斗来击退雄猴。这一观察同时也挑战了长期以来关于灵长类动物自然行为的观念。这表明，雌性叶猴不仅强有力地保护了自己的幼崽（或许这是意料之中的事），而且她们也会具有进攻性与合作性。

质疑某种观念的前提就会产生显著的连锁反应。赫迪的进一步研究工作表明，雌性叶猴交配对象众多，这与通常认为雌性灵长类动物性羞怯的观点相左。她注意到，雄性叶猴只攻击那些由不熟悉的雌性叶猴抚育的幼崽，而不是他们与之交配的那些。赫迪认为，通过拥有尽可能多的配偶，雌性叶猴可能会策略性地降低雄性叶猴杀死幼崽的概率。

灵长类动物学家再也不可能忽视雌性叶猴了。

萨拉·赫迪相信，身为该研究领域中的一名女性是她关注到此前未被认识的动物行为的原因之一。这驱使她去探索其他人可能会选择忽视的问题。"当一只雌性叶猴离开猴群，或者当她在怀孕时还向雄性求偶时，男性观察者可能会说，'嗯，这是一个怪胎'，甚至不会跟着看看她去哪里或者做什么。而女性观察者或许会更同情这种状况，或者更好奇。"

她的工作不仅标志着理解灵长类动物的方式开始发生了天翻地覆的变化，同时也是一次个人启示之旅。赫迪在得克萨斯州南部一个保守的父权家庭中长大。在注意到灵长类动物世界中雌性具有如此的竞争力和性自信之后，她不禁要问，为什么在她自己生活的世界中，女性要被视为某种异类。灵长类动物，尤其是类人猿，比如黑猩猩、倭黑猩猩、大猩猩和红毛猩猩等，科学长期以来将其用作理解人类自身进化起源的一种方式。我们与黑猩猩和倭黑猩猩共享着大约99%的基因组。从遗传学的角度来说，我们是如此接近，以至于灵长类动物学家通常把人类称作另一种巨猿。因而，如果其他雌性灵长类动物能够表现出这么多的行为差异，那么为什么进化生物学家仍然把女性描绘成天生更温柔、被动和顺从的性别呢？

尽管如此，尝试让男同事们从女性的视角看待灵长类动物是一场战斗。20世纪70年代，当赫迪从莫乌恩特阿布的野外工作回来时，虽然周围正发生着社会变革，包括女权主义的复兴等，但科学界在很大程度上仍然属于男孩俱乐部。有一次，在一个会议上，当被问到女权主义于她而言意味着什么时，赫迪回忆说："女权主义者就是主张男女机会平等的人。换句话说，就是要民主。每个人都是女权主义者，否则你应该感到羞耻。"但机会平等并不总是得到鼓励，至少在她的工作领域是这样。她的工作，以及许多其他女性科学家的工作，有时会得到与男性科学家不同的待遇。有些人拒绝承认她的研究，更别说采纳她的观点了。

赫迪过去经常和其他女性研究人员参加仅限女性的家庭聚会，一起讨论她们面对的问题。她们开玩笑地把这些聚会称为"广泛的讨论"。实际上要讨论的问题还有很多。具有影响力的进化论生物学家，也是赫迪的同事罗伯特·特里弗斯（Robert Trivers）有一次告诉记者说，赫迪应该专注于做母亲，而不是工作。（赫迪告诉我说，她现在已经原谅特里弗斯了。而特里弗斯对我说，这本来是私下的对话，很抱歉被公之于众。）

被激怒的赫迪甚至偶尔会用自己对类人猿和猴子的研究来对男同事做出含沙射影的评论。她回忆说："我当时正在写作的主题是关于雄性狒狒如何作为社会组织的基础。雄性与雄性竞争，然后占支配地位的雄性相互结盟，以改善他们占有雌性的机会。之后，我会把这些非常有倾向性的事例与美国大学的情况进行对比。当然，我指的是男教授，当他们被揭发与学术上的下属有染时会互相支持。在我的职业生涯中，此类事情一直都在发生。"

赫迪的女权主义与科学会师了。不仅是由于她所在领域中某些男性的行为，更重要的是她意识到忽视女性行为的科学理论是不完整的。她告诉我说："在科学中，对男性和女性的选择压力给予同等关注仅仅是好的科学，也仅仅是好的进化理论而已。"

在她看来，最重要的前沿领域之一是理解母亲，以及如何定义女性在人类进化中的作用。这个问题会把她带回到杀婴这种黑暗现象当中。

"……人类的合作繁衍 变得越来越重要。"

我现在身处南加州圣地亚哥动物园的猿类观赏区，这也是世界上最大的动物园之一。

一只两岁的毛茸茸倭黑猩猩让我着迷。当它从一根树枝跳到地面上时，兴高采烈地抓着妈妈的皮毛，之后又松开手，在地上嬉闹片刻，随即快速跳了回去。我也有一个两岁的孩子。倭黑猩猩的行为让我想起自己和儿子的亲密关系。在小倭黑猩猩身上，我看到了类似的顽皮，甚至脸上有一丝无理取闹嬉笑的痕迹。倭黑猩猩和幼崽像我们母子一样看着彼此。我们这两个物种之间有着不可思议的相似之处。

在这样近距离的观察中，我开始理解为什么人类有时候会被视为另一种与倭黑猩猩、黑猩猩、大猩猩和红毛猩猩等并列的类人猿。但是，虽然有许多共同点，我和倭黑猩猩母亲之间仍然有重大的差别。在观察玻璃围栏的整个过程中，我从未见到雌性倭黑猩猩和幼崽失去联系。这个小家伙从未脱离母亲严密的保护范围。而此时此刻，我的儿子和他的爸爸正在巨大的动物园另一头的某个地方。

人类的母育工作极少像黑猩猩和倭黑猩猩那样能单枪匹马完成。我们大多数人从自己作为孩子或父母的经验中就可以了解。当我在伦敦家中时，基本上我的儿子每周有一半的时间由其他人照顾，包括他的爸爸、祖母和托儿所的工作人员等。阿姨、叔叔和朋友们有时也会参与。如果出差，我会有好几天看不见他。这并不稀奇。很少有婴儿或学步儿童在其早期的成长阶段没有从自己的母亲身旁离开过。

灵长类动物则不同。按照萨拉·赫迪的研究，世界上存在着大约300种灵长类动物，其中约1/2极少出现雌性类人猿或猴子与自己的幼崽失去联系的情况。反过来，她们的幼崽也会紧贴着自己的妈妈，有的甚至在她身边待上好几年。赫迪在2009年出版的著作《母亲与他者：相互理解的进化起源》（*Mothers and Others: The Evolutionary Origins of Mutual Understanding*）中写道："在自然条件下，红猩猩、黑猩猩或大猩猩大约会照顾幼崽四到七年，它们一开始就与母亲寸步不离，日夜保持着100%的面对面亲密接触。根据观察，野生黑猩猩母亲主动让幼崽脱离其控制的最早时间是出生后三个半月。"书中还收录了一张她拍摄的雌性叶猴照片，这只雌性叶猴是如此依恋自己的宝宝，以至于在幼崽死后她仍然忠实地带着它的尸体四处游荡。

其他研究人员也有过类似的观察。身居伦敦的人类学家唐·斯塔林（Dawn Starin）曾经花了数十年时间在非洲、亚洲和南美洲研究灵长类动物，她证实："在灵长类动物世界中，母亲带着死去幼崽的行为并不罕见。"在她对冈比亚红疣猴的研究中，一只雌性红疣猴"带着满身蛆虫的幼崽四处游荡了好几天，雌性红疣猴会梳理幼崽的毛发，还将它放在树杈上，这样在她吃东西时尸体就不会滑落到地上，也不会让其他动物触碰到它"。诸如此类的观察留给她这样的印象：灵长类动物的幼崽被视为母亲身体的延伸，是她实实在在的组成部分，而不是一个独立的存在。

对人类而言，母亲保护自己的孩子似乎是普遍的模式，但是二者却并不总是如此依恋。不只是大城市中的现代父母才如此，世界各地都一样。养育一个孩子确实需要整个村庄动员起来。

对于试图掌握进化历史的人类学家来说，最好的案例研究是那些或许还与我们的祖先保持同样生活方式的人，比如狩猎－采集者。现代狩猎－采集者很少，而且越来越罕见，他们依靠土地勉强糊口，采集野生植物和蜂蜜，或者狩猎动物。他们成为我们了解过去的一扇不完美的窗口，部分原因在于，由于环境不同，每个部落都有所差别，同时也因为其他文化多年来对他们的侵蚀，扭曲了他们的生活方式。但是，通过观察他们的生活方式和行为，我们仍然可以了解几千年前，在人类开始驯养动物和进行农业生产之前，人类是如何生活的。

一些位于非洲的狩猎－采集者部落得到了最深入的研究，人类最初也正是从这块大陆开始迁徙的。这使得该地区的族群可能成为进化研究人员最可靠的数据来源。

其中包括生活在非洲南部卡拉哈里沙漠的库族（! Kung）、布希曼族的男性（Bushmen）和女性（Bushwomen）；生活在坦桑尼亚北部埃亚西湖地区的哈扎族（Hadza）；以及刚果民主共和国伊图里雨林的埃非族（Efé）。赫迪指出，这三个社群中都存在充当他人孩子父母角色的个体，这样的人被称为"异双亲"（alloparents）。

赫迪将这种体制描述为"合作繁衍"（cooperative breeding）。她在《母亲与他者》一书中写道："库族的婴儿有大约25%的时间由其他人抱着——这与其他类人猿极为不同，类人猿的新生幼崽从未被母亲以外的其他同类抱过。"在哈扎族中，新生儿在出生后的头几天里，有31%的时间是由异双亲抱着的。对于四岁以下的儿童，除了母亲之外，大约有30%的时间都由其他人抱着。在非洲中部的游牧部落，包括埃非族，母亲在婴儿出生后会立即与部落其他成员分享自己的婴儿，而且会一直这样做。埃非族婴儿在出生的第一天平均会由14个不同的人照顾，包括他们的父亲。

人类和类人猿的另一个不同表现在分娩方式上。我们知道，雌性黑猩猩在分娩前会离开族群，寻找隐秘之处，以躲避掠食者或者其他可能伤害新生幼崽的动物（黑猩猩喜欢吃肉，它们杀死并吃掉自己物种幼崽的行为也并非不为人知）。而人类则完全相反，几乎总是有人在准妈妈临盆前帮助她们。我在分娩时就有一个完整的团队，包括我的丈夫、姐姐、医生和一位助产士。新墨西哥州立大学的人类学家温达·特雷瓦森（Wenda Trevathan）和特拉华大学的卡伦·罗森堡（Karen Rosenberg）指出，独自一个人完成分娩活动仅仅在极少数的人类文化中存在。他们认为，分娩时的帮手如此重要，以至于女性已经进化到期待这些帮手出现了。他们的理论是，人类分娩的笨拙方式以及母亲在分娩时寻求支持的情感需求，可能契合了我们的祖先在分娩时有人协助这样的事实。

所有这些证据表明，合作繁衍作为人类生活中一个古老而普遍的特征，并不是什么晚近的发明。这种说法理由充分。耶鲁大学人类学家理查德·古铁雷斯·布里比斯卡斯（Richard Gutierrez Bribiescas）曾经研究过人类进化过程中父亲所起到的作用，他解释说："人类所具有的一个首要特征是，我们有点像类人猿世界中的兔子。与其他类人猿，比如黑猩猩、大猩猩和红毛猩猩相比，人类的繁殖力非常高。我们繁衍出的后代往往需要长时间的抚育。"

大多数灵长类动物会等到一个婴儿成熟之后再生下一个。如果一只雌性倭黑猩猩不得不拖着一窝紧抓着自己皮毛的小倭黑猩猩四处走动，那么她养活自己都会非常艰难，而且在森林中行动缓慢。两个明显的例外是伶猴和柽柳猴，这两个物种属于阔鼻小目（又称为新世界猴），该物种的父亲都非常深入地参与了抚养幼崽。唐·斯塔林告诉我："我在秘鲁研究一个伶猴群时发现，伶猴的幼崽通常由父亲照顾，他们大部分时间都和雄猴待在一起。父亲完全参与幼崽的抚养。雌性伶猴实际上像一个牛奶吧，一对儿只提供奶水的乳房。"和人类一样，伶猴也是合作繁衍者。她说，某些对该物种的圈养研究表明，幼崽主要依赖的可能是父亲，而不是母亲。

柽柳猴的成长也依赖父母双方的共同努力，只有这样才能应付。理查德·布里比斯卡斯说："基于我们尚不了解的原因，柽柳猴的幼崽通常是双胞胎，而且双胞胎的体格都非常大。所以唯一可行的方法是父亲也参与抚育。否则，雌性柽柳猴不可能养活两个体格非常大的双胞胎幼崽。"这种支持是如此重要，以至于据我们所知，如果雌性柽柳猴失去这些帮助会遗弃自己的幼崽。萨拉·赫迪指出，新英格兰灵长类动物研究中心（New England Primate Research Center）的一项生物聚居地数据显示，当柽柳猴的配偶死亡时，婴儿的存活率也急剧下降，"如果柽柳猴母亲有年长的子女帮助她，那么她遗弃幼崽的概率大约在12%，否则，她遗弃幼崽的概率将达到57%"。

诸如此类的遗弃和无视非常罕见。在科学家对野生猴子和类人猿数千个小时的观察中，很少看到母亲故意伤害幼崽。灵长类动物的母亲有时或许不够称职，尤其是对待第一个孩子，但她们很少任由自己的孩子死去。尽管这一点看起来令人震惊，却是人类区别于其他进化表亲的另一个特征。

人类的母性本能并不是婴儿出生时就被自发触动的。

这是人类学家萨拉·赫迪提出的一个颇为激进的主张。据了解，世界各地的母亲都承认她们需要一定的时间才能爱上自己的孩子，而有些人从来都没有做到过。在一些不幸的案例中，母亲们故意遗弃，甚至杀害她们刚出生的孩子。这看起来似乎完全违反自然。毕竟我们假定人类的母性本能与任何其他动物一样强烈和直接。母性被视为女人基本的组成部分，以至于那些不想生孩子或拒绝亲生子女的人通常被认为是反常，甚至邪恶的。但是，按照赫迪的观察，未能对子女产生直接依恋的母亲在现实生活中比我们想象的要普遍得多。

她的观点是，这种现象是合作繁衍遗留下来的。和柽柳猴一样，人类通常要依靠协助才能抚育自己的孩子。怀孕和分娩时释放的荷尔蒙有助于母亲与婴儿之间建立联系，但这种联系可能会受到环境的影响。如果境况特别糟糕，母亲可能会觉得自己别无选择，只能彻底抛弃孩子。

据英国的一些研究估计，每年大约有30到45个婴儿被杀，其中大约1/4在他们出生的第一天就被害了。根据伦敦大学国王学院精神病学研究所生殖和发育精神病学讲师迈克尔·克雷格（Michael Craig）2004年的研究，这个数字可能被低估了，因为这类杀婴行为很可能不会被报道出来。但是，即便从报道的数字来看，婴儿比任何其他年龄段的人都有更大的被杀风险。对于出生后不久就被杀害的婴儿来说，最常见的作案者往往是少女妈妈，尤其是那些未婚并且与可能会反对她怀孕的父母生活在一起的母亲。克雷格说，她们中的大多数并不是因为自己患有精神或心理疾病而杀死自己的孩子，而是由于发现自己正处于绝望的境地当中。

萨拉·赫迪曾调查过历史上另一个特别可怕的例子。在18世纪的法国城市地区，有多达95%的母亲将她们的孩子送到陌生人那里看护。2001年，赫迪在犹他大学的一系列讲座中阐述了自己的研究，该研究表明，这些母亲一定知道这样做会大大降低自己孩子的存活率，但是所处的文化要求她们这样做，于是她们就照做了。赫迪认为，这种致命的做法表明，并不是每个人类母亲都不惜一切代价保护自己的新生儿。如前所述，在今天的亚洲，杀害女婴有时候是在亲生母亲的共谋之下进行的。社会再一次影响了她们对新生命诞生的反应。

赫迪对于合作繁衍极端重要性的假设其实很难证明，尤其是考虑到现代世界中孕妇所承受的巨大压力。但它具有一种将女性从无法独自应对的负罪感中解脱出来的力量。如果我们天生是合作繁衍者——在这类物种中，异双亲是家庭结构的一部分——那么指望女性在没有任何帮助的情况下抚育后代是不合理的。对于女权主义者赫迪来说，这一研究路线具有明显的政治含义。它强调了为什么立法者不应该禁止堕胎，不应该强迫妇女生下她们觉得无法抚养或不想要的孩子。也强调了政府为母亲提供更好的福利和儿童的保育条件有多么重要，尤其是对于缺少家庭支持的那些母亲来说。

这些证据的分量至少表明，人类的进化并不是为了独自抚养后代。育儿也不单单是属于母亲的责任。理查德·布里比斯卡斯说："我们发现，合作繁衍在我们的思维当中已经变得越来越重要。"随着围绕合作繁衍及其意义的证据逐步建立起来，异双亲在人类历史中的重要性变得越来越清楚。由此引发一个非常有趣的问题：如果母亲并未进化成为单独抚养后代的角色，那么在她周围，谁会提供最大的支持？

> **"我们发现，人类男性（在抚养后代这件事上）的参与度具有巨大的可塑性。"**

　　萨拉·赫迪告诉我说，当她去年迎来自己的第一个孙辈时，她利用这个机会在家人身上做了一个小实验。到女儿家里时，她采集了自己和丈夫的唾液样本。在和新生儿相处一段时间后，她又采集了另一份样本。对这些样本的分析表明，他们的催产素含量都有所上升，这种荷尔蒙与爱和母性依恋密切相关。

　　我们的身体暴露出婴儿与非父母的人之间会产生多么紧密的情感关联。科学家早就知道，与婴儿进行身体接触会对母亲的荷尔蒙水平产生巨大的影响。这些荷尔蒙反过来也会影响她和孩子之间的关系。现在我们知道，其他不是母亲的人，也会经历诸如此类的荷尔蒙变化。

　　进化生物学家过去通常假定，在所有为母亲提供支持的人当中，父亲应该是首当其冲的。理查德·布里比斯卡斯在2006年的著作《男人：一部进化与生命的历史》（*Men: An Evolutionary and Life History*）中清晰表明了这一点。从我们几个世纪以来的生活角度来看，通常在一夫一妻制婚姻和核心家庭中，这才是有道理的。即便父亲们并未直接参与儿童的养育，他们也会给家庭带来食物之类的物质帮助，这对孩子的生存和成长来说，必然也是至关重要的。

然而，最近的一些研究却提出了不同的看法。在2011年发表于《人口与发展评论》（*Population and Development Review*）上的一篇文章中，伦敦卫生与热带医学院的丽贝卡·西尔（Rebecca Sear）和西澳大利亚伊迪斯科文大学的戴维·库尔（David Coall）汇集了他们所能找到的所有已发表的研究报告，这些报告研究了父亲、祖父母和兄弟姐妹的参与如何影响婴儿的存活率。他们发现，其他家庭成员非常有价值，一旦孩子超过两岁，这些成员甚至可以缓冲母亲不在身边的影响。尽管如此，此类帮助从何而来却让人感到惊讶。除了母亲之外，年长的兄弟姐妹比任何人都更有积极的作用。其次是祖母，再次才是父亲。西尔和库尔指出："父亲并没有那么重要：在所有的案例中，只有略高于1/3的情况显示父亲的参与提升了儿童的存活率。"（祖父的重要性远远落后于所有其他家庭成员。）

这并不意味着父亲亲力亲为不重要。只是情况并非总是如此。2009年，新墨西哥大学的人类学家马丁·马勒（Martin Muller）及其同事研究了非洲东部两个相邻但不同的社区里，男性在养育子女方面投入了多少精力。在其中一个哈扎族的狩猎–采集者案例中，他们发现父亲参与了从清洁到喂养婴儿等所有事务，如果在营地里，他们会花超过1/5的时间与三岁以下的孩子互动，并且睡在他们身边。在另一个名为达托加（Datoga）的牧民和战士社会中，他们发现了一种强烈的文化观念：照顾孩子是女人的工作，男人分吃分睡，而且和婴儿互动很少。男性的荷尔蒙水平反映出教养方式的差异。参与抚养孩子程度更高的哈扎族男子，睾酮水平低于达托加男子。

理查德·布里比斯卡斯说："我们发现男性的参与度具有巨大的可塑性。所以你可以做一个最溺爱和最体贴的父亲；对于稍微参与到抚养当中的父亲来说，一切也都是美好和可爱的；或许你只是把食物和日用品带回家；还存在诸如杀婴之类最极端、可怕的事情。"如果社会期望男性参与到儿童保育当中，他们不但确实可以参与，而且也会做得很好。如果社会期望他们不介入其中，他们也完全可以置之不理。这种可塑性是人类所独有的。布里比斯卡斯说："在其他类人猿和灵长类动物中，你根本看不到这一点。它们被锁定在一种行为策略当中。"

在我们的进化历史当中，如果照顾孩子不仅是母亲的责任，也是父亲、兄弟姐妹、祖母和其他人的事，那么我们对家庭生活的传统描述就会开始崩溃。在一个核心家庭中，父亲亲力亲为肯定不是随处可见的现象。例如，在某些社会中，孩子有不止一个"父亲"。在南美的亚马孙地区，有些部落接受婚外关系，认为如果一个女人在准备怀孕前与不止一个男人发生性关系，所有这些人的精子都会有助于胎儿的发育。学界称之为"可分式亲子关系"（partible paternity）。密苏里大学的人类学家罗伯特·沃克（Robert Walker）和马克·弗林（Mark Flinn）以及亚利桑那州立大学的金·希尔（Kim Hill）已经证实了该地区的可分式亲子关系有多普遍，他们声称，孩子们受益于这样的家庭安排。父亲越多，孩子存活的机会就越大。他们会得到更多的资源以及更好的保护，以免受暴力侵害。

这一切都表明，早期人类的生活安排可以有诸多不同的可能性。一夫一妻制或许并非金科玉律。如果女性没有始终和自己的孩子绑在一起，她们也可以自由地出去寻找食物，甚至去打猎。若如此，母亲在家照顾孩子，饥饿地等着父亲带肉回来，这种查尔斯·达尔文基于维多利亚时代的理念对女性的理解，将会被彻底冷落。

"无视另一半人的理论是片面的。"

那是在1966年。

人类学领域中的若干重要人物齐聚芝加哥大学，讨论当时世界狩猎–采集者研究的快速增长问题。这次会议被命名为"男性狩猎者"(Man the Hunter)。这次会议将塑造一代科学家对人类演化的理解。

会议的名称恰如其分。正如所有与会者所认为的那样，标题中的"者"实际上指的是男人，而不是所有人。据人们所知，几乎没有一个狩猎-采集者社群中的妇女会参与日常狩猎。即便如此，狩猎仍然被认为是人类进化史上最重要的活动。狩猎活动让男人聚集在一起，协同作业，这样就能更有效地锁定猎物。它迫使男人变得有创造力，发明了石器。此外，这一活动或许还促使男人发展出了语言，从而得以更有效地交流。通过把猎物带回家，男人可以为自己、女人和饥饿的孩子提供所需要的密集营养，从而开发出体积更大的大脑，成为我们今天这样聪明的物种。

狩猎就是一切。

人类学家舍伍德·沃什伯恩(Sherwood Washburn)和切特·兰开斯特(Chet Lancaster)在1968年出版了一本关于该研讨会的著作［这本书也名为"男性狩猎者"(Man the Hunter)］，他们在该书的一个章节中写道："从非常现实的意义上来说，我们的智力、兴趣、情感和基本社会生活都是狩猎适应成功而得以进化产生的。"尽管杀戮行为颇为惨烈，却是重要的，这种观点随后经由罗伯特·阿德里(Robert Ardrey)1976年出版的著作为人们所熟知（他是一名好莱坞编剧，后来转行专注于人类学研究）。他在《狩猎假说》（Hunting Hypothesis）中写道："因为我们是猎人，因为我们以杀戮为生，因为我们与整个动物世界斗智斗勇，所以即使在我们自己创造的世界里，我们也具有生存智慧。"

但是，对某些人类学家而言，这种描述过去的方式并不恰当。首先，它完全忽视了女性的作用。当时并不是一个性别歧视不受约束的时代。各个大学开始设置妇女研究和性别研究课程，女性科学家和社会学家在各自领域崭露头角。灵长目学正在成为由女性主导的学科。人类学家怎么还能声称女性仅仅是人类历史上的附庸呢？会议结束后，越来越多的科学家（大多是女性，但也有一些男性）感到愤慨。已经被边缘了几十年的狩猎假说，如今正在产生将女性从进化叙事中彻底抹去的威胁。

1970年，一位名叫萨莉·林顿（Sally Linton）的人类学家明确表达了这些人的感受，她在美国人类学学会（American Anthropological Association）的年会上提出了一个具有挑衅性的反驳。这篇文章名为"女性采集者：人类学中的男性偏见"（Woman the Gather: Male Bias in Anthropology）。她的话呼应了伊莉莎·伯特·甘布尔的观点，后者早在80年前就已经公开批评了查尔斯·达尔文及其同时代的人。林顿猛烈抨击自己所处的研究领域"主要是由西方白人男性在特定历史时期发展起来的"。她说:"鉴于诸如此类的偏见,人类学家搞不清楚男人在外出狩猎时,女人在做些什么就不足为怪了。"

她宣称:"无视另一半人的理论是片面的。虽然这种理论重构的确很巧妙,但它给人的印象是,只有一半的物种,即男性参与了进化。"

她控诉的核心是这样一种观念,即在狩猎-采集者社群中,女性在某种程度上并不是家庭的同等供养者。在1966年的"男性狩猎者"会议上,专家们已经知道事实并非如此。实际上,会议的组织者之一理查德·李(Richard Lee)已经明确女性在食物采集方面的极端重要性。他的田野调查表明,虽然妇女通常不是大型动物的狩猎者,但她们负责获取所有其他种类的食物,包括植物、根茎、块茎,以及小型动物和鱼类等。男人是狩猎者,但女人是采集者。

可以说,采集是比狩猎更重要的能量来源。理查德·李在1979年指出,在南非的库族狩猎-采集者部落中,女性通过采集为整个社群提供了多达2/3的食物。除了养家糊口,妇女通常还要负责做饭、搭建住所和帮忙狩猎。而且她们是在怀孕和抚养孩子的同时做着这一切。

林顿认为,这些人类学家通过提升狩猎的地位,有意无视了女性在进化中的作用。她的推断是，狩猎假说无法像它所声称的那样对人类进化做出解释。如果男人狩猎是我们这个物种交流、合作和语言的动力所在，那为什么两性之间的心理差异会如此之小？她说，任何人类社会最初的社会纽带显然是在母亲和孩子之间，而不是在狩猎者之间。那么，抚养孩子的智力挑战呢？"照顾一个好奇、精力充沛，但仍然依赖他人的婴儿非常困难，而且要求很高。婴儿不仅需要照看，还必须教会他们有关群体的习俗、危险和知识方面的内容。"

林顿激情澎湃的演讲标题"女性采集者"被视为"男性狩猎者"的女性对照。对于其他决心将女性带入人类进化叙事核心的研究人员来说，这个标题也具有号召力。

阿德里安娜·齐尔曼（Adrienne Zihlman）如今是加州大学圣克鲁斯分校的著名人类学家，当萨莉·林顿1970年于美国人类学学会发表演讲时，前者已经在加州大学任教几年了。她对我说："这真让人印象深刻。"我们当时正坐在她位于旧金山的家中，书桌上摆着一沓文件和若干书籍。其中一本书名为"女性采集者"（*Woman the Gatherer*），她在1981年为这本书写了一个章节。

齐尔曼说："女性被视为无足轻重的存在。我们现在很难想象那是怎样一种状态。这是第一次让女性变得可见。"她深受林顿的启发，并决定继续发展她的观点，围绕这些观点建立可靠的数据，从对狩猎–采集者、灵长类动物和化石的观测中挖掘证据。通过诸如此类的详细研究，并且与狩猎–采集者生活在一起，剖析他们的生活，像她这样的人类学家和民族学家最终明白了，在这些社会中，女性是多么灵活、积极和勤奋。

一个需要破除的重要神话是，在过去时代，主要的发明者和工具使用者永远是男性。齐尔曼确信这是错误的。黑猩猩选择当场采摘食物并单独吃光时，人类则在历史的某一时刻开始搜集食物，并将它们带回去与同类分享。他们需要将所有食物储存起来的容器，还需要一边采集食物一边背着婴儿。齐尔曼说，这些可能是人类历史的第一个发明——甚至很可能早在石器时代之前——而这一发明的使用者正是女性。与此同时，最早的工具之一应该是"挖掘棒"。齐尔曼告诉我，直到今天，部落里的女性采集者还在使用挖掘棒来挖掘植物根茎，杀死小动物。它们就像瑞士军刀一样功能多样。

挖掘棒、吊带和食物袋的共同点是，它们要么是木制品，要么是由兽皮或纤维制成的，这意味着它们会随着时间的推移分解消失。这些发明在化石记录中没有留下任何踪迹，这与考古学家们认为的用来狩猎的耐磨石器非常不同。齐尔曼说，这是进化研究者忽视女性发明进而忽视女性本身的原因之一。

在其他物种中发现的线索也表明，狩猎和工具制造不仅是男性的专属领域。灵长目学家珍·古道尔通过对黑猩猩的密切观察揭示出，雌性黑猩猩比雄性黑猩猩更擅长使用简单的工具以及硬壳来敲碎坚果。部分原因在于她们会花更多的时间在上面。齐尔曼2012年发表在《进化人类学》（*Evolutionary Anthropology*）杂志上的一篇论文指出，黑猩猩从母亲那里学会了"钓白蚁"，而年轻的雌性会比雄性花更多的时间观看学习。甚至可以观察到有些黑猩猩会使用咬成尖锐形状的木棍捕猎松鼠之类的小动物。她写道："运用这种方式捕猎的黑猩猩以雌性为主，尤其是处于成长期的雌性，数量几乎是雄性的三倍。"

其他科学家已经计算出狩猎－采集者为他们的家庭带来了多少热量，以及这些热量是如何按照性别分配的。他们的发现强化了先前的观察，即女性带回家的食物对每个人的生存至关重要。

理查德·布里比斯卡斯曾经对非洲东部的库族部落和巴拉圭东部的阿契族（Aché）进行了田野调查，他说，由于社会和环境因素的不同，男人从狩猎中获得的热量差距很大。"例如，在我观察多年的阿契部落中，男人带回家的热量大约占60％；而在诸如库族之类的部落中，男性带回家的热量大概占30%左右。这种差异也体现在他们追逐的猎物类型当中。举例来说，在库族部落中，他们喜欢追逐体格非常庞大的高风险猎物，比如长颈鹿等。而巴拉圭的阿契部落，他们狩猎的最大猎物是貘，体型也不过只有一头小猪那么大。他们会猎杀许许多多的小型动物，这样做更容易得手。因此，环境确实会产生不同的影响。"

在2002年发表于《人类进化学杂志》(*Journal of Human Evolution*)的一篇论文中，犹他大学的人类学教授詹姆斯·奥康纳(James O'Connell)和克丽斯滕·霍克斯证实，狩猎极少能够成为一种可靠的食物来源。例如，在对坦桑尼亚北部的哈扎族人狩猎和觅食行为进行了为期2000多天的观察之后，他们估计哈扎族男子差不多每狩猎30天才能带回一只大型猎物。在所有研究中，没有任何一个社群的所有食物都是男人带回家的。在最坏的情况下，男人带回的食物远远不到一半。这意味着在许多地方，仅依靠男人狩猎会让整个家庭挨饿。

霍克斯及其同事写道："我们需要一些家庭供应补给品以外的东西来解释男性的工作。"他们认为，男性狩猎-采集者执着于狩猎大型动物，而不是像女性那样进行采集或追逐体型较小的动物，原因在于这样为他们提供了一个炫耀的舞台，从而提升自己的地位并吸引配偶。

谁对家庭的生存贡献最大，这一问题仍然是争论的焦点。加州大学圣巴巴拉分校的迈克尔·古尔文（Michael Gurven）和亚利桑那州立大学的金·希尔对霍克斯的观察提出了质疑。2009年。他们在《当代人类学》（Current Anthropology）期刊上发表了一篇名为"男人为什么打猎？"（Why do Men Hunt？）的文章，重新审视了狩猎假说。他们提出，主要由女性所从事的采集植物活动可能是一种充满风险的食物来源。比如说，植物通常带有季节性。在一些狩猎–采集社群中，包括巴拉圭的阿契族等，男性的确也会狩猎更小、更稳妥的猎物，这表明他们不只是想借此展示狩猎能力。

丽贝卡·布里格·伯德（Rebecca Bliege Bird）是宾夕法尼亚州立大学人文学院的人类学教授，她认为古尔文和希尔等学者坚持狩猎假说的原因在于他们碰巧研究的是那种部落而已，尤其是阿契族。她说："一些人关于过去的狩猎—采集社群是何种样态的观念，往往受到他们在其中生活时间最长的社会的影响。在大洋洲、东南亚和撒哈拉以南的非洲地区，女性对生产的贡献很大。而在其他地方，比如南美，女性对生产的贡献相对较小。"她认为，迄今为止的证据使狩猎假说显得"颇为过时和荒谬"。

围绕狩猎假说的另一个迷思是语言和智力问题。人类学家提出，男性狩猎者推动了人类的交流和大脑体积的发展，这种说法对吗？萨拉·赫迪对类人猿幼崽和母亲的研究支持了萨莉·林顿的主张，即语言可能并不是通过狩猎进化，更有可能经由婴儿与看护者之间复杂微妙的互动演化而来。赫迪解释说，在过去的世代，那些稍稍善于判断他人的想法和感受的婴儿最有可能得到照顾。"他们必须引起别人的兴趣，吸引他人，必须了解其他人的喜好是什么。"这种对交往的诉求或许提供了最初的交流冲动，将我们的祖先从简单的猩猩般的喊叫推向了复杂的语言。

最近的研究支持了这一观点。2016年夏，纽约罗切斯特大学大脑和认知科学系的史蒂夫·皮安塔多西（Steve Piantadosi）和塞莱斯特·基德（Celeste Kidd）在《美国国家科学院院刊》上发表了证据，证明抚育儿童可能是人类智力提升的主要因素之一。与其他哺乳动物相比，人类婴儿在出生时发育尤为不成熟并需要他人照顾。其中一个原因在于人类的头太大了（这是为了给巨大的大脑留出空间），如果婴儿出生的时间太晚，就根本无法穿过母亲的产道顺利出生。皮安塔多西和基德写道："反过来说，抚养婴儿需要更高的智力，因而需要更大的大脑。"

这条大脑变得更大、婴儿出生更早的决定性进化路线，可以解释人类如何变得像后来这样智力超群。

所有这些研究给我留下的印象与进化生物学家过去描绘的娴静、弱不禁风和从属于他人的女性形象大相径庭。

阿德里安娜·齐尔曼告诉我："当你看到这些妇女工作时的照片，会发现她们非常强壮。"在"女性采集者"这个章节中，齐尔曼收录了人类学家理查德·李拍摄的一张让人印象深刻的照片：一位怀有7个月身孕的库族妇女，像运动员一样正在大步穿越卡拉哈里沙漠。她用肩膀托着一个三岁大小的孩子，一只手挥舞着一根挖掘棒，背着她收集到的食物回家。

从进化的角度来看，这样的力量是有意义的。我们久坐不动的生活方式，以及将苗条和孱弱看得比体型与力量更重要的女性美貌理想，会让我们看不到女性身体的能力。但是，如果参考现代狩猎–采集者的生活，我们的女性祖先实际上能够完成大量艰苦的体力劳动。大约一万年前，人类在生存了几百万年之后才开始安定下来自己生产食物，自给自足的生活方式是如此艰难，以至于他们别无选择。即便在今天，全世界仍然有数百万妇女不得不做艰苦的工作来维持生存。

马琳·朱克（Marlene Zuk）在明尼苏达大学主管着一个专注于进化生物学的实验室，她指出，众所周知，女性特别擅长耐力跑。她在2013年的著作《史前幻想》（Paleofantasy）中写道，女性的跑步能力在步入老年的过程中下降得极其缓慢。我们知道，即便在怀孕期间，她们也能坚持长距离行走。其中一个例子就是安博·米勒（Amber Miller），作为一位经验丰富的长跑运动员，她在2011年参加了芝加哥马拉松比赛7个小时后生下了孩子。英国马拉松选手宝拉·拉德克利夫（Paula Radcliffe）是女子马拉松世界纪录保持者，她也两次在怀孕期间参加了马拉松训练和比赛。

在人类早期历史相当长的一段时间里，当人类从非洲移居到世界其他地方时，女性可能也行走了数百或数千公里，而且有时是在极端恶劣的环境之下进行的。如果她们怀孕或者带着婴儿，每天承受的身体压力就会远远大过男性。齐尔曼说："只有在这样的条件下进行繁衍和生存，涉及的才是自然选择。女性必须生育，这意味着必须要经历9个月的怀孕期。之后，女性又要哺乳，要带着这些孩子。身为女性的某些特征是经由进化而塑造的。在这一路上，大量的死亡数据可以为此提供确切的解释。"

甚至可以以此来解释女性通常在生物学上比男性更长寿的奥秘。齐尔曼说："女性的形象，女性的身体，甚至整个女性本身，都经历了数万年甚至数百万年的磨砺，才得以生存并传播到世界各地。"

残酷的生存现实同样会迫使女性和男性灵活分担工作量。齐尔曼解释说："狩猎－采集社群的问题在于，因为每个人都在学习所有事务，所以人类的劳动分工并没有那么僵化。"在几千年前的远古时代，很有可能男人更深入地参与了育儿和采集，而女人也是猎手。

"成为女猎手是个人选择。"

人类学家比昂·格里芬（Bion Griffin）是夏威夷大学马诺阿分校名誉教授，他回忆道："我站在河边，看见几个女子拿着弓箭。那是1972年。"他和人类学家同事阿格尼丝·艾斯蒂奥科－格里芬（Agnes Estioko-Griffin）（二人亦是夫妻）住在菲律宾，我通过一条来自那里的微弱线路与他们通话。

比昂描绘了他第一次去菲律宾吕宋岛的令人大开眼界的旅行。那里是小型狩猎－采集社群纳纳杜坎·阿格塔（Nanadukan Agta）的家园。如今，伐木、农耕和移民彻底改变了阿格塔人的生活方式，使他们远离了单纯自给自足的生活，融入了周边的农场当中。他们和世界上许多其他最后的狩猎－采集者社群一样，也面临着同样的命运。但是20年前，格里芬夫妇有幸在这种古老的生活方式消失之前一睹其真容。阿格塔人在弓箭和狗的帮助下，靠捕鱼和狩猎野猪和鹿之类的野生动物为生。

与众不同的是，阿格塔女子负责打猎和捕鱼。

女猎手并不是什么闻所未闻之事。20世纪70年代，科学文献中有几处提到了分散在全球各地的女猎手，范围从澳大利亚北海岸的提维人（Tiwi）到冰冻北极的因纽特人。但是，在这些社会中，阿格塔族女性可能是最热情、最成惯例的女猎手。比昂说："我们最先注意到的是，在这个独特的社群当中有相当多的女性猎手。许多女人不拿弓箭，而是用刀子，或者将刀子绑在砍断的树枝上，来猎杀被逼入绝境的鹿，或者一头被猎狗抓住的野猪……我们发现了许多酷爱狩猎的女性，而且她们的狩猎也非常成功。"

阿格尼丝补充说，即使有其他养活自己的方式，阿格塔女人也会选择去狩猎。她描述了一个场景，当男人外出打猎数日时，这群女性并没有去采集植物根茎和水果，或者与当地的农民做交易，而是自己出门猎杀了一头野猪回来。她说："出去打猎是她们自己的选择。"比昂补充道："从在深林中跋涉、伺机狩猎和宰杀的女性（有时还会带着她们的婴儿和孩童一起），到尚在壮年的祖母或非常年长的女性，她们都有丰富的狩猎经验，除了祖母总是帮忙照顾孩子之外，她们并没有真的需要其他人来帮忙抚育。"

　　阿格尼丝在1995年的一篇论文中发表了其中一些研究发现。她指出，每一个身体健全的阿格塔人，无论男女都知道如何捕鱼。在21名14岁以上的女性中，有15位是猎人，4位在过去狩猎过，只有2人不知道如何狩猎。在他观察的所有狩猎行动中，有一半是男女猎手共同完成的。如果有区别的话，那就在于女性的狩猎方式。比如说，一个女猎手不会单独去狩猎，这样就规避了人们怀疑她去和情人秘密幽会的风险。此外，女猎手也更倾向于使用猎狗帮忙猎杀。

　　阿格尼丝说："成为一名女猎手是个人选择。基于生理原因而阻止某个人完成特定的任务，对阿格塔人来说是不可想象的。哺乳或许会暂时降低女性参与狩猎的积极性，但并不会将女性排除在此类活动之外。"

　　让一切成为可能的关键在于合作繁衍。阿格塔妇女会带着哺乳期的婴儿去打猎，而把年龄较大的孩子交给其他家庭成员照顾。她们也会在姐妹出门打猎时帮她给孩子喂奶。"即便是年轻的成年人也会带小孩，或者帮忙看管留在营地的幼儿、表亲或年幼的兄弟姐妹。我认为，合作繁衍是一个非常重要的组成部分。"

　　格里芬夫妇越深入地探索，就越发现阿格塔女性能够，而且被期望完成相同的工作。比昂说："大体上，人们想做什么就做什么。"或许除了杀人之外，没有一个工作领域完全属于男性或女性。当男人成群结队外出攻击敌人时，女人们会留在后方。"有些男性会从事育儿、烹饪等各种工作。而另一些男性则对烹饪之类的毫无兴趣。我觉得每个人都可以做任何事。我唯一能记得的一件事是，没见到过男性编篮子。但其实根本没什么人编篮子。男女一起盖房子，男人照顾孩子，男女都会收集柴火，都会做饭，有大米需要捣碎的时候，他们就捣碎大米。"

阿格塔人已经表明，即使他们旧有的生活方式消失了，妇女除了生育和哺乳这类生理现实之外，文化几乎可以决定妇女和男性所做的一切。当涉及儿童保育、烹饪、获取食物、狩猎和其他工作时，生活方式的划分是一场流动的盛宴。没有任何生物戒律说女人天生就是家庭主妇以及天生不是猎人，或者说亲力亲为的父亲正在打破某些永恒的性别规范。

阿格塔人为进化生物学家带来的困境是，为什么他们成了例外情况，而不符合既定规则。为什么不是世界各地所有的女性狩猎－采集者都做猎人？为什么不是所有人类社会都是平等的？

我们有时会把性别平等设想成一种现代发明，是文明和自由社会的产物。但是，人类学家很早之前就已经知道，在先前许多社会中，男性和女性都是平等的。

伦敦大学学院的人类学家马克·戴布尔（Mark Dyble）研究了菲律宾另一个被称为帕拉南·阿格塔（Palanan Agta）的阿格塔人族群，并将这个部族的数据与刚果另一个狩猎－采集者部落——被称为俾格米人（Mbendjele）的巴亚卡族（BaYaka）小社群——进行了对比分析。他的研究揭示出，在狩猎－采集者社群与高度的性别平等之间具有一定的关联。他认为，这证明了在农业和养殖业出现之前，平等是早期人类社会的一个特征。

戴布尔的研究发表在2015年的《科学》杂志上，该研究为这两个社群中数百名成年人建立了详细的家谱。他告诉我说："我们像他们自己一样了解他们的家族史。甚至知道一个人和另一个人是不是表亲。"这些家谱表明，在狩猎－采集者社群中，生活在一起的人往往不是亲戚。女性并不总是和丈夫的家人住在一起，或者住在他们附近，男性和妻子的家庭亦是如此。有时候他们会在家庭之间切换，有时甚至根本不会和近亲生活在一起。

在有选择的情况下，人们通常更愿意和自己的大家族住在一起，因为这样可以得到他们的支持和保护。戴布尔解释说："这并不是说个人不想和亲戚住在一起。只是如果每个人都尝试尽可能多和亲戚住在一起，就会限制社区之间联系的紧密程度。"这反过来也意味着，无论男人还是女人，都无法对和谁住在一起有更大的控制权。

在决策当中必然会涉及性别平等。"它对社会组织产生了诸如此类的变革效应。"

戴布尔相信，如果这种安排在我们的进化历史中稀松平常，那么就可以解释人类发展中的某些方面问题。"我们具有与非亲非故的人合作的能力，这与我们在其他灵长类动物中观察到的情况非常不同，那些动物对于同其他素未谋面的个体进行互动表现得非常警惕。"这一点对复杂社会来说极为重要。如果人们不能与非亲非故的人合作，那么我们所谓的文明也就不可能存在。亚利桑那州立大学的人类学家金·希尔及其同事在2014年发表于《公共科学图书馆·综合》期刊上的一项研究证实，狩猎－采集者的确会与他人进行广泛的互动。他们自己收集了来自巴拉圭东部阿契族和坦桑尼亚哈扎族部落的数据，这些数据表明，一个人在一生当中的社交范围可以多达一千人。相比之下，一只雄性黑猩猩大约只会和20只其他雄性互动。

这一切都表明一种可能性，阿格塔人和俾格米人的生活方式在我们的过去很平常。在母系社会中，女性掌握着权力的缰绳，历史调查或许未能解释母系社会存在的有力证据，但这并不意味着人与人之间不是平等的。梅尔文·康纳（Melvin Konner）是亚特兰大埃默里大学的人类学教授，他多年来一直在非洲的狩猎－采集者部落从事田野研究。康纳也赞同："现在一个普遍的共识是，狩猎-采集者社群虽然在人人平等上不是完美的，却存在着相对较少的不平等情况，尤其是涉及性别平等问题时。"他说，在他所研究的社群中，成员角色的专业化程度较低。那里没有商人、牧师或政府之类的机制。"由于社群范围的动态性，男性不可能将女性排除在外……两性之间的参与比例，即便不是五五分，女性贡献给社群的时间比例也占到30%～40%。"

如果阿格塔女性在如此长的历史时期内坚持狩猎，而其他部落更早地放弃了此类活动，那么其中一个原因可能是他们的环境。比昂·格里芬说，吕宋岛的热带雨林相比南美洲等世界其他地区，大型危险动物更少。迈克尔·古尔文和金·希尔列举了女性不打猎的原因，他们认为，死亡的风险越高，她们就会越倾向于避免打猎。这对一个群体的整体生存非常重要，因为失去母亲对孩子来说比失去父亲更危险。在某些社会和环境中，狩猎不仅充满危险，而且每次出门都会让妇女远离部落许多天。如果这种文化在育儿或其他工作方面为女性提供的支持有限，那么女性可能根本无法像男性一样投入大量时间来完善自己的狩猎技能，这就会让她成为一个不那么有用的猎手。

比昂·格里芬告诉我，拒斥女性成为猎手的观念大多来自进化理论家，这些人无法接受做猎人和做母亲是可以相容的。但是，就他和阿格尼丝所知，在阿格塔人中间，狩猎似乎并未给孩子带来更大的风险。在一个食物极端匮乏的社会中，女猎手只会给每个人带来更多的食物。

曾经研究过澳大利亚女性狩猎－采集者的丽贝卡·布里格·伯德也认同这一点："在一个狩猎是一件在经济上富有生产性并是可预测之事的地方，没有理由阻止女性打猎。"她给我举的一个例子是梅里亚姆（Meriam），一个居住在托雷斯海峡群岛的澳大利亚土著群体。梅里亚姆人都是技能高超的水手。男人会将更多的时间花在去沙滩钓鱼上，希望能钓到一条大鱼或者稀有品种，而女人选择在鱼礁上收集贝类，因为这样做成功率更高。因此，女性在捕鱼的收获上比男性更稳定，有时甚至更高产。布里格·伯德说："大多数情况下，狩猎大型动物并不是一件非常有成果的事。我想，大部分时候，多数狩猎－采集者的主要维生手段是小型动物。而女性将会成为小型动物的主要收获者。"

来自同一片大陆的另一个例子是澳大利亚西部的一个土著部落马尔杜族（Martu），对该部落的居民来说，打猎几乎算是一项运动。追逐动物是女性尤其熟练的一项技能。布里格·伯德告诉我说："马尔杜女性最喜欢狩猎的猎物之一是野猫。狩猎野猫虽然收获不多，却是展示自身技能的绝佳机会。猎杀野猫的女性会名声大振。"狩猎通常在炎热的夏季进行。"马尔杜女子跟在野猫身后追跑，直到它们筋疲力尽。这种狩猎方式需要投入巨大的体力。"

即便是巴拉圭东部的阿契族，这个女性不参与狩猎的部落，也有证据表明如果她们愿意，也有能力参与其中。亚利桑那州立大学的进化人类学家安娜·玛格达莱娜·乌尔塔多（Ana Magdalena Hurtado）记录了阿契族女性如何充当男性猎手的"耳目"。她和同事曾经看到过阿契族妇女在狩猎时怀抱着一个婴儿。于是她们得出结论："阿契族女性具有狩猎的才能，但大多数时候会避免参与。"相反，她们的注意力必须放在其他工作上。

说到家庭和工作生活，似乎不存在任何生物学上的既定规则。虽然分娩和哺乳的现实无法改变，但文化和环境能够决定女性在自己身体能力的范围之内如何生活。

对于那些将自己的职业生涯时间花在家庭之外的人来说，记录这些冲击现有刻板观念的罕见人类社会，可能会改变他们的个人生活。在采访的最后，格里芬夫妇告诉我，在他们自己家中不存在性别分工，就像他们研究了这么多年的阿格塔人没有性别分工一样。"所以我现在要去做饭啦！"比昂大笑着挂断了这通来自菲律宾的电话。

而我却失望地意识到，今晚在伦敦家中做晚饭的是我。

挑剔而不忠贞

如果这个世界也属于我们，
如果我们相信自己能够
侥幸成功……女性欲望的
力量将会异常猛烈，
以至于社会不得不真正
考虑应对女性的欲求，
无论在床笫之间还是
世界之中。

娜奥米·沃尔夫（Naomi Wolf）：
《美貌的神话》（*The Beauty Myth*, 1990）

试想你正在大学校园里，一位陌生的异性缓缓向你走来。对方说："我在校园周围注意你很久了，发现你非常有魅力。"不知不觉间，这个神秘人已经把你带到了自己的房间，与你发生了关系。

这或许是世界上最没有创意的搭讪方式了，但如果这一招对你有效，那么依照相关的研究显示，几乎可以肯定你是一位男性。这一场景取自佛罗里达州立大学1978年的一项实验，该研究由心理学教授拉塞尔·克拉克（Russell Clark）和伊莱恩·哈特菲尔德（Elaine Hatfield）设计，旨在解决一场关于男性是否比女性更热衷于偶暂式性行为（casual sex）的课堂争论。实验方法很简单。他们从实验心理学班招募了一群年轻的志愿者，这些人外貌过得去，但也没有太大的性吸引力，这些志愿者在校园里接近他人，并重复使用相同的搭讪方法。这套搭讪方法最后会给出三个请求让对方选择其一：外出约会；去他们的公寓；或者直接和他们上床。

实验结果很明确。尽管男性和女性可能都会同意和陌生人约会，但没有一位女性答应和陌生人上床。而另一边，有3/4的男性愿意和他们完全不认识的女性发生关系。当心理学家在1982年重复这个实验时，研究结果几乎一模一样。依照他们的观察，女性经常被诸如此类的求爱方式吓到。其中一位女士惊呼："你有什么毛病？离我远点！"男性的表现却极为不同，他们甚至会在拒绝对方时道歉。克拉克和哈特菲尔德指出："实际上，比起发生性关系，他们更不愿意接受约会邀请。"

虽然出版商觉得论文太过轻浮，但多年来他们一直努力让论文发表。该文最终在1989年的《心理学与人类性行为杂志》（*Journal of Psychology and Human Sexuality*）上以《性提议接受度的性别差异研究》（Gender Differences in Receptivity to Sexual Offers）为题发表，随即成为经典。毕竟这一研究明确证实了大家对性与性别所固有的看法。男人天生就是多偶性的，当他们被长期关系束缚时，就是在对抗自己的天性。女人天生是单配的，总是在寻找完美伴侣。

一些生物学家说，这种差别可以归结于两性想要的东西完全不同这一事实。他们陷入了无休无止的进化争斗当中，即雄性会不加区分地追逐所有雌性，以增加自己繁衍最多后代的机会；而雌性在小心翼翼地为她们的后代寻找最优秀父亲的过程中，试图躲避自己不感兴趣的雄性的关注。早在1871年，查尔斯·达尔文就在其名著《人类的由来》和《性的选择》（Selection in Relation to Sex）中，将这一发现写进了科学著作。

这种观念甚至在1948年的另一个配对实验中得到了验证。不过这次不是在人类身上，而是在水果腐烂时出现的一只不起眼的小苍蝇身上。

每当谈及繁衍问题，最容易研究的就是那些配对迅速、繁殖量丰富的物种。但人类不是其中之一。

安格斯·约翰·贝特曼（Angus John Bateman）是1948年在伦敦约翰·因尼斯园艺研究所（John Innes Horticultural Institute）工作的植物学家和遗传学家，他非常明智地选取了最常见的果蝇作为研究对象，这种生物生命力顽强，出生几天后就可以迅速发育达到性成熟，母蝇一次能产下数百只卵。果蝇之所以成为科学家最好的伙伴，是因为这一物种会发生基因突变，从而使得每一只果蝇都与下一只略微有所不同，区别在于它们所遗传到的特征，比如更卷曲的翅膀或更狭窄的眼睛等。通过追踪这些差异，贝特曼得以可靠地辨识出哪些父母属于哪种果蝇。由此，他就会知道哪些果蝇交配成功了。

像哈特菲尔德和克拉克的实验一样，贝特曼的实验也很简单。他挑选出三到五只成熟的雌性果蝇和同样数量的成熟雄性果蝇，然后观察它们在交配活动中的表现。他发现，1/5的雄蝇无法生育后代，相比之下，只有4%的雌蝇无法生育后代。尽管如此，繁殖最成功的雄蝇所生育的后代数量，接近最成功的雌蝇的三倍。每一只雌蝇都大受欢迎，但最不成功的雄蝇却屡被拒绝。这便证实了达尔文长期以来的理论，即在此类物种中，雄性配偶更多，更不挑剔，而雌性更挑剔，也远比雄性专一。

贝特曼写道："达尔文认为，一般来说，雄性渴望与所有雌性交配，雌性虽然被动，但会做出自己的选择。"基于他对果蝇的研究，"似乎规律也是如此"。

达尔文推断，当一种性别必须竞争配偶时，该性别进化出另一种性别所欲求的特征的压力就会更大。同样，他们也需要足够强大来击败竞争对手。达尔文将此类进化过程称为"性的选择"。他的观察表明，雄性面对的压力要比雌性大得多。这就解释了为什么包括人类在内的一些物种，雄性往往比雌性更高大强壮。同时也解释了像雄性狮子的鬃毛和孔雀华丽的蓝绿色羽毛这样的自然界奇异现象。除了吸引异性之外，似乎找不到其他任何理由来解释狮子为什么需要鬃毛，或者孔雀为什么需要如此笨重的精美羽毛。

贝特曼写道："雄性总是有一股毫不挑剔的渴望，而雌性有一种挑剔的被动性。"他的果蝇实验强化了达尔文的理论，即性选择行为对雄性的影响比雌性更大。有些雄蝇繁殖能力很强，有些则没有后代（这并不是因为它们不想尝试）。竞争如此激烈，少部分果蝇表现得比其他同类好得多。与此同时，雌蝇似乎对它们可以选择自己想要的雄性感到满意，它们看起来没什么压力。按照贝特曼的说法，事实上有极少数雌性果蝇，如果没有找到自己喜欢的对象，她们甚至愿意暂时放弃交配。

贝特曼基于对果蝇的观察，将结论推演到了包括人类在内的其他物种，这一研究将会重新激发科学对性选择理论的兴趣。但人们的兴趣并没有立即被点燃。他的论文沉寂了几十年。其后贝特曼再未写过关于性选择的文章。直到24年之后，他的果蝇实验才最终经由一位名叫罗伯特·特里弗斯的年轻研究员的推广为大众所熟知。

特里弗斯在着手写作时已经74岁，作为一名生物学家，他有着多姿多彩的人生。

他的个人网站上宣传着自己的自传［这本自传恰如其分地被命名为"野性生活"（*Wild Life*）］，书中说他坐过牢，他在牙买加成立过一个武装团体来保护同性恋者免受暴力，他曾经帮助从事革命的黑豹党[1]运动创始人之一驾车逃亡……也正是他，曾经和一个记者说，萨拉·赫迪应该专心做一个母亲，而不是从事作为生物学家的职业生涯。

如今，特里弗斯住在自己在牙买加购置的一处乡村庄园里。当我采访他时，他告诉我，自己和工人住在一个被称为"男人城"的地方，因为周围没有女性。我问他现在在哪里工作，他说正和自己的雇主新泽西州的罗格斯大学处于纠纷当中。

无论生活多么狂野，特里弗斯仍然被认为是世界上最有影响力的进化生物学家之一，尤其是因为他在职业生涯早期发展出的各种理论。1972年，特里弗斯发表了一篇关于安格斯·贝特曼1948年果蝇实验的论文，这篇论文被研究人员至少引用了11000次，这篇题为"亲代投资与性选择"（Parental Investment and Sexual Selection）的文章，从根本上塑造了今天的研究者对性选择的理解。

特里弗斯当时是哈佛大学的一名年轻研究员，当他的一位导师建议他查阅贝特曼的著作时，他正在琢磨窗

1　黑豹党（Black Panther）是20世纪六七十年代活跃在美国的激进黑人社团。——译者注

外交配的鸽子。那一天他记得很清楚。特里弗斯来到博物馆影印贝特曼的研究，"我的裤裆紧贴在复印机的一侧"，他带着低沉的笑声对我说，一读到这篇文章，"我立即有一种茅塞顿开的感觉"。这成为他职业生涯的一个转折点。

特里弗斯意识到，雌性在选择伴侣时必须要比雄性更挑剔，更专一，因为如果她们做出错误选择会损失更大。以人类为例：男性会产生不计其数的精子，所以他们不需要在孩子身上做亲代投资；而女性一次最多只能受精几个卵子，接下来是九月怀胎和多年的哺乳和育儿期。"稍加思考，这个逻辑就很容易理清楚。我们知道，女性要花很多时间才能产生两颗卵子，而男性每天随时可以射精，这件事对他们而言是微不足道的。给学生上课时，有时我会指出，在最近这一小时，这间教室里的每一颗睾丸都能产生一亿个精子。而绝大多数精子都无处可去。"

1972年，特里弗斯在关于贝特曼观察果蝇的论文中写道："雌性果蝇的繁殖成功率在首次交配后并未增加多少，第二次交配后则完全没有增加。"他认为，雌性果蝇除了让自己的腰带多几个孔没有任何好处。[2] 一只雄性足以让

2　雄性果蝇一般身长约3毫米，但是它们一条精子的长度就能达到6毫米。所以在交配过后，果蝇的精子会在雌性体内缠绕起来，塞满整个身体，使雌性果蝇腰腹变得很大。——译者注

雌性怀孕，一旦怀孕，她也就不能再受孕了。"大多数雌性动物都会不止一次或两次地表现出对交配不感兴趣。"

这意味着当亲代投资改变时，性行为也可能改变。在父亲也会更多地参与育儿的一夫一妻制物种中，这些规则在理论上就会发生逆转。雄性在孩子身上投入的时间和精力越多，他们对伴侣的选择就越挑剔，雌性就会越需要具备吸引雄性的竞争力。实际上，在某些一夫一妻制的鸟类当中，是雌性在追求雄性。

当然，在人类中，许多男性都是可靠的父亲，他们在抚育孩子上的投入和母亲一样多。但是，贝特曼并不相信作为一个参与育儿的父亲和丈夫就必然会改变一个男人潜在的全部性本能。他写道，即使在一夫一妻制的物种中，雄性和雌性的数量基本相当，原有的性行为模式，即不挑剔的饥渴雄性和挑剔的被动雌性"可能会作为一种传统保持下来"。在贝特曼的论文发表24年之后，特里弗斯在自己的文章中提出："在性选择过程中，如果是雄性更深入地参与育儿的物种，那么他们可能会将混合型策略作为雄性的最佳路线，即帮助单个雌性养育后代，同时不放弃与自己并不会协助其抚育的其他雌性进行交配的机会。"

换言之，他的意思是说，男性不太可能会逃脱偷情这种进化本能。

"……听上去有性别歧视的意味并不是禁止一个理论的正当理由。"

《花花公子》(*Playboy*)杂志1978年8月号刊登了一则耸人听闻的故事。杂志的封面扬言道:"男人需要背着自己的女人偷情吗? 新的科学研究说需要。"在这个煽动性的标题旁边是一张照片,这张照片巧妙地展示了一位穿着白色吊带裙和系带高跟鞋的模特,俨然向读者传达出性感女秘书的形象。她正站在自己的老板身上,便笺和笔随意地散落在地板上。

罗伯特·特里弗斯论文的发表,不仅成为科学家理解性行为方式的分水岭,也标志着街头的饮食男女对这一问题的理解发生了变化。为了迎接20世纪而翻新的性选择理论,迅速成为解释男女关系习惯的工具。贝特曼的理论几乎一度被遗忘,但后来却完全变成一套金科玉律,获得了数百次的引用,人们把它看作一块顽石。如今在这块石头上镌刻着性别差异整个领域的研究工作。

1979年,现为加州大学圣巴巴拉分校名誉教授的著名人类学家唐·西蒙斯(Don Symons)在其开创性的著作《人类性行为的进化》(*The Evolution of Human Sexuality*)中强调了这样一种观点,即男人追求新奇的性;而女人追求稳定的一夫一妻制关系,"在最低限度的亲代投资以及繁衍的机会和限制中所表现出来的巨大性别差异，解释了为什么智人，一个在结构上只有温和性别差异的物种，会在心理上表现出深刻的性别差异"。西蒙斯提出的其中一个理论是说，女性的性高潮不是一种进化适应，而是男性性高潮的副产品，就好像男性的乳头是女性乳头的进化残余一样。他暗示，如果女性确实能够体验到性高潮，那也不过是一次幸运的生物学意外。

普林斯顿高等研究院的克利福德·格尔茨（Clifford Geertz）当时是一位名不见经传的批评家，他在《纽约书评》（*New York Review of Books*）中用一句老话总结了西蒙斯的著作："男男女女，男男女女，女人一夫一妻；男男女女，男男女女，男人一夫多妻。"

尽管存在此类质疑，在其著作出版的几十年间，这仍然成为科学界的主流。罗伯特·特里弗斯的研究通过将人类行为进一步引入进化生物学领域，有力推动了今天作为进化心理学的整个研究领域的形成。目前执教于得克萨斯大学奥斯汀分校的戴维·巴斯（David Buss）是该领域全球最著名的学者之一。他在1994年的著作《欲望的进化：人类的配对策略》（*The Evolution of Desire: Strategies of Human Mating*）中写道："由于男性和女性的欲望不同，他们展现出的气质也必然有所不同。"他还补充说，女人天生是一夫一妻制的动物，这一点是有道理的，"因为在进化的历史上，女性通常会借助单一配偶，而不是通过许多临时的性伴侣来为后代累积更多的资源"。

1998年，认知心理学家史蒂芬·平克在《纽约客》（*New Yorker*）的一篇文章中再次重申了这一看法。在这篇题为《本性难移》（Boys Will be Boys）的文章中，平克运用进化心理学为美国总统比尔·克林顿（Bill Clinton）辩护，当时克林顿与白宫实习生莫妮卡·莱温斯基（Monica Lewinsky）的绯闻刚刚公之于众："大多数人类欲望都可以用古老的达尔文理论解释。一个与50个女人发生关系的史前男子可能会是50个孩子的父亲，他的后代更有可能和他喜好相当。而一个和50个男人发生关系的女子，却不会比只和一个男人发生关系的女子有更多的后代。"平克将唐·西蒙斯的著作描述为"开天辟地的"，而将罗伯特·特里弗斯的著作视为"里程碑式的"。

当然，查尔斯·达尔文最初关于性选择的研究远远超出了性行为的范围。这不仅仅是关于配对习惯，而且涉及吸引异性的压力会如何对男性产生更大的影响，即通过迫使他们变得更具吸引力和更精明来影响自身的进化发展。达尔文在1871年的《人类的由来》中写道："男性和女性在智力上的主要区别在于，无论男性从事何种工作，都会达到比女性更高的成就……所以男性最终会优于女性。"

一个多世纪后，就连性选择理论中这个颇具争议的层面也复活了。2000年，新墨西哥州立大学的进化心理学家杰弗里·米勒（Geoffrey Miller）在探寻其所谓的"人类精神进化理论"的过程中，出版了一本名为"配对思维：性选择如何塑造人类本性的进化"（*The Mating Mind: How Sexual Choice Shaped the Evolution of Human Nature*）的著作。他写道，在我们的进化历史中，女性可能发展出一种偏爱更擅长唱歌或说话的男性的倾向性。如果男性更具创造性、更聪明或者更擅长唱歌、谈话，那就更具吸引力，在配对方面也会更加成功。米勒认为，通过与更聪明的男性配对，从而生育更聪明后代的这种"失稳过程"（runaway process），人类大脑得以迅速达到如今的大小。

米勒写道："雄性夜莺歌唱更多，雄性孔雀更善于展示优美的羽毛。在公共场合也多是男人在唱歌、讲话，创作更多的绘画和建筑。"随后他又补充说："男人写了更多的书，讲过更多的课程。课后问的问题也更多。男性主导着男女混合委员会的讨论。"他暗示说，男人擅长所有诸如此类的事务，因为他们进化得更好。

对于所有担心这种说法对女性有点不公平的人，米勒也给出了回应。他用老掉牙的借口告诫读者："在科学的游戏中，听上去有性别歧视的意味，并不是禁止一个理论的正当理由。"

"多性伴侣在雌性当中 特别特别常见。"

至少对人类而言，性选择理论的核心在于，它认为男性倾向于多性伴侣而且不挑剔，而女性极为挑剔且在性方面趋于被动。女人挑剔、贞洁。这一切都可以归结到安格斯·贝特曼的原则之下，就像1978年在佛罗里达州立大学的校园里，他的果蝇实验，以及克拉克和哈特菲尔德的人类实验所证明的那样。男人会和陌生人同床共枕，女人不会。

然而，并不是每个人都认同这一点。

今天，有大量研究与贝特曼的原则相悖。实际上，这些研究已经累积了几十年。萨拉·赫迪40年前对莫乌恩特阿布地区哈努曼长尾叶猴的研究表明，与多只雄猴交配会让雌猴从中获益，因为这样幼崽父亲的身份就会被混淆，从而降低幼崽被杀的可能性。在对冈比亚阿布科自然保护区（Abuko Nature Reserve）红疣猴的研究中，唐·斯塔林也描绘了雌性灵长类动物的性自信可以达到何种程度。她在2008年的《非洲地理》（*Africa Geo-graphic*）杂志上记录了一群她观察到的猴子："每当涉及性时，她们就变得极为果敢。每年都有几个月的时间，这片森林会被一群彪悍的雌猴占领，她们趾高气扬地展示自己的一切，引诱紧张的雄猴进入灌木丛交配。"

研究者在离人类较远的物种中也发现了雌性与多个雄性交配的类似证据。许多以前被认为是一夫一妻制的鸟类实际上并非如此。研究人员发现，雌性蓝知更鸟夜间会飞行相当长的距离，只是为了与其他雄性交配。关于小口蝶螈、灌木蟋蟀、黄松花栗鼠、土拨鼠和粉蚧的数据显示，所有这些物种的雌性在与更多雄性交配时，会有更高的繁殖成功率。

圣路易斯州密苏里大学的动物行为学家祖利玛·唐-马丁内斯（Zuleyma Tang-Martínez）说："这种现象非常普遍，有人甚至会说无处不在。雌性中的多性伴侣情况特别特别常见。"她告诉我，在研究生阶段，她曾经和所有人一样被贝特曼的逻辑说服了。"这是一个异常简单的观念。因为它契合了我们所具有的文化上的刻板印象，所以你才会买账。当我慢慢成熟，成为一名科学家，才开始提出问题，同时我发现与贝克曼不一致的证据浮现出来，于是开始更彻底地审视这些证据。"

唐-马丁内斯花了数年时间剖析围绕着贝特曼法则

的证据，并多次将自己的观点成文发表。她的结论是，证据的绝对重要性应该足以迫使科学家重新思考。事实上，她认为范式转变已经开始了。对女性性本质的科学理解已经扩展到能够更好地理解动物王国中真实多样性的程度。在许多物种中，雌性表现出主动、强力以及非常乐意与不止一只雄性配对的特征，远非只是被动、扭捏和一夫一妻制的生物。

不过，这种转变来得很缓慢，部分原因在于一路上阻力颇多。在1982年对萨拉·赫迪的著作《从未进化的女性》（*The Woman That Never Evolved*）一书的评论中（赫迪这本书给出了更多与腼腆、贞洁的女性形象相悖的证据），唐·西蒙斯尤其质疑了赫迪的观点，即对于莫乌恩特阿布地区的雌性长尾叶猴来说，进化可能会偏爱那些在性方面更自信、更有竞争力的雌性。西蒙斯轻蔑地写道："在兜售对雌性性本质的看法过程中，赫迪为这种本质的存在所提供的证据非常值得怀疑。"

按照赫迪的说法，针对像她这类立场的敌意并没有消失。她在1986年出版的《科学的女权主义进路》（*Feminist Approaches to Science*）一书中的一个章节中写道："如果不考虑相关研究人员的背景，包括性别，就不可能理解这段历史。"在对唐·西蒙斯关于人类性行为的著作的评论中，她将这种思维方式称为"来自19世纪的绅士风"。她认为，就像达尔文时代一样，科学家扭曲性选择理论的做法不仅对女性不公平，对事实也不公平。

赫迪对我说："性选择理论具有出色的洞察力，达尔文是完全正确的。问题在于这种理论过于狭窄，不能用它来解释一切。"祖利玛·唐–马丁内斯说，某些与贝特曼法则针锋相对的最有力证据甚至都不在其他物种当中，就在我们人类本身。她提醒我们："委婉地说，如果有任何我认为自己会极度不情愿说出口的话，那就是贝特曼的原则对人类的适用性。我认为那根本是个巨大的错误。"

加州大学洛杉矶分校的人类行为生态学家布鲁克·谢尔扎（Brooke Scelza）说："大约有一半的社会文化认为女性的不忠行为要么普遍，要么非常普遍。"在她的办公室角落里有一个玩具围栏，作为一个年轻的职场妈妈，我立即与她产生了共鸣。

也正是谢尔扎对女性的共情反过来让她具备了一份独特的洞察力，以此来考察自己所研究的世界各地的不同文化。其中就包括辛巴族（Himba），一个由纳米比亚北部部分游牧牧民组成的土著社会。辛巴族之所以对理解女性性行为的真实广度至关重要，是因为在性自由的光谱上，辛巴族女性处于光谱遥远的另一端。她们的文化对已婚女性与其他男性发生性关系持相当宽松的态度，在与谁发生性关系这件事上，辛巴族女性比世界上几乎任何地方的女性都具有更多的自主权和选择权。

谢尔扎对辛巴族女性的婚姻历史进行了采访，她发现这些妇女会告诉她哪些孩子属于自己的丈夫，但是会用当地的语言"omaka"称呼她们生的其他孩子。谢尔扎解释说："这个词的意思是：你是从其他地方取来的水。所以是一种委婉的说法。基本上，这是一个她们用来描述非婚或婚外生育子女的词。"丈夫也会非常公开地承认他们认为哪些孩子是妻子和自己生的，哪些是妻子和其他人所生。

谢尔扎说，虽然没有理由认为辛巴族男子和女子不会感到妒忌，但他们的文化规范是女子和男子一样，婚外情是可以被接受的，而且丈夫也不得不接受。这便极大地挑战了安格斯·贝特曼的理论，即女性对性没有渴望，她们不会同时想要一个以上的性伴侣。

2010年，当谢尔扎刚开始在辛巴部落从事田野调查时，当地妇女会问他，为什么没有男人去她的小木屋里。"'嗯，我说，你知道，我结婚了。'她们接着说，'对，对，可是结婚也没关系。你丈夫又不在这里。'于是我尝试向她们解释，我们是由于彼此相爱才结婚，因为我觉得这样她们就会理解。但她们说，'这有什么关系，没事的，完

第六章
挑剔而不忠贞

245

全可以。他又不会知道，你可以做。'她们对爱情与性有着截然不同的观念。一方面说出我真实地爱着自己的丈夫，但另一方面当他不在身边时，我仍然会和其他人发生性关系，这样说完全理所当然。对辛巴族妇女来说，这不是什么罪过。"

1972年，罗伯特·特里弗斯在关于贝特曼果蝇实验的论文中说，女性这样做从进化的角度来看得不到任何好处。一位男性就可以让女性怀孕，这标志着她的生殖能力到了极限。更多的情人并不能帮助她更成功地生育后代。但是，谢尔扎发现，在辛巴族人当中，事实并非如此："事实证明，婚外情生育子女实际上对族群整体的繁衍大有益处。"

目前她仍然在搜集数据，弄清楚这种现象的原因所在。或许这只是一种随机的关联，可能是因为最具生育能力和最优秀的女性，无论如何都会有更多的孩子，吸引到更多的伴侣。当然，另一个因素在于，并不是每个男人都像"下一个"一样具有更好的生育能力或者是一个更好父亲。但她补充说，随着女性与更多男性发生关系，出生率和婴儿存活率可能会上升还有其他的原因。例如，在经济上，多性伴侣可以带来更多的资源或更多的保护。

另一点在于性的匹配性。在辛巴族当中，包办婚姻颇为常见，这意味着女性并不总是能与自己心仪的伴侣结婚。婚外情通过使她们在家里有一个忠诚、可靠的丈夫，在家外有一个或多个在性方面相匹配的情人，为她们提供了一个变通的方法。

有一些研究表明，至少在其他物种中，当雌性选择她想要的雄性时，她的后代更有可能存活。1999年，在美国动物行为学会（Animal Behavior Society）的年会上，当时在美国阿森斯佐治亚大学的帕特里夏·格瓦蒂（Patricia Gowaty）和马尼托巴三角洲水禽与湿地研究站的辛西娅·布卢姆（Cynthia Bluhm）报告了这种效应在雌性野鸭中的存在。虽然绿头鸭成群结队，但雄性经常恶意骚扰雌性，迫使对方与之交配。格瓦蒂和布卢姆在接受《科学新闻》（Science News）采访时表示，当允许一只母鸭在不受骚扰的情况下自愿选择伴侣时，她所生育的小鸭成活得更好。格瓦蒂与另一个团队合作，对家鼠进行研究也发现了类似的结果。

然而，辛巴族只是人类行为光谱中的一环而已。辛巴族妇女之所以拥有性自由，部分原因在于她们的社会组织方式与众不同。妇女在结婚后与母亲和娘家保持密切联系，这使得她们更容易在没有反对和控制的前提下离开丈夫，做自己想做的事。此外，财富不是从父亲传给子女，而是从兄弟传给兄弟或传给姐妹的儿子，这意味着，男性可能不太关心孩子到底是不是自己的。无论是谁继承了自己的牛，都可以保证是一位遗传近亲。

2013年，谢尔扎在《进化人类学》杂志上发表了《挑剔而不忠贞：女性中的多性伴侣研究》（Choosy But Not Chaste: Multiple Mating in Human Females）一文，并在文中列举了其他几个女性拥有不止一个性伴侣的地区。中国的摩梭人是世界上少数几个女性掌管家庭和财产，并将其传给女孩继承的部族之一，他们还实行所谓的"走婚"制度。摩梭妇女只要自己愿意，便可以拥有任意多的性伴侣。她选择的情人只是在晚上来到她的房间，第二天早上离开。摩梭人的不同之处在于，传统上，男人不会为他们的孩子提供太多经济或社会支持。

同样，在另一些小规模的社群中，女性对家庭的贡献越大，往往就会有更多的性自由。谢尔扎指出，在美国，"由于高监禁率和高失业率，在男性提供家庭资源的可靠性较低的分组人口（sub-population）中，女性亲属给予了重要的帮助和情感支持，因此阶段性的一夫一妻制婚姻模式很常见"。

另一个例子是在南美洲，一些与世隔绝的社会实行可分式亲子关系，他们相信一个婴儿可能会有不止一个父亲。密苏里大学哥伦比亚分校的罗伯特·沃克和马克·弗林以及亚利桑那州立大学的金·希尔曾在2010年发表于《美国国家科学院院刊》上的一篇文章中写道：

"在全部可分式亲子关系光谱的顶端中，几乎所有的后代都声称拥有多个共同父亲，婚外情很正常，性玩笑也不足为怪。"

圣安德鲁斯大学的吉利恩·布朗（Gillian Brown）和凯文·莱兰（Kevin Laland）以及加州大学戴维斯分校的莫妮克·博格霍夫·马尔德（Monique Borgerhoff Mulder）在追踪了世界各地（包括芬兰、伊朗、巴西和马里等）人口的生育成功率后，同样发现了巨大的差异。他们在2009年发表于《生态学与进化动态》（*Trends in Ecology and Evolution*）上的论文中说，这些数据"与贝特曼所设想的一般性别角色并不一致"。

谢尔扎说，所有这些都戳破了女性在生物学意义上是害羞和贞洁的这种模型。同与自己性文化迥然有异的辛巴族人一起工作让她明白，男女在两性关系中的行为规则更多地与社会有关，而不是与生物有关。辛巴族不是一个另类种族，只是在文化上不同而已。"在这种社会中，并非他们得不到爱，也不是性取代了爱。他们会感到妒忌，但现有的文化规范阻止了男性按照妒忌心行事。比如说，如果某个男人做出了殴打妻子或诸如此类的事情（这在世界某些地方是完全可以接受的反应），他就会遭到反抗。最终他可能不得不支付赔偿，还会因此受到惩罚。"

谢尔扎说，如果说在性行为方面有何不同的话，那就是辛巴族妇女比男性更挑剔。"我认为这些妇女还是很挑剔的，但挑剔并不意味着只有一个性伴侣，而且要和他们一辈子待在一起。"

所有这些证据将安格斯·贝特曼珍视的原则，以及追随这一原则的理论抛向了何处？

随着越来越多的证据出现，研究人员开始进一步质疑女性通常比男性更被动、更忠贞的科学正统观念。就连1978年佛罗里达州立大学的著名实验被重复了一遍之后——该实验曾发现男性远比女性更容易与陌生人随意发生性关系——也得到了令人惊讶的结果。

德国美因茨的约翰内斯·古腾堡大学的心理学家安德烈亚斯·巴拉诺夫斯基（Andreas Baranowski）说："我觉得事情不尽然如此。"2013年夏，他和同事海科·黑希特（Heiko Hecht）决定重启克拉克和哈特菲尔德的开创性研究，这一次他们控制了被认为可能会影响最初实验结果的若干因素。巴拉诺夫斯基和同事的驱动力来自他们个人对约会和性爱的观察。他们本能地不相信佛罗里达州立大学的实验捕捉到了女性性行为的真实光谱。巴拉诺夫斯基对我说："这不是我在德国或欧洲的一般经验。其他同事和朋友也是如此。女性朋友们会和我诉说她们如何与男性搭讪以及发生性关系的故事，而这些在数据中根本没有体现出来。所以这多少有点奇怪。"

巴拉诺夫斯基和黑希特怀疑，女性可能有许多合理的理由拒绝与一个陌生人发生性关系，包括如此随意就被搭讪成功的社会污名，以及更明显的，可能会被袭击的风险等。他们在2015年发表于《性行为档案》(*Archives of Sexual Behavior*) 的论文中写道："我们想知道在自然环境之下，比如鸡尾酒会上，以及更安全的环境设定，比如实验室中，最初的研究发现如何能经得起推敲。"为了不偏离最初的实验太远，他们在大学校园和酒吧里展开了实验。

在每一个地点，他们都得到了与克拉克和哈特菲尔德相当类似的结果，即同意约会的男生比女生多一些，同意发生关系的男生也多得多。然而，在两种情形当中，男生都不像佛罗里达实验中那般热衷于约会或发生关系。这虽然不能证明克拉克和哈特菲尔德弄错了，但确实说明不同的地点和时间会带来不同的效果。

这种结果对于表明两性之间并不存在一种典型的行为方式也很重要。最初的实验不具代表性。巴拉诺夫斯基说："最初的实验是单一维度的，仅仅代表了20世纪70年代美国大学约会市场的情况。我毫不怀疑在当时的实验中，他们所采取的实验方法是适当的，当然如此。他们在实验中的所作所为，只是当时时代的一个缩影。"

关于巴拉诺夫斯基和黑希特的数据，真正有趣的地方在实验室当中。他们希望自己的被试相信是现实中的人在邀请他们参与普通约会，所以实验人员在对约会进行研究的基础上炮制了一场精心策划的计谋。首先为每个被试展示十张陌生异性的照片，告诉他们所有这些人都想和被试约会，或者尤为想和他们见面发生性关系。如果他们同意见面，就安排二人在安全环境中相见，而巴拉诺夫斯基和黑希特的团队会拍摄两人见面时的前半段情景。

实验过程中，所有男性都同意出去约会，也同意与照片中至少一位女性发生性关系。而在女性被试方面，有97%同意约会。巴拉诺夫斯基说，这与第一次实验的结果不同，"几乎所有的女性都同意发生性关系"。

他们在论文中写道，实验证明，在一个没有威胁的环境中，性别差异其实非常小。在佛罗里达的实验中，让女性感到犹豫的或许并非生物因素，而是其他原因，最有可能的是社会和文化原因，比如对暴力的恐惧或者道德双重标准。但是，巴拉诺夫斯基和黑希特在实验室环境中注意到的一个性别差异是，在他们所提供的照片中，女性挑选出的性伴侣相对较少。正如谢尔扎在纳米比亚的辛巴族人中发现的那样，女性比男性更挑剔，却不是忠贞不二的。

"我们不能只是继续假装一切都好。"

现为加州大学洛杉矶分校教授的帕特里夏·格瓦蒂说:"诸如贝特曼法则之类的东西,对我而言实际上毫无意义。"

我们当时正坐在格瓦蒂家的露天庭院里,这栋房地处托邦加山上。坐落于洛杉矶市宽广的州立公园内。我们被野生动物包围着。在我们会面时,一只野鹿曾在附近游荡。格瓦蒂是动物专家、进化生物学家,也是一名激进分子。在她的职业生涯中,有50年的时间都在试图通过挑战性别歧视的基本假设将其清除到自己的研究领域之外。她最著名的目标就是安格斯·贝特曼1948年对果蝇所做的实验。

她对我说:"我在成为一位科学家的同时,也成了一名女权主义者。"格瓦蒂的女权主义意识从未减弱。女权主义现在对她的影响丝毫不亚于第一份工作,当时是1967年,她的第一份工作在纽约布朗克斯动物园的教育部门里。"20世纪60年代末,在全国各地都有一些团体聚集在一起增强女权意识。增强女权意识的想法只是进行交谈,以及将增强意识的观念与当时兴起的女权主义联系起来。"通过这样的讨论，她开始明白历史上的女性，包括自己的母亲是如何被束缚的。她们的成就是在逆境中取得的。她告诉我："我们这一代有许多女性都用自己姓名的首字母缩写来隐藏性别。"

就像同时代的萨拉·赫迪和阿德里安娜·齐尔曼一样，进化生物学忽视和误解女性的状况让格瓦蒂颇为愤怒。最让她难以忍受的就是某些主张之下暗藏的贝特曼原则。她花了30年的时间研究东方知更鸟的配对行为，当她在20世纪70年代证明雌性蓝知更鸟会飞行很远与不是自己伴侣的雄性交配时，根本没人相信她的研究。她的男同事完全不接受，而是告诉她，雌鸟一定是被强奸的。

她说："我认为贝特曼原则的作用之一是模糊了雌性的多样性。好像忽然之间，雌性已经没什么值得好奇的了。这是让我感到困扰的事情之一。我觉得其中存在着性别歧视，而且已经成为某种信条之类的东西。"

格瓦蒂明白，任何科学实验的最终检验都依赖其自身的可复制能力。因此，20世纪90年代，在仔细研究了贝特曼的论文之后，她决定重复这个实验。她和自己在佐治亚大学的同事丽贝卡·史坦尼肯（Rebecca Steinichen）、怀亚特·安德森（Wyatt Anderson）一起发现了她们与贝特曼之间的根本分歧。她们在2002年发表于《进化》（*Evolution*）期刊上的文章中写道："我们观察了小瓶中的雌性果蝇和雄性果蝇在相互接触的前五分钟里的动作。视频记录显示，雌性朝向雄性的频率，与雄性朝向雌性的频率一样高，我们推断雌性对雄性就像雄性对她们一样感兴趣。"

就此引发的难题在于，贝特曼是如何想方设法在自己的果蝇身上看到他所主张的东西的。随着研究的深入，格瓦蒂很快注意到贝特曼实验中存在的问题。随后在2012年，她与来自佐治亚大学的研究人员金永奎（Yong-Kyu Kin，音译）和怀亚特·安德森在《美国国家科学院院刊》上发表的论文中写道："贝特曼的方法过高估计了没有配偶的实验对象，过低估计了一个或多个配偶的实验对象，并且在估算按照性别分布的后代数量时产生了系统性偏差。"她们声称，贝特曼将雌性果蝇算作亲本的次数要比雄性果蝇少，这在生物学上是不可能的，因为繁殖需要两方同时参与。

另一个错误是，由于贝特曼需要自己的果蝇基因突变，这样他才能从受到存活率影响的后代中识别出其父母。一只具有两种严重削弱性突变的果蝇，比如令人不适的小眼睛和变形的翅膀，可能在贝特曼将其计算在内之前就已经死掉了。这样做必然会扭曲他的实验结果。

格瓦蒂宣称，实验错误如此明显，说明贝特曼的论文也只有在期刊编辑并没有真的读过的情况下才可能发表，而编辑是应当检查错误的。科学研究无法重复不是小事。通常情况下，这会为最初的实验埋下疑问。而对于像贝特曼这样重要的实验来说，这些问题应当引发极大的关注。

然而，对于格瓦蒂的研究发现，人们的反应褒贬不一。她告诉我："许多人对此感到兴奋，另一些人感到很生气……他们就像疯了一样。"当我发邮件询问唐·西蒙对于格瓦蒂未能重复贝特曼的实验发现有何看法时，他告诉我自己并未读过她的论文。而当我进一步问他对于雌性多性伴侣证据的一般看法时，他却说，出于个人原因，他不能再回答我的问题了。

此外，我还咨询了罗伯特·特里弗斯对此的反应，毕竟是他在1972年让贝特曼的论文为大众所熟知。他在电话另一端的牙买加用特有的生动方式对我说："我担心你会问我这个问题。我还没读过这篇大名鼎鼎的论文。"他答应会为我读一读，但过了几个星期，他还是没有抽出时间仔细阅读。最后他通过电子邮件告诉我："鉴于佩蒂[3]是一位谨慎的科学家，我偏向于她是正确的。"但他又补充说，即便如此，对其他物种的研究（包括他自己对牙买加

3　Patty，特里弗斯对格瓦蒂的昵称。——译者注

巨蜥的研究）却强化了贝特曼原则。随后他给我寄来一篇几个月前发表在《科学先端》(Science Advances)期刊上的论文，作者是欧洲和美国的一组研究人员。这篇论文综述了超过一个世纪的动物数据样本，得出结论："过去150多年来，性选择研究的前提并非错误，而是有效的，它为雄性和雌性之间的性别差异提供了有力的解读。"

对格瓦蒂来说，这还不够。此类研究从动物王国中挑选出那些刚好符合贝特曼原则的案例，对大量存在的不一致之处视而不见（似乎也包括果蝇）。如果矛盾性的证据分量足够，就应当质疑基础理论。如果有诸多例外存在，所谓的原则就不能称为原则。问题在于，贝特曼和特里弗斯的观念似乎拥有自己的生命，这些研究发现对他们而言似乎没有多大影响。格瓦蒂说："我觉得人们紧紧抓住贝特曼原则不放。他们说，不管数据正确与否，这个原则都会成立。"

由于西蒙斯和特里弗斯等著名科学家在格瓦蒂的论文发表时都没有阅读过，因此，这就使得她更难让更广泛的科学共同体了解她的研究发现。唐－马丁内斯说："我发现这非常奇怪。当这样的论文发表时，你会认为对这个话题感兴趣的人会阅读它，无论他们对哪一方的立场感兴趣，或者倾向于认同哪一方。我自己会试着阅读不认同我立场的那些人的论文。无法想象有人会说，'哦，我根本不想花时间去读它'。对我来说，采取这种态度几乎是对一位科学家同行的侮辱。"

对格瓦蒂而言，这不仅是一种职业挫败感："我认为，我们无视其他替代选项，与我们致力于寻找性别差异有关。性别差异研究的一般准则是关于性别角色和性别角色的起源，以及可能会强化它们的适当差异。为了做出可靠的推论，这些论点是我们真正需要去理解的。我刚好认为这一准则具有缺陷，原因在于它从性别差异出发来预测其他的性别差异。这是一种本质主义。进化生物学中许多关于性别差异的理论都不是基础理论。这些理论颇为虚张声势。"

这不是说贝特曼完全错了，只是他并非完全正确而已。如果我们今天来评断他的原则，似乎连裁判都不需要。唐－马丁内斯说："我当然知道会有一些物种符合这种模式。"在2016年发表于《性学研究期刊》（*Journal of Sex Research*）的一篇证据评论中，她列举了红背蜘蛛、海龙和豆虫作为支持贝特曼假说的生物实例："我确实认为，鉴于一路走来所有证据的数量，从男性的亲代投资到精子和精液成本，整个此类观念最初的基础，我们都必须要重新思考。我们不能光顾着向前走，假装一切相安无事，假装我们仍然可以将贝特曼原则应用于所有物种上。"

她将贝特曼原则描绘成一个盒子。随着时间的推移，似乎越来越少的物种——包括人类——适合这个盒子。实际上，我们可以说，如果有证据表明雌性并非天生忠贞或害羞，那么这个原则就是某些雄性为了让雌性保持忠诚而长期固守的东西罢了。

罗伯特·特里弗斯对我说："让我给你讲一件鸟类的逸事吧。"

那已经是他研究生时代的事了，当时他正看着三楼窗外水沟里的鸽子。冬天，鸟儿会成群结队挤在一起取暖。"在冬天你会看到它们两对儿紧挨着坐在一起。这些鸟可能会在12月交配，但不会繁殖，相信我。整个冬天它们都不会交配，只是待在一起，它们打算春天繁殖期一到就马上交配。"

对雄性来说，问题在于如何确保自己的伴侣不会被其他雄性占有。特里弗斯把自己想象成一只雄鸽。他解释说："如果你让四只鸽子坐在一起，那么雄鸽就会坐在里边，即便他们是更具攻击性的性别。我会坐在中间，右侧是其他雄性，左侧是我的雌性伴侣。与此同时，另一只雄鸽会让雌性伴侣坐在他的右侧。这样一来，我们两只雄鸽晚上都可以安睡了。因为我们在其他雄性和自己的雌性伴侣中间。"这种安排意味着每只雄鸽都可以保护自己的雌鸽免受其他雄鸽不必要的关注。

但是，当另一对鸽子夫妇加入这个组合当中时，就会出现两难的局面。三雄三雌，事情变得复杂了。特里弗斯说："现在就不可能存在每只雄鸽坐在自己的雌鸽伴侣和其他雄鸽之间这种座位安排了。所以此时的座位安排是外侧各两只鸽子，最左侧的雄鸽和最右侧的雄鸽，他们的伴侣分别在他们的外侧。因此，他们以这种方式阻止自己的伴侣与其他雄鸽接触。"这种境况让这只雄鸽进退两难。"现在处于中间的雄鸽怎样了？他要怎么做呢？他的做法是啄咬自己的伴侣，强迫她睡在离自己喜欢的座位有几英寸高的斜屋顶上，因为原来她选的位置在排水槽旁边，两侧各有一只雄鸽。"雄鸽强迫自己的伴侣不舒服地独自坐在冷风里。

特里弗斯在学生时代有时候会工作到凌晨三点。"半夜一点半的时候，我会听到一些类似'呜呼'的声音，抬头望去，哈哈！雄鸽已经睡着了，而雌鸽又爬回原来那个舒适的位置上，她更喜欢在那里过夜。雄鸽醒过来看到雌鸽在那，就会再次把她啄回原来那个不舒服的位置上！性不安和偶外交配的风险如此强烈，足以促使能够强迫自己的伴侣付出代价。"

这种现象可能看起来很奇怪，因为从人类的角度来看是相当残忍的，但它在许多物种，包括我们人类当中却很常见。人们称之为"保卫配偶"（mate-guarding），在理解雄性与雌性之间的亲密关系以及权力的平衡时，这是谜题中至关重要的一环。尽管这样做会为雄鸽带来损害，他的伴侣在冬天如此痛苦，会让她在春天需要繁殖和照顾后代时精力更少，但这些并没有阻止雄鸽将雌鸽从其他雄性身边推开。更重要的是，他不会将伴侣丢给另一只雄鸽，哪怕是一小会儿。

对特里弗斯来说，这是雄性为了雌性而进行激烈竞争的有力证据。但从不同的角度来看，这也从另一个维度揭示出查尔斯·达尔文和安格斯·贝特曼的潜在假设。雄性的性妒忌、对伴侣出轨的恐惧，以及以如此恶毒的方式捍卫配偶，说明雌性根本不是天生忠贞和被动的。如果是的话，那么她们的伴侣为什么会费尽心机阻止她们接近其他异性呢？

第七章

为什么要由男人统治

不能因为女人总是被征服，
就说她们在本质上
不如男人。

玛丽·沃斯通克拉夫特（Wary Wollstanecraft），
《女权辩护》（*A Vindication of the Rights of Woman*, 1792）

"是我自己请求妈妈为我施行割礼的"，希博·沃尔德（Hibo Wardere）说。她是一名来自索马里摩加迪沙的46岁妇女。我们当时正坐在伦敦东部一家昏暗的小咖啡馆里，她现在就居住在伦敦。希博回忆，当时她只有6岁，根本不清楚自己的请求意味着什么，但是其他女孩都在嘲笑她是最后一个没有行割礼的女孩，她们说她很脏、很臭，所以她恳求母亲给她做这个小手术，一个她小时候并不知道会给自己带来难以想象的痛苦和终身创伤的手术。这就是女性外生殖器切割术。

为小女孩行割礼是索马里的传统。希博说，有一种信仰认为，这种习俗可以追溯到古埃及，当时男性奴隶在去法老家工作之前通常会被阉割。如今，这在非洲大片地区和中东的几个角落中还很普遍。情况最为严重的国家包括埃及、苏丹、马里和埃塞俄比亚，还有索马里，那里的女孩几乎没有一个能逃脱刀口。联合国世界卫生组织估计，在阉割状况最严重的那些国家中，今天有超过1.25亿在世的妇女和女孩经历过女性外生殖器切割术，几乎所有人都是在15岁之前成为受害者的。

割礼本身可能采取多种可怕的方式进行。但最常见的割礼分为三类。第一种是部分或全部切除阴蒂；第二种除了切除阴蒂之外，还要部分或全部切除阴道口两侧较小的内皱襞；第三种通过切割和密封阴道两侧的褶皱来大幅度缩小阴道的入口，就像一双嘴唇被切开再缝合一样。最后一种类型被称为阴部扣锁（infibulation），是三种类型中最具破坏性的，女性只剩下一个微小的间隙来小便和排出月经流体。这个缝隙如此之小，当她们在性行为或分娩之前甚至必须要将其切开。

希博所遭受的正是阴部扣锁。

虽然事情已经过去40年了，但她仍然记忆犹新，就像今天早上刚刚发生一样。她从小就相信割礼是一件值得骄傲的事情。当女性亲属们特意为她举办了一次庆祝这一重要时刻的聚会时，这种感觉更加强烈了。她们做了她最喜欢的食物，并告诉她，你即将成为一个女人。天真的她只有6岁，兴奋地幻想这或许意味着自己终于可以试试妈妈的化妆品了。她告诉我："她们让你感觉好像有什么惊喜的事情要发生了。但事实不是这样，那是噩梦的开始。"

在索马里，女性外阴切割术通常由德高望重的年长女性施行，她们可能已经为上百个女孩行过割礼了。希博回忆起当时为她行割礼的人："直到今天，她的目光仍然萦绕在我眼前。她让我的妈妈、姨妈和其他帮手抓紧我，她们照做了。妈妈不忍心直视，但其他人紧紧按住我。随后她撕开我的肉，我尖叫着、挣扎着，祈祷自己马上死掉。但她只是继续进行着。我不过是个孩子，她根本不在乎。她也听不进我对她的祈求。"从希博身上切割下来的肉被扔到了地上。无期徒刑已经开始服役了。虽然割礼已经足够残暴，但她还会遭受反反复复的尿路感染和结疤。这一幕永远纠缠着她。

整整10年过去了，她终于明白这一切的意义。她不断质问妈妈为什么允许她被施行割礼。16岁时她被告知，这样做是为了防止她有婚前性行为。

对数以百万计的女性来说，阴部扣锁的痛苦被默认为生活中不可避免的一部分。在这种默认中，这样的做法如同数千年来一样，不断强加给一代又一代。但是，希博拒绝接受自己所承受的一切。她说："我决定不再保持沉默。"当她在20世纪80年代末到达英国时，年仅18岁的她独自逃离了索马里内战，来到英国的第一个决定就是寻求医疗帮助，以便让自己的身体解锁。

之后，希博拥有了幸福的婚姻和七个孩子。在过去几年里，她勇敢说出了自己的经历，并在自传《割：一个女人对当今英国女性割礼的反抗》(*Cut: One Woman's Fight Against FGM in Britain Today*) 中详细讲述了自己的故事。作为一名杰出的活动家，她经常在各个学校讨论生殖器切割手术的风险，并敦促女孩们不要像她一样成为受害者。拒绝割礼并非没有代价：希博曾经因此失去过朋友。当她拒绝让自己的女儿接受割礼的消息披露出来时，人们警告她，这样她的女儿就会被认为是不贞洁的。"他们说，没有人会愿意娶我的女儿，她们是荡妇。"

阴部扣锁令人费解之处在于，在这件事上似乎没有赢家，无论是男人还是女人。妻子们控诉自己患上了抑郁症，而且遭受到了家庭暴力，因为她们的丈夫无法接受自己的妻子不想与其同床。一名男子曾经向希博承认，他没有办法在新婚之夜与妻子同房，因为她做过阴部扣锁手术，所以他害怕会伤害到妻子。她指出，如果男性肯接受未受割礼的新娘，污名化可能会消失。但是，无论阴部扣锁对他们的妻子和自己的婚姻带来怎样的害处，很少有男性站出来反对这种做法。

原因很简单。这种酷刑折磨之所以还在持续，是因为它永远可以达成自己的目的。一个小时候接受割礼的女孩，几乎肯定会在长大之后保持处女之身。对她来说，非处女之身太痛苦了。而在女孩结婚后，丈夫便可以确信她是一个可靠的忠贞妻子。纵观历史，阉割一个女孩的生殖器是最恶毒、有效的方式，以此来向一个男人保证他的孩子是自己的，而不是别人的。可以想象，这正是性妒忌和保卫配偶的残酷表现。

这种做法已经被某些文化吸收得如此充分和久远，以至于妇女现在已经别无选择，只能全力配合。不这样做，她们就会遭遇被排斥的风险。女孩们会互相施加割礼的压力，就像她们对6岁时的希博所做的那样。母亲们带着自己的女儿接受割礼，就像当初希博的妈妈那样。希博告诉我:"全部都是女人在教唆，男人与此毫无关系。但是女人这样做又是为了谁呢？这就是问题所在。一切都是为了控制。男人信不过女人的身体。"

在我们会面的咖啡馆里，年长的索马里男子正坐在邻桌啜着咖啡。她大声说:"这一切都是为了他这样的男人！都是为了他，不是为了你。"

"一个正派的女孩不会晚上九点还到处闲逛。"

女性外阴切割手术只是压制女性性行为的其中一种

方式。历史上还有数不清的其他事例。

缠足这个残酷的习俗一直持续到20世纪，据说是从10世纪左右的封建中国时代开始流行的。小女孩的脚会被紧紧裹在布条里，以至于她们的脚趾整个向内弯曲，留下一双小到只有3寸长的尖头残肢。历史学家阿曼达·福尔曼（Amanda Foreman）描绘了在一个崇尚服从男性，以孔子的教导为中心的社会中，缠足如何成为贞洁和谦卑的象征。她在《史密斯学会会刊》（Smithsonian）中写道："在每一本论述女德行为的儒家典籍中，都会包含准备牺牲或承受伤残来证明自己忠贞的女性典范。"如同阴部扣锁，缠足成为封建中国文化中不可或缺的一部分，以至于女人们自愿充当压迫自身群体的女导师。20世纪50年代，这一陋习终于在中国共产党的取缔下淘汰。直到今天，仍然有一小部分老年妇女生活在缠足带来的畸形身体残害之下。

随着旧酷刑形式的消逝，新的酷刑迅速涌现。今天，在喀麦隆和西非某些地区，8岁到12岁的女孩经常会遭受一种被称为"烫乳"（breasting ironing）的习俗的折磨，而且通常由她们的母亲亲手操作。将磨石、扫帚、皮带或其他物体加热，然后用它们压平女孩正在发育的乳房。这样做的目的是让她尽可能长时间地看上去像个儿童，这样人们就认为她还没有进入青春期。按照丽贝卡·塔普斯科特（Rebecca Tapscott）2012年存储在塔夫茨大学费恩斯坦国际中心（Feinstein International Center）的医学记录显示，烫乳除了会带来心理问题和骤然疼痛，还会引发各种长期的医疗问题，包括疤痕和哺乳困难等。

与此同时，另一些控制方法看起来相当隐蔽。在马里比较传统的多贡社群中，妇女在月经期间会使用"月经小屋"将自己隔离起来。密歇根大学安娜堡分校的贝弗利·施特拉斯曼（Beverly Strassmann）及其同事在实地研究，以及包括数百次的亲子鉴定后发现，信奉传统多贡宗教的男性遭遇妻子通奸的可能性比不使用月经小屋的基督教男性小四倍。这表明月经小屋能够让男性秘密追踪妻子的生育情况。

人类学家萨拉·赫迪认为，腼腆、被动的女性神话背后的真正原因，正是这种千百年来对女性性行为的系统性和深思熟虑的压制。1981年，她在著作《从未进化的女性》中提出了这个颇具争议性的观点。她跳出了生物学的常规界限，从历史角度看待人类行为，她质问科学家是否在以完全错误的方式处理女性的性问题。有没有可能女性及其进化祖先并非如达尔文和贝特曼设想的那样，天生是被动的、一夫一妻制的和性欲微弱的？有没有可能情况刚好相反，她们几千年来是被男性强迫才表现得更加谦卑?

正如罗伯特·特里弗斯从在哈佛大学窗口观察鸽子的过程中了解到的，性妒忌和保卫配偶带有强大的生物驱动力，遍布整个动物王国。倘若诸如此类的行为被人类放大，融入社会和文化之中，也许就可以解释为什么女性如今表现得如此谦卑。就像雌鸽被配偶啄回不舒服的位置一样，女性或许并非天生被动和害羞，只是被配偶的终极利益所束缚。按照萨拉·赫迪的说法，这解释了科学对女性性行为的传统设想与我们实际看到的大量性行为之间的不一致性。

世界各地对待女性的方式强化了她的观点。除了像切割女性生殖器官这类可怕的做法，很少有地方不实行一种道德双重标准。路人对敢于穿着暴露的少女发出嘘声；邻居们对单身母亲窃窃私语，只因为她的孩子们有不同的父亲。从穿着和举止，到性生活的活跃程度，大多数社会都期望女性比男性表现得更内敛。

当这种压力不足以限制她们的行为时，人类还是会不遗余力地去强化它。最具攻击性的做法包括强迫婚姻、家庭暴力和强奸等。2012年，印度一伙罪犯在公共汽车上暴力强奸并杀害了一名女学生，其中一个罪犯在监狱中接受英国广播公司采访时声称，从一开始坐上这辆公交车就是她自己的错。对他而言，越界的是被害的女生，而不是自己。他告诉记者："一个正派的女孩不会晚上九点还到处闲逛。家务劳动才是女人该做的事，而不是晚上穿着不得体，在迪斯科舞厅和酒吧里游荡。"

这种双重标准还被写进了某些国家的法律当中。在沙特阿拉伯，女性的性自由已经被彻底剥夺，因为她们有一大串被禁止去做的事情，包括开车、在公共场合与男人待在一起，以及在没有监护人或男性许可的情况下旅行等等。虽然此类压迫比较极端，但许多世界主要宗教仍然期待女性是谦恭的。例如，正统犹太教的"谦逊"（tzniut）概念要求两性都要遮盖自己的身体，但已婚女性尤其要遮住自己的头发。

对萨拉·赫迪来说，女性谦逊的方式如此深刻地与人类文化交织在一起，甚至今天的生活仍然根植在古代对女性的性压抑当中。在发展这种观念的过程中，她最开始是从女权主义精神病学家玛丽·简·舍菲（Mary Jane Sherfey）那里得到的启示，舍菲在20世纪40年代曾经在美国性学家艾尔弗雷德·金赛（Alfred Kinsey）的指导下从事研究，后者因推翻人类性习惯的流行假设而闻名。1973年，舍菲出版了一本探讨女性性高潮的煽动性著作。这本书名为"女性的性本质与进化"（*The Nature and Evolution of Female Sexuality*）。她得出的结论是，女性的性欲被大大低估了，事实上，女性天生就具有永不满足的性欲。她认为，社会本身就是围绕着控制女性的性需求而建立的："可以想象，对女性无节制性需求的强力压制，是每一个现代文明以及每一种现存文化诞生的先决条件。原始女性的性欲太强了。"能和女性性欲的巨大力量相媲美的，只有历史上人们用来抑制它的那股匪夷所思的力量。

舍菲的著作在很大程度上被科学界否定了，部分原因在于她的大胆推论有些违背常理，此外，她在书中确实犯了一些科学和解剖学错误。生物学家唐·西蒙斯对此尤其不以为然，他认为女性的性高潮并没有什么进化目的，女性也没有想要一个以上伴侣的生物理由。他写到，舍菲所谓"性欲难平的女性，如果不限于少数人的话，主要存在于女权主义意识形态、男孩的渴望和男人的恐惧当中"。

赫迪认为西蒙斯的评断并不公平，虽然舍菲的著作在许多方面存在错误，却挖掘出一些重要的东西。女性可以在性方面相当强势。赫迪在1997年的《人类本性》（*Human Nature*）期刊中写道："要知道，舍菲的著作写于灵长类动物学家对野生灵长类动物的性行为有充分了解之前，当然也是在我们猜测非人类的雌性动物存在性高潮能力之前；而舍菲的狂野的预感，预示了未来的发现。"

我们现在通过不同的途径了解到，某些猴子和猿类物种的雌性似乎确实有性高潮体验。1998年，意大利研究人员阿方索·特罗伊西（Alfonso Troisi）和莫妮卡·卡罗西（Monica Carosi）在《动物行为》（Animal Behaviour）期刊上发表了一篇论文，其中描述了雌性日本猕猴的性高潮。他们花了200多个小时观察人工饲养的猴子，在这段时间里，还记录了几乎相同量级的交配行为。其中1/3的雌猴表现出"抓握反应"（clutching reaction），这一活动被他们解读为性高潮。"这种反应与身体肌肉的痉挛有关，有时她们还会发出特殊的声音。当表现出抓握反应时，雌猴会弓起脖子以及/或者爪子向后伸向雄性的腿、肩膀或面部，并握紧雄性的毛发。"

2016年夏，辛辛那提大学医学院的生物学家米哈埃拉·帕夫利切夫（Mihaela Pavlicev）和耶鲁大学的金特·瓦格纳（Günter Wagner）得出结论，对动物的研究确实表明雌性高潮具有一定的目的性。他们在发表于《实验动物学期刊》（Journal of Experimental Zoology）上的论文中概括了性高潮是如何引发荷尔蒙激增的，在过去，性高潮通常与排卵，即卵子的释放以及帮助卵子植入子宫联系在一起。比如，母猫和母兔实际上需要物理刺激来释放它们的卵子。如今，人们一般认为人类的性高潮与排卵之间并无关联，但是根据帕夫利切夫和瓦格纳的说法，二者之间或许曾经有过联系。

依此逻辑，如果性高潮不是男性生理的进化残余，女性的确具有强烈的性欲，那么关于女性生来谦卑和贞洁这件事肯定有另一种解释。舍菲认为，某种东西阻碍了女性成为那种与生俱来的强大性欲生物。它正是人类文化。

舍菲的思路并不新鲜。可以追溯到很久之前的女权主义和政治意识形态当中。

她在《女性的性本质与进化》中写道："用迷信、宗教和合理化的术语来形容，征服女性性欲的背后是文化演进过程中冷酷的经济学考量，它最终迫使男人成为施害者，女人成为受害者。通常来说，男性从来都不接受严格的一夫一妻制，原则上的要求除外。而女性被迫接受了这一点。"她认为，从最细微的地方法律，到最广泛的宗教教义，世界各地的文化都试图烧毁女性性自由的最后一丝残余。这种征服是道德双重标准、惩罚和残忍暴行的根源，直到今天，妇女仍然生活在此类暴行当中。

早在19世纪，恩格斯就已经在男性的经济和政治统治与其对女性性行为的控制之间建立了联系。他戏剧性地将其描述为"女性的世界历史性溃败"："男人在家庭中也当家作主；而女人被降低身份，处于屈从地位，她变成了丈夫欲望的奴隶，变成了生育孩子的工具。"

就在人类的历史当中，社会在对待两性时可能已经从平等的阶段转变为如今难分难解的状态。梅尔文·康纳告诉我，在一万到一万两千多年前，当狩猎－采集者开始定居下来，并放弃原来的游牧生活方式时，女性的状况就发生了改变。随着驯养动物和农业的发展，以及社会之间密集程度的加强，专业化的群体开始出现。"历史上第一次出现了大规模排挤女性的男性。"

男性的控制系统，即父权制度出现并一直延续至今。对男性而言，随着土地、财产和财富的累积，更重要的是要确保他们的妻子会矢志不渝地保持忠贞。一个无法保证孩子是自己亲生的人不仅会遭遇妻子的不忠，而且会有失去一切财富的风险。于是，保卫配偶的行为得到强化。

1986年，美国历史学家和女权主义者格尔达·勒纳（Gerda Lerner）在其里程碑式的著作《父权制的缔造》（*The Creation of Patriarchy*）中探讨了这个问题。她在书中研究了古代美索不达米亚地区的妇女，该地区横跨今天的伊拉克和叙利亚部分地区，是人类文明的摇篮之一。她指出，该美索不达米亚地区极为强调婚前童贞的重要性，而在婚后，妻子的性行为也会受到严格的监管："男性在性关系中的主导地位最明显的表现是美索不达米亚法律将双重标准制度化……男人可以自由地与妓女和女奴通奸。"相比之下,人们却期望妻子对丈夫绝对忠诚。

女人在很大程度上被视为男人的财产。勒纳总结说:"女性在性上的从属地位在最早的法典中就已经被制度化,并通过国家的所有权力加以强化。"公元前600年左右,在美索不达米亚北部的亚述帝国中,已婚的体面妇女需要在公共场合遮住自己的头。而另一边,女奴和妓女禁止戴面纱。如果她们违反这条规则,就会受到身体惩罚。

勒纳认为,女性的这种从属地位甚至有可能为古代文明提供了第一种奴隶制模式:"美索不达米亚社会和其他地区一样,家庭中的父权统治有多重形式。父亲对自己的孩子有生杀予夺的大全……他可以决定女儿的婚姻……他们也可以让这些女孩一辈子恪守贞洁……男人可以抵押自己的妻子、妾侍和孩子用来偿还债务;如果最终他无法偿还这些债务,被抵押的这些人就会成为债务奴隶。"

萨拉·赫迪告诉我:"性妒忌无处不在,即便在非父权制社会中也是如此。但是在父权社会中它却被极大地放大了,因为他们以此维护所有其他利益。"这种感觉她曾经亲身体验过。当她想要结婚时,由于自己保守的得克萨斯家庭中有一些成员不赞成她选择的丈夫,她被迫私奔。"男人始终认为自己有权利指使我应该和谁结婚。

他们认为自己有权掌控我的财产。他们觉得自己拥有我。实际上，这一切都事关财产，而女人也属于财产。"

几千年来，这对于女性的行为方式，以及对其行为的看法产生了深远的影响。随着父权制的发展和蔓延，妇女逐渐失去了谋生、拥有财产、参与公共生活或对自己孩子的命运有足够大控制权的权力。女人唯一拥有的自由就只在为她们创造的笼子里。因此，留给她们的选择很少，只能按照服务于这个体系的方式来行事。一个谦卑、腼腆、看似贞洁的女人会嫁得很好，而事业有成，不够谦卑的女子却要被嫌弃。

正如萨拉·赫迪在讨论这个问题的著作中表明，关于此方面的证据俯拾皆是。纵观有记载的历史，贞洁和忠贞一直作为女性的美德被普遍推崇，并且受到严格的监管。在1999年的著作《母性本质》（*Mother Nature*）中，她列举了遍布全球的各种事例。在印度流传着存在了数个世纪的印度教殉夫自焚（sati）[1] 习俗，寡妇要在丈夫火

1　印度的殉葬制度又称为萨蒂（sati），萨蒂是古印度神话故事中的一名少女，她因为自己的家人侮辱湿婆神而跳入了圣火中自杀。印度的殉葬行为可以追溯到公元前6世纪左右，人们相信殉葬的妇女会升入天堂。在丈夫去世时，妻子要穿上结婚时的礼服坐在柴堆上，然后点火和死去的丈夫一起烧成灰烬，或者单独自焚。——译者注

葬的柴堆上殉情（可以自己选择殉葬或不殉葬）。在墨西哥南部和中美洲的土著玛雅人当中流传着一个可怕的故事，讲的是恶魔会抓住并强奸行为不检点的妇女。而在古希腊，女人被教导要自觉通过穿着和行为举止彰显自己，在男人面前，她们得眼眉低垂。赫迪写道："对古希腊人来说，女人的动物本性潜藏在她们的内心深处。因此有必要'驯服'她。"贵族妇女的家庭在财产和财富方面损失最大，她们实际上根本没有自由。她们被关在室内，蒙着面纱，躲在暗处。

笼罩在女性身上的阴影从未消失。从美索不达米亚人到古希腊人，一直到今天，社会始终在限制和惩罚敢于违抗道德标准的女性。到了查尔斯·达尔文时代，这种体制已经存在了几千年，诸如此类的压制已经成为正常现象。人类通过一个自己缔造的镜头来观看女性。这项工程已经完工。包括达尔文在内的维多利亚时代人认为，女性的确天生就是腼腆、谦卑和被动的物种。由于女性的性压抑持续得太久，以至于科学家们甚至都毫不怀疑这种谦卑和温顺可能根本就不是生物性的。

> **"我注意到的第一件事就是雌性攻击雄性。"**

人类复杂的历史和生物学留给我们的问题是：男性必须满心猜疑地保护女性远离其他异性这种生理冲动，加之他们通常体型更大，上半身力量更强的事实，是否意味着人类社会最终总是会由男性主宰并控制女性及其性行为？父权制是人类生物学意义上的固有特征吗？

虽然这些问题可能无从回答，但科学对此却有自己的看法。一些研究人员认为，问题的线索存在于我们灵长类的历史当中。

密歇根大学的人类学家芭芭拉·斯穆茨（Barbara Smuts）在1995年发表于《人类本性》杂志上的一篇论文中写道："进化论的视角……提醒我们父权制是人类'性动态'（sexual dynamic）的一种表现，在其他动物中也以多种不同的形式不断上演。"斯穆茨以其对猴子和猿类详尽的田野调查而闻名于世。她是灵长类动物学的女性先驱，她的许多学生都在该领域有重要的建树。这篇论文地位特殊，因为它探索了我们过去历史中最棘手的一个层面：父权制可能的进化起源。

斯穆茨在论文中详细记录了猴子和类人猿通常在多大程度上强行对其同类雌性进行性方面的限制。她解释说，在灵长类动物世界，你可以看到雄性统治的证据。当雌性处于性周期的生育期时，雄性往往更具攻击性。其中一个例子是恒河猴，这个物种会一大群生活在一起。

雄性恒河猴的身形比雌性大20%左右，研究人员观察到，当雌猴试图与等级较低的雄猴交配时，等级较高的雄猴就会尝试通过追逐或攻击阻止她。萨拉·赫迪对哈努曼叶猴杀死幼崽现象的观察，是雄性使用暴力强迫雌性与之交配的另一个例子。按照斯穆茨的研究，山地大猩猩也会采取同样的策略。

斯穆茨写道，北非的埃及狒狒甚至更具攻击性，而且"他们试图始终保持对雌性的控制权。当一只雌性狒狒离自己的配偶太远时，对方就会用紧盯着她并用扬起眉毛的方式进行威胁。如果她仍然没有立即回到配偶身边，雄狒狒就会用咬脖子的方式发起攻击。咬脖子只是一种象征，因为雄狒狒并不会真的把牙齿咬进她的皮肤里，但以伤害她作为威胁是显而易见的"。大猩猩为雄性的威压行为提供了另一个明确的范例。对大猩猩来说，交配对抗似乎是常态，而不是什么特例。差不多一半的交配行为都发生在与雌性长时间且激烈的对抗之后。

对于想要更好地理解人类的人来说，黑猩猩是最有趣的范本之一。在灵长类世界中，黑猩猩和倭黑猩猩一样，与我们有最近的亲缘关系。按照各种不同的判断，人类和这些灵长类动物的最后一个共同祖先生活在800万到1300万年之前（相比之下，人类和狗的最后一个共同祖先可能要追溯到一亿年之前），这意味着我们有许多共同之处。研究人员已经注意到，黑猩猩等级森严，当雄性试图确立自己的最高地位时，对其他雄黑猩猩极为冷酷无情。雄性对雌性也会表现出攻击性，虽然这种攻击性是出于性胁迫和保卫配偶的目的。

根据波士顿大学的著名人类学家马丁·马勒及其团队在2007年发表的研究，攻击性强的雄性黑猩猩比攻击性弱的更容易获得交配机会。但是，当一个雌性黑猩猩拒绝他时，即便是地位较低的雄性也会变得好斗。依照芭芭拉·斯穆茨的记载，灵长类动物学家珍·古道尔曾经看到一只雄性黑猩猩在5个小时内攻击了一只雌性黑猩猩6次，不顾一切尝试与之交配。洛杉矶南加州大学的人类学教授克雷格·斯坦福（Craig Stanford）于1998年发表在《当代人类学》上的论文指出："群体间的争斗、食肉、杀死幼崽、同类相食、雄性地位之争和对雌性的掌控，是黑猩猩这个物种的特征。"他又补充说，雌性黑猩猩可以说成是"雄性之间所要竞争的基本繁殖商品"。

如果一个科学家只研究过黑猩猩，那么他/她或许会得出结论说，这是包括人类在内的类人猿本然的生活秩序。人类社会中的父权制和雄性主导的黑猩猩很容易被相提并论。

但是，芭芭拉·斯穆茨认为，科学家必须对此保持谨慎。1995年，她在一篇论述父权制进化起源的论文中指出，尽管在灵长类动物世界中我们看到雄性进攻性的种种表现，但雌性并非无助的受害者。她们极少会心甘情愿地屈从于雄性的控制，而是有自己的，在雄性身上施展权力的聪明方式。她写道："虽然灵长类动物雄性体型通常比雌性更大，但这并不意味着在与雌性的利益冲突中，他们总是能够获胜。"

这里有一个尤为明显的例子，说的是另一个和黑猩猩一样与人类极为相近的灵长类物种。

在广阔的圣地亚哥动物园，倭黑猩猩被围在栅栏里，试图尽可能接近原本的野外生存环境——刚果共和国的丛林。这里有一座高耸的瀑布，陡峭的山谷里光影交错，树枝像绳索一样蜿蜒盘踞。这群只有两岁大的毛茸茸幼崽，跟着妈妈从一个枝头跳到另一个。其中一只年长的雌性闲适地坐在旁边，嚼着一根长树枝，偶尔透过玻璃屏障凝视着游客。至少在我看来，这些动物很满足。

但有一只并非如此。

现任教于洛杉矶南加州大学的灵长类动物学家埃米·帕里什（Amy Parish）说："我认为他受到了精神创伤。"从20世纪80年代在密歇根大学师从芭芭拉·斯穆茨做研究生开始，帕里什已经研究人工饲养倭黑猩猩25个年头了。她告诉我，这只郁郁寡欢的雄性倭黑猩猩叫马卡斯（Makasi）。我们又观察了他一会儿。他独自蹲在一边，一只胳膊放在膝盖上，轻轻舔着自己的手掌，似乎受了伤。随后他耷拉着脑袋，看上去惶恐不安，小心翼翼地把这只受伤的手紧贴在脑袋旁边。

在猿类世界中，倭黑猩猩颇不寻常，因为这个物种由雌性统治，似乎最年长的雌性在尊卑秩序中享有最高的地位。雌性对雄性的攻击极为常见。

帕里什说："在倭黑猩猩中，让母亲终生陪伴雄性非常重要。我们会有比较消极的观念，认为雄性与自己的母亲格外亲密就会成为'妈宝'，这是一件坏事。但是，与黑猩猩不同（在黑猩猩群体中，雄性在青春期会明确与母亲分离，以便加入雄性统治阶层），雄性倭黑猩猩一生都与母亲保持紧密关联。她会介入雄性的争斗当中，保护他免受暴力，雄性会与母亲的伙伴交配，而且他可以进入其他雌性专属的喂养圈。所以对雄性来说有很多好处。"

马卡斯的伤是由一只名叫丽莎（Lisa）的雌性倭黑猩猩造成的。帕里什告诉我："他的手指有很大一片皮毛已经完全脱落了。他的好几个脚趾都有缺口，而且明显还有其他受伤的地方……不过，雄性在受伤时，睾丸、阴茎或肛门有损伤也并不罕见。可怜的马卡斯是在饲养所长大的。在群体中，他没有一个愿意保护他的妈妈，所以看起来总是很脆弱。如此一来，他的恐慌和惧怕就说得通了，要保持距离，小心翼翼才行。"

帕里什最初开始研究倭黑猩猩是为了理解雄性和雌性灵长类动物之间友爱的作用，类似的工作芭芭拉·斯穆茨已经做过了，但倭黑猩猩有点神秘。直到1929年，倭黑猩猩还没有被视为一种与黑猩猩不同的物种。几十年之后，当人们终于近距离研究倭黑猩猩时，才发现他们的行为与自己的黑猩猩表亲完全不同。帕里什解释说："十年来，黑猩猩研究者垄断了与人类亲缘关系最密切的灵长类研究市场。所有进化模型都建立在黑猩猩模式之上。父权制、狩猎、食肉、雄性情谊、雄性对雌性的进攻性、杀婴，以及性胁迫。"倭黑猩猩将这一切完全改变了。

当我们坐在紧挨着倭黑猩猩围栏边的长椅上时，帕里什继续说道："我注意到的第一件事就是雌性攻击雄性。每个动物园都有自己的解释。比如说，哦，这只雄性小的时候病了，一位女饲养员将他带回家照顾才恢复健康。她一定在某种程度上带来了坏的影响，让他变得软弱或被宠坏了。德国一家动物园甚至不相信人类女性是猿类的合适饲养者。对于雄性倭黑猩猩'出了什么问题'这件事，每个动物园都有一种民间解释，因为就他们的表现来说，这似乎不是雄性（或雌性）合适的行为方式。看起来好像事物的自然秩序被颠倒了。"

帕里什决定查阅不同动物园的兽医记录，看看这种现象有多普遍。动物严重受伤总是会被记录下来，这样就比较容易观察到固定模式。她告诉我："结果惊人地指向同一个方向。在有多个雌性存在的群体中，雌性会系统性地对雄性施加常规的见血式伤害。"来自野外的证据支持了通常由雌性倭黑猩猩掌控权力的观点。除了占据支配地位，她们似乎还可以与其他群体中的雄性自由交配，而不会惧怕自己群体中的雄性。

帕里什说："我意识到，动物园里这些民间解释或许并不是真正的答案。在倭黑猩猩群体中，雌性支配雄性可能是'天然'模式，这里不是父权制，而是母权制（matriarchy）。"

这是一个激进的说法。"母权制"这个词必须谨慎使用。在倭黑猩猩中，无血缘关系的雌性之间也会存在紧密的关联，而母权制通常指的是有血缘关系的雌性之间的关系网络。帕里什说："当我在论文中提出这一想法时，大猩猩研究者尤其不愿意接受这可能是真的。"一些人仍然拒斥雌性可以像雄性在其他物种中那样占据支配地位的观念。帕里什笑着说，雌性倭黑猩猩被称为"刺儿头"；而雄性倭黑猩猩被称为"妻管严"。还有一些人告诉她，雌性倭黑猩猩根本没有支配雄性，但是他们会一定程度上屈从于雌性，以换取性之类的好处。

尽管如此，如今人们已经广泛接受雌性倭黑猩猩通常支配着雄性这一事实，而且，在动物王国中，也不止倭黑猩猩如此。雌性大象是一个更广为人知的例子。她们会组成稳定的核心群体，根据繁殖季节的变化，雄性会短暂进出这些群体。斑点鬣狗也生活在由雌性首领统治的社群中。成年雄性地位最低，而且最后一个吃食，体型和攻击性都比雌性小。

除了雌性统治之外，倭黑猩猩区别于黑猩猩的另一个地方是它们的性行为。我在圣地亚哥动物园观察它们的相对短暂的时间里，看到过三四次快速、随意的交配行为。这很平常。倭黑猩猩似乎将性行为作为一种日常的社交黏合剂。雄性与雄性，雌性与雌性都会交配。

亚特兰大埃默里大学的荷兰裔灵长类动物学家弗兰斯·德·瓦尔（Frans de Waal）与帕里什合作紧密，他描述了倭黑猩猩如何进行亲密行为。他在2006年发表于《科学美国人》（*Scientific American*）的一篇文章中写道："与其他灵长类动物相比，倭黑猩猩之间的性互动更频繁。虽然有频繁的性行为，但倭黑猩猩在野外的繁殖率却和黑猩猩差不多。雌性每五到六年生育一个幼崽。因此，倭黑猩猩和人类至少有一个非常重要的共同特征，那就是性与生殖在一定程度上是分离的。"

另一个区别在狩猎方面。帕里什告诉我，通常是由雌性倭黑猩猩来狩猎食物，一般是森林羚羊。"当羚羊妈妈们不喂食时，雌性倭黑猩猩把羚羊幼崽驱赶到高高的草丛里，倭黑猩猩的幼崽就来吃掉它们。有报道称，雄性有时会大发脾气，因为他们太想吃肉了，但是除非有雌性（多数时候是妈妈）想要给他们一些，否则雄性倭黑猩猩是吃不到肉的。他们也可以用交配来换取食物。"

按照帕里什的说法，倭黑猩猩的社会之所以如此运作，是因为雌性之间形成了强大的关系纽带，即便她们并没有血缘关系。"雄性之间可以很友好，他们会彼此发生性行为，但他们的交往缺少我们在雌性身上看到的那种强度或范围。他们待在一起，追逐嬉戏、摔跤、互相梳毛、分享食物，交配。"虽然雄性通常看起来体型更大，但由于雌性之间的关系极为密切，所以倭黑猩猩通常由雌性来统治。通过观察圣地亚哥动物园里的倭黑猩猩，她发现在雌性倭黑猩猩所有与其他同类交往的时间中，有2/3是留给其他雌性的。弗兰斯·德·瓦尔将这些雌性黑猩猩描绘成"女权运动的礼物"。

尽管如此，他们的观察仍然遭到一些批评。南加州大学的黑猩猩专家克雷格·斯坦福认为，圈养动物的行为与野生动物完全不同，因为它们会被强迫彼此靠近。他告诉我："我从未见过野生倭黑猩猩，我也研究黑猩猩，但我们这些与巨猿一起在野外工作的人，往往对那些认为黑猩猩来自火星，倭黑猩猩来自金星的人所持的看法有些怀疑。所有这些雌性之间的亲密关系、雌性掌权、性行为，以及所有在圈养中会发生的事，其概率都要比它们在现实和野外世界中发生的概率高得多，也更为显著。"

帕里什却并不认同。她坚持认为，虽然只研究了人工饲养的倭黑猩猩，"但我们在圈养条件下看到的任何现象都能在野外找到记录。有时候体型不同，是因为它们在动物园里有大把的空闲时间。它们不需要自己去寻找食物。但全套本领是一样的"。萨拉·赫迪和帕特里夏·格瓦蒂告诉我，她们也认为倭黑猩猩如今被广泛接受为一个与众不同的雌性统治族群。

这一问题利益攸关。

灵长类动物研究之所以备受瞩目，是因为它可能对我们如何理解人类的进化产生巨大影响。我们很容易尝试把自己归类为黑猩猩或倭黑猩猩，因为这两个物种如此完美地概括了现代性别之战。根据父权制历史来判断人类，就很容易理解为什么如此多的灵长类动物学家把我们与黑猩猩相提并论。但是，有没有可能在进化历史的某个阶段，我们像倭黑猩猩一样属于母权制？

对帕里什而言，雌性掌权现象在灵长类动物中存在的事实极为重要，哪怕只是因为它开启了各种争论。"当我们的模型只有黑猩猩时，看起来似乎父权制在过去五六百万年间在我们的进化遗产中根深蒂固，因为人类和黑猩猩之间有许多共同特征。这种'男性狩猎者'模式完全建立在对黑猩猩的研究基础之上。既然我们现在有了模式不同且同样关系紧密的近亲，这就为我们敞开了可能性，从而可以想象在人类祖先中，女性或许会在没有血缘关系的情况下紧密结合在一起，从而形成母权统治。"

倭黑猩猩并不是唯一一个雌性之间亲密合作的灵长类物种。比如按照萨拉·赫迪的记录，哈努曼叶猴会联合起来击退企图杀死幼崽的雄性。芭芭拉·斯穆茨也指出，我们还知道，有些雌性灵长类动物还会利用与雄性之间的社会关系来摆脱控制。在她研究的一个生活于肯尼亚的狒狒群中，每只雌性都会与一两只雄性结成"友谊"。她解释说："朋友们会一起出行、一起吃食，晚上一起睡觉。"雄性朋友会保护雌性和她的幼崽不让其他雄性靠近，这意味她不会面对很多骚扰。正是此种安排让哈佛大学灵长类动物学家理查德·兰厄姆（Richard Wrangham）将这些雄性动物描绘成"雇佣保镖"。

对灵长类动物行为中谁处于支配地位的关注让我们很容易忘记，在其他物种中两性同样也可以相对平和地共存与合作。举例来说，成双结对的柽柳猴和伶猴，其雌性和雄性之间会分担育儿工作。伶猴似乎看不出任何统治等级。在其他一夫一妻制的物种当中，如长臂猿和合趾猴等，也很难看到雄性对雌性的压迫。

一个比较常见的谬误是基于雄性体型较大，就假定他们天生是主宰。这种看法比较符合直觉。如果任何一种性别可以称为主宰，难道不应该是拥有身体优势的那个吗？可事实并非如此。例如，雄性和雌性长臂猿看起来差不多，而雄性的体型一般会稍微大一点，但他们并不会压迫雌性。体型是多种因素共同作用的产物，包括在求偶竞争中需要在身体上战胜对手等。尤其对雌性来说，并不是所有的能量都会被分配到生成身高或体型上，因为她们还需要能量来繁殖和哺乳。

体型与雄性统治之间的关联并不总是存在。事实上，华盛顿史密森学会（Smithsonian Institution）的动物学家和研究员凯瑟琳·罗尔斯（Katherine Ralls）早在1976年发表于《生物学季刊》（*Quarterly Review of Biology*）的文章就证实了这一点。她写道："在哺乳动物中，人们通常设想雄性的体型比雌性更大，但雌性比雄性体型大的物种比通常认为的更多。"她又补充说，对许多物种来说，体型似乎与哪种性别占优势之间并无明确的关联。例如，非洲水鼷鹿是一种小型鹿科动物，这种鹿雌性体型较大，但并不占优势。此外，中国仓鼠、环尾狐猴和侏儒狨猴的雌性体型都比较小，却统治着雄性。雌性倭黑猩猩的体型一般也小于雄性。芭芭拉·斯穆茨指出：

"雌性之间互相合作来对抗雄性，而雄性却极少合作对抗雌性，这一事实平衡了体型的差距。"

在雌性尤为容易受到雄性暴力攻击的物种当中，雌性的共同点是她们通常形单影只。雌性猩猩在旅行时，几乎总是独自带着她还未长大的幼崽。芭芭拉·斯穆茨说，雌性黑猩猩有3/4的时间是独处的，没有其他成年同类在场。

当然，人类的生活要复杂得多。虽然不能像其他物种的生活方式那样被概括，但至少在这方面，我们可以彼此参照。在父权制社会中，女性在结婚后几乎一定会离开自己的原生家庭与丈夫一起生活。失去亲属的支持让她在面对暴力和压迫时显得尤为脆弱。当男性彼此结盟并控制了食物和财产等资源时，这种脆弱性就更加严重了。

最终，当涉及男性统治女性的问题时，就进入了死胡同。雌性之间的合作让情况发生了变化。虽然这并没有回答男性统治是否像黑猩猩一样始终是人类的生物性准则的问题，却为今天的平等之战提供了一个视角。对帕里什来说，类人猿不仅是我们过去可能性的一扇窗口，也为人类未来的不同生活方式提供了范例。她的工作表明，当雌性相互合作建立自己的利益整体时，雄性的统治就不是必然的。倭黑猩猩就是如此。

她告诉我："这无疑为人类的女权运动带来了希望。在倭黑猩猩身上，我们看到了雌性实际上互相关联在一起，紧密结合，忠诚地维持这种关系，并最终在群体中拥有了权力。所以，我认为倭黑猩猩提供了一个很好的模式，也就是说，女性是能够掌权的。她们可以控制资源。她们不需要通过男性来获取，也不必遭受性暴力或杀婴，因为她们有自己的优势。这一点是通过对女性友人保持忠诚做到的。"

第八章

不死老妪

女性或许是一个会随着
年龄增长变得更加激进的
群体。

格洛丽亚·斯泰纳姆（Gloria Steinem）：
《大胆举止与日常反叛》（*Outrageous Acts and Everyday Rebellions*, 1983）

在本书的最后一章，我们来到了疯人院。

虽然我只是来参观的（我想借助历史更好地理解一些年迈女性的医疗体验），但这个地方还是让人感到不安。贝特伦皇家医院（Bethlem Royal Hospital）是英国最古老的精神病院之一。自1247年成立以来，它已经在伦敦周边易址三次。一路走来，它获得了如此令人震惊的名声，以至于贝特伦已经成了"疯人院"的同义词，代表了混乱和喧嚣。该院的情况极为糟糕，为此政府还曾经在19世纪调查其中虐待病患的问题，迫使医院进行改革。

1912年发表在《英国医学期刊》上的一篇文章指出，当时全国被送到疯人院或类似机构的妇女中，每12人就有一位是绝经后女性。富人往往会被送去私人机构，而这一数字是1/10。与更年期密切关联的荷尔蒙和身体变化，以及以此为特征的生活和状态上的转变，对许多年长女性的精神健康产生了影响。

某些病例记录从医学角度看让人着迷。其中一位医生描述了一个相信自己正在腐烂的49岁妇人的情况。她最后自杀了。另一位50岁妇人，抱怨自己已经不再是人类，胃、心脏和肺都不在了。而一位46岁的已婚女性养成了脱光衣服，索取性爱的怪癖。

那是一个更年期被严重误解的时代。童话把育龄期结束的妇女描绘成无用、疯狂的老太婆。她们和一堆孩子住在鞋里，或者在姜饼屋里滥杀无辜。回到历史当中，这些妇女更真实的境遇是被当成女巫。1692年，在马萨诸塞州塞勒姆的女巫审判中，有16名被指控的妇女遭到处决或因监禁而死，据我们所知，其中至少有13人处于更年期。

由于对绝经期和老年妇女面对的精神压力所知甚少，19世纪的人尝试过各种灾难性的治疗方法。其中之一是放血，以祛除被认为没有排干净的经血。有时还会给女性服用鸦片或吗啡之类的药物。在最糟糕的情况下，还会手术切除女性的卵巢。最终死于疯人院之类收容所的人，可能发现自己被严厉的、父亲般的男医生照顾着，反常地建议她们少喝酒，洗热水澡，穿法兰绒睡衣。一位医生甚至建议更年期妇女与世隔绝，回归到更平静的生活，这反映出一种态度，即她们不应该再被世人看到或听到。

收容所的生活并不轻松。如果一个女人在1676年到1815年间到达贝特伦，就会受到门口两侧两尊雄伟石像的欢迎。它们代表大多数精神病患会被归入的两个类别。第一尊雕像是"谵语疯话"，它的脸痛苦地扭曲着，拼命抗拒医院的锁链。第二尊是"忧郁愁思"，虽然没有被束缚，但它却令人不安地抽离着，仿佛外在世界的一切都失去了意义。1912年的数据显示，在因更年期等相关精神疾病而被送入贝特伦疗养院的女性中，只有不到一半康复了。

谢天谢地，糟糕的疯人院时代终于过去了。在伦敦东南部一处风景如画的乡村住宅区，如今的贝特伦医院化身为一处安静之所。这里有许多低矮的小病房，每个都在独立的建筑内，它们都坐落在数百英亩柔软的绿色植被当中。"谵语疯话"和"忧郁愁思"如今位于一个小型博物馆接待处阳光明媚的空地上，它们在那里活灵活现地展示了楼上那些真实存在于历史中的人。我在墙上看到两张19世纪的照片，都是老年妇女的。其中一个患有慢性躁狂症，她手里抓着一个穿白色长袍、栩栩如生的洋娃娃，面孔微微扭曲。另一位老妇人如标题所写，患有忧郁症。她看起来像在反思自己的生活，眼神中带着痛苦和疏离感。

当时的社会认定，生育代表着年轻和健康，而无法生育则与之相反。这就抹杀了女性的全部意义所在，将女性变成了别的什么东西。这种看法反映在对待年长女性的方式上，尤其是在科学界和医学界。

"……缺乏雌激素的女性……"

1966年，美国出版了一本轰动一时的健康类书籍，这本书承诺女性不必惧怕自己变老，因为科学会让她们再度年轻。这本书一炮而红，仅仅7个月时间就卖出了10万册。它的书名和内容一样诱人：《永恒的女人》(*Feminine Forever*)。

依照本书作者，妇科医师罗伯特·威尔森（Robert Wilson）的说法，女性祈祷者（和她们的丈夫）想要的答案，以性激素的形式出现了。他在书中宣称，借助一种能恢复青春的混合荷尔蒙（包括雌激素），"女性的乳房和生殖器官就不会萎缩。她会更容易相处，不会变得无趣和缺少吸引力"。虽然这种做法无法逆转不孕，但性激素至少可以驱散损害绝经后女性生活的热潮红和情绪波动。

这件事好得让人难以置信，却并不是真的，至少不完全为真。威尔森并非一个彻头彻尾的庸医。随着内分泌学在20世纪初的兴起，对于更年期实际发生的状况，科学家终于抓住了关键。更年期的生物机制其实非常简单。差不多每个月，一种叫作卵泡的球形口袋都会在女性的卵巢中生长。它们释放出生育婴儿所需的卵子，同时分泌雌激素和黄体酮。女婴在出生时通常有100万到200万颗卵泡，虽然大多数卵泡在她们进入青春期时就已经消失。几十年后，所有的卵泡最终都会消失，它们的消失也正意味着更年期的到来。这表示女性的身体不再产生卵子，激素水平也随之下降。

雌性激素的流失尤其会引发我们通常认为与更年期有关的症状，比如潮热、性欲改变、情绪波动和体重增加等。绝经前的荷尔蒙变化通常在45岁左右开始，平均而言，绝经开始于50岁到52岁之间。据估计，大约有5%的女性在45岁之前就进入了更年期。正如罗伯特·威尔森所提倡的，通过给更年期女性提供额外的性激素，就可以缓解一些症状。

实际上，在这本书出版之前，激素疗法已经存在几十年了。20世纪30年代，少数医生和制药公司开始将更年期重新定义为一种缺乏类疾病，就像缺少足够的维生素一样。世界上的一些地区不再将其视为正常、自然的衰老过程。几十年间，当妇女到达更年期时服用或注射雌性激素几乎成为惯例。

按照伦敦大学圣乔治学院内分泌学荣休教授萨弗隆·怀特黑德（Saffron Whitehead）的说法，激素治疗在20世纪50年代和60年代蓬勃发展。第二次世界大战后，政府鼓励曾经在欧洲为战争工作过的妇女回归家庭。怀特黑德说，当时的想法是荷尔蒙疗法"会让女性保持性感和居家"。举例来说，1952年的炔雌醇片剂广告，就以美丽、微笑的女性为特征，她们的脸怡然地漂浮在花海中。

罗伯特·威尔森选择用大锤而不是鲜花来传递自己的信息。他认为，更年期应该被视为一种"严重的、痛苦的，通常会致残的疾病"，而且患者还会变成他轻蔑地称之为"阉人"的状态。罗得岛州布朗大学的生物学和性别研究教授安妮·福斯托－斯特林曾就罗伯特·威尔森的著作发表过评论，她在叙述威尔森对"缺乏雌激素的女性"轻蔑的描述时说，她们被说成是存在着，而不是活着。在他发表的论文中包含一张照片，照片里一群老年妇女在公共场合穿着黑色衣服，弯腰驼背。他警告读者说："她们路过时无人注意，自己也对周遭漠不关心。"

20世纪60年代，激素疗法这趟列车俨然成为庞然大物。《永恒的女人》在美国出版后，英国记者温迪·库珀（Wendy Cooper）的《恒久：女性的生物革命》（*No Change: Biological Revolution for Women*）一书也在英国名声大振。萨弗隆·怀特黑德回忆说："这是她迄今为止经历过的最棒的事。鉴于其知名度以及那种会让你保持年轻的力量，每个人都会接受这种方法。"

当然，没有任何一种神奇的疗法能像它刚开始出现时那样神奇。罗伯特·威尔森去世后，1981年的一桩丑闻披露出，他一直以来都因为试图出售更多激素替代药物的制药公司而赚得盆满钵满。《永恒的女人》是由惠氏公司资助出版的，而该公司正是该疗法药物最大的制造商之一。

更令人担忧的是，许多女性已经相信激素的变革性能力，但研究人员发现，雌性激素替代疗法和子宫内膜癌之间可能存在危险的关联。20世纪90年代的大量研究表明，雌性激素与黄体酮混合的激素疗法增加了罹患乳腺癌的风险。2002年的另一项重要研究证实，雌性激素和黄体酮并非表面看上去那样灵验。激素替代疗法虽然改善了许多女性的生活，却增加了心脏病发作和中风的风险。处方数量急速下降，医生们建议女性仅在出现严重更年期症状时服用此类药物。

怀特黑德说，激素疗法对于许多服用此类药物的女性来说仍然是一种颇受欢迎的福音，但今天的医生一般只会开出不超过两到四年的处方药。她自己接受激素治疗还不到三年。她说："我们现在对此持观望态度"，并补充道，科学家仍然在分析数据，以便更清楚地了解其安全性。

激素疗法的传奇经历毁誉参半。围绕激素替代疗法的医学闹剧无疑会导致不确定性和恐慌，甚至危及生命。但它至少为老年女性的健康亮起了亟待关注的红灯。研究人员开始花更多的时间来辨别更年期真正的症状，并且更合理地治疗与老年相关的其他问题，包括心理疾病等。一些科学家甚至正在研究解决方案，来帮助更年期妇女怀孕，或者延长育龄期等。

与此同时，其他科学家将注意力转向了更宏大、更广泛的进化问题，即女性为什么会经历更年期。它是否服务于某种具有生物学逻辑的目的？还是像皱纹和白发一样，属于衰老不可避免的特征，一种标志着身体无可挽回的衰退的缺乏症？为什么所有女性都要经历这种情况，但有些男性似乎直到死前都可以繁衍后代？

当我母亲开始经历更年期时，她仍然是一个活跃的职业女性。这件事并未阻止她经营生意、教授瑜伽、做饭以及照顾孩子。处于这种生活状态的人遍布世界各地。历史告诉我们，情况一直都是这样。健康的绝经后女性的存在给进化生物学家带来了巨大的困扰。为什么她们的生活依然充满生机，但大自然却让她们无法生育呢？

"这些老妇人简直活力四射。"

当像更年期这样重要的现象发生在人类身上时，我们几乎总是同样能在其他物种中找到同一现象。尤其在我们的灵长类亲属，比如黑猩猩以及其他类人猿当中。但更年期却并非如此，它很不寻常。几乎在每一个物种当中，雌性都是在无法生育之前就已经死亡。黑猩猩和人类一样，生育期不超过40年。但不同的是，在野外生活的黑猩猩极少活过40年。大象的寿命更长，但它们直到60多岁还在生育。绝经后继续生存很长时间的现象非常罕见，以至于据我们所知人类只和少数几个远亲物种具有同样的状况，比如虎鲸，它们在三四十岁时停止繁殖，但能活到九十岁。

这种罕见性的原因似乎在于这样一个事实，即人类和所有其他动物一样，几乎没有什么身体特征尚未被进化削弱，以便使其符合自己的目的。人类被自然合理化，很久以前就抛弃了我们不需要的东西，并且训练了我们的能力。寿命似乎就是此类特征之一。总的来说，若动物的寿命足够长，那么在养育后代的时候，就有可能看着它们长大，之后再死去。如果你无法繁衍后代，自己的基因便不能传递给下一代，那么尽管这听上去很残酷，但大自然通常就不会想要关注你了。这个逻辑表明，过了绝经期的女性本不应该继续活着。按照这个无情的标准，我的母亲和所有其他绝经的妇女都应该死去。

然而，这些女性就在我们身边。而且，平均来讲，她们比男性的寿命更长，虽然男性直到老年仍旧可以产生精子（尽管2014年的一项研究发现，35岁之后，男性的精子会发生变化，从而使得其伴侣受孕的可能性略微降低。而2003年发表的研究也指出，由年长的父亲，尤其是超过55岁的男性参与的受孕，会更容易导致流产和先天缺陷）。

对这一谜题的回答开始于乔治·威廉姆斯（George Williams）在1957年的一次短期观察，他是20世纪最重要的进化生物学家之一，当时在密歇根州立大学工作。他所考察的确切问题是，为何女性在中年时会如此突然地失去生育能力，而其他部分的衰老却发生得更缓慢，他在并未给出太多解释的情况下直接提出，更年期的出现可能是为了保护年长的女性免受与分娩有关的威胁，让她们足够长寿以照顾自己已经生下的孩子。

直到最近这些年，分娩仍然是女性的一大杀手。在19世纪，英格兰和威尔士的女性每1000人就有大约4人到7人因为生育而死或者死在分娩的过程中，而且这一数字直到第二次世界大战之后才有明显的下降。高龄产妇会同时加重母亲和胎儿的风险。威廉姆斯总结道："将更年期视为衰老综合征的一部分是不恰当的。"他的核心思想后来被称为"祖母假说"（grandmother hypothesis）[1]。

对于自己的父母健在的父母而言，祖母假说具有本能上的意义。比如我自己，今天我之所以能坐在书桌前写作，多亏了我的婆婆。她正忙着照顾我儿子，让我可以自由从事其他工作，或者生更多的孩子。而且不只有她这样。祖母们（不得不说，如今有些祖父也是如此）上午推婴儿车去学校和托儿所，下午再将自己心爱的宝贝接回来，这是我居住的伦敦街头常见的景象。我们如今通常将这种趋势与忙碌工作的父母和高昂的儿童保育费联系在一起，但它有着更深远的根源。儿童与（外）祖父母生活在一起的这种扩大式家庭，直到今天仍然是世界各地的一个共同特征。在非洲和亚洲更是如此。总部位于美国的研究机构儿童动态（Child Trends）在2013年开展的一项研究发现，亚洲至少有40%的儿童同时与扩大式家庭以及父母生活在一起。实质上，这可能就是祖母假说运作的熔炉。

对祖母的关注也让人们对更年期有了新的认识，这表明更年期不是某种生物标识或对老年的常规诅咒，而

---

1 这里的祖母既包括通俗意义上的祖母，也包括外祖母，下同。——译者注

是具有特定的进化目的。毫无用处的老太婆形象终于被有用的女人形象取代了。她没有成为社会的负担，退回到了一种更安宁的生活，而且她们走在了前面，成为核心。她在养家糊口。事实上，我们对年长女性的需求如此之大，可以说她们的存在就是活生生的证明。

自威廉姆斯在60年前第一次分享这个想法之后，研究人员一直在寻找证据。

克丽丝滕·霍克斯说："我不过是尝试了解男人们在做些什么。"霍克斯是祖母假说研究的领军人物，也是它激进的倡导者。

整个20世纪80年代，霍克斯都在针对巴拉圭东部的游牧狩猎－采集者阿契族人进行田野调查。她很快像之前的人类学家那样意识到，男人并没有为自己的家庭提供全部食物。单靠男人打猎根本无法养活女人和孩子，"他们追逐的是每个男人都参与猎杀的猎物。因此，自己的妻子和孩子得到的分量与其他人得到的差不多"。一个猎人获取的肉不但要分给很多人，而且是不定时获得的。有可能很长时间打不到任何猎物。

为了尝试揭示出狩猎－采集者社群中母亲和婴儿如何生存，霍克斯还研究了坦桑尼亚的哈扎族人。哈扎族对人类学家来说尤为特殊，因为，他们的生活状态可以说最接近当前可能发现的农业出现之前的人类生活。他们中很大一部分人不会照料庄稼或放牧牲畜，而他们的居住地——塞伦盖蒂以南地区，离人类最早的祖先化石发现地很近。霍克斯解释说："这是我去研究哈扎族的重要原因。"

在那里，她看到了辛勤的祖母们。"她们生活在那里，在我们面前。这些老妇人简直活力四射。"霍克斯谈到自己的田野调查时总是兴奋异常，甚至连声音的语调都变了。直到今天，她仍然对自己几十年前的研究发现感到由衷的惊叹。育龄妇女和绝经妇女之间是有劳动分工的，充满活力的老年妇女会和所有人一道去寻找食物。

霍克斯发现，哈扎族的祖母和其他年长的女性，包括姨母等，都会帮助女儿们抚养更多、更健康的后代。尽管她们自己已经不再生育，却对整个族群的繁衍至关重要。她指出，祖母同样也是哈扎族女性生育间隔得以缩短的原因。在年长的孩子独立之前，她们就已经开始帮忙了。1989年，她和自己的同事就这一主题发表了一篇里程碑式的论文，题为"勤劳的哈扎族祖母"（Hardworking Hadza Grandmothers）。霍克斯及其团队随后完成了更多的工作，揭示出这些年长的女性是多么勤劳。按照她们的描述，六七十岁的女性一年四季都在长时间工作，带回的食物与家中年轻的女性一样多，有时甚至比她们还多。

其他人类学家也观察到了类似情况。为"女性采集者"概念发展添砖加瓦的阿德里安娜·齐尔曼给我讲了一个特别生动的例子，这个例子是她1990年在《纽约客》上读到的。故事来自美国作家伊丽莎白·马歇尔·托马斯（Elizabeth Marshall Thomas），她曾经和非洲南部卡拉哈里的游牧狩猎 – 采集者一起生活过。托马斯描绘了一群在传染病蔓延期间生病的土著居民。当他们决定转移营地以寻求更多的食物时，一位年轻的寡妇和她的两个孩子因为病得太重无法和大家一起离开。"但她的母亲也在那里。这个身材矮小、相当年老的妇人将自己的女儿背在身上，用吊带把尚在襁褓中的小外孙横在胸前，另一个四岁大的外孙放在腰间。就这样带着家人来到了56千米之外的新营地里。"由于这位祖母超人般的努力，她的女儿和外孙得以从疾病中恢复，而没有被抛弃。

祖母假说的一个常见反驳被称为"延长寿命"（extended longevity）或"寿命副产品假说"（lifespan-artefact hypothesis），即认为更年期必然是女性预期寿命增加的副产品。我们无须回溯许多代就知道如今人类的平均寿命比祖先更长，更健康。在英国，1901年女性的预期寿命是49岁，而到了2015年已经接近83岁。预计到了2032年，这一数字会再增加4年左右。美国疾病控制和预防中心（Centers for Disease Control and

Prevention)的国家健康统计中心(National Center for Health Statistics)数据显示,2015年,美国女性的预期寿命刚刚超过81岁。因此,按理说,老年妇女已经无法继续生育,如果不是因为吃着健康食品,享受着公共卫生质量的提高和现代医学的进步,她们早就死了,根本就活不到更年期。

事实上,预期寿命数据可能会具有误导性。人口的平均寿命通常在很大程度上是由婴儿死亡率决定的。死亡的婴儿越多,平均寿命就会越低。这反过来也意味着,一些人早就达到了高龄,即便他们身边大多数人的寿命都比较短。通常认为,对更年期最早的记录来自公元前4世纪的亚里士多德,他当时注意到妇女在40或50岁左右停止生育。

对人类灵长类近亲的体重和身体大小进行比较的研究表明,早期人类祖先中只有一小部分可以活到66岁到78岁。最令人信服的是,科学家用克丽丝滕·霍克斯所采取的方式对狩猎-采集者进行研究发现,有20%至40%的女性处于绝经期后。换句话说,老年女性早就存在了。

萨拉·赫迪在其著作《母亲与他者》中指出:"少于半数的更新世(Pleistocene)母亲在第一次生育时自己的母亲还活着,或者生活在同一个社群当中。"因此,虽然不是每个孩子在出生时都有一个在世的祖母，但许多孩子都有。赫迪说，祖母是"理想的全能妈妈。她们有育儿经验，对婴儿的暗示很敏锐，擅长当地的生计任务，不会因为自己的孩子，甚或自己可能会有的孩子而分心，（像老年男子一样）拥有可贵知识的宝库，绝经后的女性也异常无私"。

确切的数据也支持了霍克斯的发现。对冈比亚的研究发现，祖母的存在会增加儿童的存活概率。在日本和德国的历史数据中也发现了类似结果。一项针对18世纪和19世纪3000名芬兰和加拿大女性的研究发现，她们在绝经后每多活十年，就会有多两个孙辈存活下来。

2011年，进化人口统计学家丽贝卡·西尔和生物医学家戴维·库尔汇集了世界各地的研究，找出除了母亲谁还对儿童的生存影响最大。他们在发表于《人口与发展评论》上的论文中做出结论，外祖母一直是最可靠的帮手："在超过2/3的案例中，外祖母的存在提高了儿童的存活率。祖母通常也与正面的幸存结果联系在一起，虽然在某种程度上不像外祖母那样稳定：差不多略微超过半数的案例中，祖母的存在提升了儿童的存活率。"

在埃克塞特大学研究动物行为的心理学家达伦·克罗夫特（Darren Croft）说："很少有物种在已经不繁殖的时候寿命还会延长。"克罗夫特对逆戟鲸（orcas，即虎鲸）特别感兴趣，逆戟鲸是目前所知少有的几个雌性不再繁殖后仍然能活数十年的物种之一，有的甚至能活到90岁。雄性却在很年轻时就死了，一般30到40岁。

克罗夫特及其团队在2012年发表于《科学》杂志上的一篇论文中概述了对这一现象的解释，他们认为原因在于鲸妈妈和她们的雄性幼崽之间极为紧密的关系。他解释说："雌性逆戟鲸一生都在照顾自己的后代，尤其是成年的雄性后代。"雌性逆戟鲸的一生都以自己的雄性后代为中心。而且，它们之间的关系如此紧密，以至于有数据显示，当母鲸死后，她的雄性后代有极大的概率早亡。顺便说一句，这只是她和雄性后代之间的关系。母鲸与雌性后代的关系要弱得多。

克罗夫特与埃克塞特大学、约克大学和美国鲸鱼研究中心（Center for Whale Research）的同事还做了进一步的研究，该研究发表在2015年的《当代生物学》（Current Biology）杂志上，他们还考察了北太平洋的逆戟鲸。对鲸鱼的观察让他们相信，是一生中累积的智慧让年长的雌性变得如此珍贵。克罗夫特说："雌性比雄性更像是鲸群的领导者，尤其是在缺少食物供应的情况下。对逆戟鲸来说，真正重要的是鲑鱼出现的时间和地点。"年长的雌性似乎更具备此方面的知识。

克罗夫特认为，虽然像他这样对更年期鲸鱼进行研究比较另类，但可以为人类的更年期之谜提供额外的补充。如果更年期会发生在其他野生物种身上，那么也会发生在人类身上。克罗夫特说："跟随年长的雌性并不是什么值得大惊小怪的事。"大象群体中也有雌性领导者，她们似乎对来自狩猎者的威胁掌握了独特的信息。

自祖母假说出现以来，其他理论也对之进行了补充。2007年，宾夕法尼亚州斯克兰顿大学心理学系的巴里·库勒（Barry Kuhle）提出，父亲（更确切地说是缺位的父亲）对雌性更年期的进化也发挥了作用。他的观点是，随着年龄的增长，与母亲相比，父亲对育儿的参与越来越少，部分原因在于他们死得更早，但同时也因为他们离开伴侣的可能性更高。这便支持了祖母假说，因为这使得祖母的行为甚至显得更加重要。库勒说："我只是添加了一个额外的因素。"

还有人补充说，祖母不一定是生活在和谐家庭中的那个热心、无私的保姆。2012年发表在《生态学通讯》（*Ecology Letters*）上的一篇研究表明，迫使一些女性照看自己孙辈的是代际冲突，而不是她们自己不会再生育孩子之类的事实。谢菲尔德大学的进化生物学家维尔皮·卢马（Virpi Lummaa）及其同事对芬兰的教区记录数据进行研究发现，在缺少足够供给所有孩子的资源时，如果儿媳和婆婆同时都有孩子，那么婴儿的存活率会大大降低。如果婆婆照看自己的孙辈，那么她会因为彼此之间的血缘关系获益。卢马说，儿媳却没有这样的好处。祖母和她们的孙辈有血缘关系，但儿媳与姑子和舅子之间却没有血缘关系。因而，当资源稀缺时，祖母只能做出一个精明的选择。

"男人，不管年轻还是年老，都偏爱年轻女性。"

祖母假说当然也遭遇了挑战。

这些年来，至少出现了十几种针锋相对的观点，每种观点都有自己的优缺点。其中包括"卵泡耗竭假说"（follicular depletion hypothesis），该假说就像扩展版的长寿假说，意思是如今女性比她们的卵子活得更长。这种观点的问题在于，你可能会觉得有更多孩子的女性会更晚经历更年期，因为她们在怀孕期间不会来月经。事实并非如此。另一种假说关注的是生殖成本，认为生育会对女性身体造成巨大伤害，而进化出更年期是为了保护她们免受进一步的伤害。若果真如此，我们可能会设想生育过更多后代的女性更年期会来得更早。事实也不是这样。另一种"衰老假说"（senescence hypothesis）提出的可能性是说，更年期只是变老的一种自然特征，与皱纹或者失聪类似。虽然变老的其他副作用可能会逐渐发生，包括男性失去生育能力等，但女性的生育能力却只是由于生理原因突然丧失的。

2010年，进化生物学家弗里德里克·卡赫尔（Friederike Kachel）和莱比锡马克斯·普朗克进化人类学研究所的一组研究人员决定展开一项测试，看看祖母假说是不是所有替代性假说中对更年期的最佳解释。他们运用计算机模拟来研究人类是如何随着绝经后女性寿命的延长而进化的。克丽丝滕·霍克斯及其团队到目前为止已经累积了很多年支持祖母假说的证据，让她们感到惊讶的是，虽然给予帮助的祖母的确提高了孙辈的存活率，但这种结果似乎不足以解释为何女性会如此长寿。

2012年，为了从已经开始质疑该假说的各种报道中解救它，霍克斯及其团队公布了自己的计算机模拟结果，结果显示，在数千年的时间里，尤为长寿的祖母在人口中所占的比例从1%慢慢增加到43%，这确实延长了所有人的平均寿命。她和同事们认为，德国数学模型的部分问题可能在于，它们只运行了一万年的数据，而实际上，人类进化的漫长过程意味着其影响可能要更长的时间才能显现。她们还认为，该模型没有考虑到这样一个事实，即男性活得更久可能会产生一些成本，比如必须与同等数量有生育能力的其他男性竞争相对较少有生育能力的女性。

随后在2014年，霍克斯与犹他大学和悉尼大学的同事在另一个数学模型中导入了他们的数据。这一次，他们设想在人类历史的某一个时刻，我们与自己的灵长类表亲有着相似的寿命，也和它们一样，女性在更年期之前就死掉了。随后，在这个模型中缓慢嵌入一小组发生基因突变的女性数据，也就是说，这一组的女性比所有人寿命都长。基因突变逐渐扩展，最终每个人都非常缓慢地获得了较长的寿命。

霍克斯解释说："当你一开始就将发挥作用的祖母囊括进来时，几乎没有人在无法生育之后还活着。但就是那些为数不多的人，那些仍处于育龄末期的人，就足以在自然选择面前开始将寿命的历史从类人猿那样的长短转向人类这样的长短。最终我们变得看起来很像在现代狩猎—采集者社群中观察到的样子。"在人类进化的早期阶段，需要的只是少数几个好祖母。

当然，并不是所有人都接受这一点。

进化生物学家拉马·辛格（Rama Singh）从加拿大麦马士达大学通过电话对我说："先让我们假设配对不是随机的。"听起来他好像在笑，这让我意识到他的评论将会多么具有挑衅性。

我们两个都清楚，他提出的是对祖母假说最具争议性的反面理论。他说:"我们知道,不管是年轻男子还是老男人,都喜欢年轻女孩。所以,如果有更年轻的女孩存在,年长的女性就不会有太多配对的机会。"他继续说,如果她们不和男人发生关系,也就不需要具备繁殖能力了。总而言之,年长女性之所以不再具备生育能力,是因为男人觉得她们没什么吸引力了。一位记者将这种解释描绘成,将"男人"纳入"更年期"当中。

2013年,辛格与麦马士达大学的两位同事理查德·莫顿(Richard Morton)和乔纳森·斯通(Jonathan Stone)共同将这个观点发表在了《公共科学图书馆·计算机生物学》(PLOS Computational Biology)期刊上。这是一篇立即吸引全世界新闻报道和大量信件的论文。辛格承认:"我们收到许多来自女性的持负面态度的信件。她们认为我们给予男性在进化中过多的发言权。"其中一位女士挖苦式地想要知道作为一个上了年纪的女人,她需要多少性生活才能规避更年期。

当我问及这些批评时,他回应道:"无论你是否相信,只要看看今天的社会就知道。科学枯燥又无聊。实际上自然根本不在乎人类的同情或感受。"

但是,许多人都质疑辛格的自然观。事实上,辛格、莫顿和斯通的说法已经遭到科学界的嘲笑。维尔皮·卢马告诉我:"这个观点毫无意义。黑猩猩实际上会选择年长的雌性做伴侣。"丽贝卡·西尔也认同这一点："这个论点很蠢，它一出现就注定被抨击。它陷入了循环论证。男性不喜欢绝经后女性的原因在于，她们已经绝经无法怀孕了，而不是反过来。"即便如此，辛格和同事仍然坚持己见，毫无歉意。

他们的想法并不是什么新东西。其灵感来自当时在哈佛大学工作的人类学家弗兰克·马洛（Frank Marlowe）于2000年发表的一篇论文，该文颇具挑衅意味地解读了更年期，被称为"族长假说"（patriarch hypothesis）。顾名思义，族长假说指的是有权势的男人。具体而言，就是那些即便年纪大了，也有足够的能力与年轻、有生育能力的女人发生关系的男人。马洛在其发表于《人类本性》上的文章中解释说："一旦男性能够保持较高的社会地位，并在过了身体最佳状态的情况下仍然能繁衍后代，自然选择就会有利于延长男性的最高寿命。"他认为，即便只有少数几个社会地位高的老男人散播他们的种子，也足以在人类的寿命中产生某种差异。

由于关系到寿命增长的基因恰好不在Y染色体上，而Y染色体只在雄性系当中具备，这意味着女性会遗传到相同的基因特点，从而获得更长的寿命。换句话说，因为和父亲们的寿命一样长，所以女儿们在进化中是被拖着走的。进化生物学家迈克尔·古尔文解释说："就像乳头一样。"男性有乳头是因为女性有乳头，即便他们并不需要。类似地，按照族长假说，女性享受着较长的寿命，即使她们并不需要，那是因为男性需要。

若干年后，当辛格、莫顿和斯通探究族长假说时，他们的结论是认为马洛的思路并未完全解释更年期是如何出现的。他们通过运行计算机模型来模拟人类在早期历史中可能的进化过程时发现，随着时间的推移，在人口中增加一些不孕的基因突变对人类总体的生育能力并没有太大的影响。这些基因突变只是消失了："生育和存活率会一直保持一定的高度到老年阶段。不再有更年期了。"但是，当他们在模拟程序中加入年长男性更乐意与年轻女性发生关系这一关键因素时，女性更年期确实出现了。

他们宣称，这就是稍加调整的族长假说能够解释女性更年期的证据。祖母们可能非常努力，但最终起决定性作用的是性吸引力。

弗兰克·马洛也和克丽丝滕·霍克斯一样，多年来一直在近距离研究哈扎族的狩猎-采集者。不同的是，他对人类寿命和更年期提出了颇为迥异的解释。为什么两位杰出的研究者针对完全相同的群体却得出了如此对立的理论呢？

拉斯维加斯内华达大学的人类学家阿莉莎·克里滕登（Alyssa Crittenden）曾与弗兰克·马洛展开密切合

作，她认为，部分原因可能在于马洛与霍克斯是在不同的时间观察哈扎族人，他们之间的时间间隔将近20年。这些社群在与世界其他地区进行互动的过程中变得脆弱，或许在这段短暂的时间里他们已经改变了自己的生活方式。比如，菲律宾纳纳杜坎的阿格塔妇女，已经因为这个原因开始放弃狩猎了。

不过还有其他解释。克里滕登说："部分原因可能在于研究者的性别。科学理应是客观的。"但她承认，研究人员的性别可能影响其收集数据的方式。

霍克斯和马洛如今有自己的研究阵营，每个阵营也都有自己对过去的解释版本，一个支持有权势的老男人，另一个偏向祖母。霍克斯说："我打赌祖母假说真的会成为女性长寿这一特殊特征的关键。"她解释说，要让族长假说行得通，至少一开始要有若干年长的男性活着，从而使得这些事情发生，但事实上，在我们的灵长类表亲中，不存在任何类似的黑猩猩或类人猿，这就提出了一个问题：这些有足够数量的长寿男性从何而来？她说："族长假说的问题在于，他必须以某种方式抵达自己想要开始的那个地方。"

2015年，当我电话联系马洛时，他由于患有阿尔茨海默病无法接受采访。阿莉莎·克里滕登告诉我，虽然她依旧非常尊重马洛的研究，但他关于族长假说的论文并未像其他工作一样经受住时间的考验。比如，其他研究人员引用该文的次数要远远少于霍克斯关于祖母假说的论文。

然而，其他研究人员仍然有不同看法。当我询问迈克尔·古尔文关于祖母假说的意见时，他表示了怀疑。2007年，古尔文与斯坦福大学生物学教授什里帕德·图里亚布尔卡（Shripad Tuljapurkar）以及该校博士生锡德里克·普利斯顿（Cedric Puleston）共同发表了一篇题为"为何男人重要：配对模式驱动人类寿命进化"（Why Men Matter: Mating Patterns Drive Evolution of Human Lifespan）的论文。追随马洛族长假说的思路，他们在文章中论称，丈夫通常比妻子年长的一般模式，以及少数地位较高的老年男性设法与年轻女性发生关系的现象，或许是人类长寿的部分原因。

他们的观点是，即便祖母假说为真，男性在其中必然也发挥了一定的作用。论文发表之后，普利斯顿对一位来自《斯坦福新闻社》（Stanford News Service）的记者说："如果将男性排除出去，你就无法精确估计自然选择的力量。作为一个男人，知道男人在其中起到的作用我会舒服一些。"

古尔文目前采取中间立场，认为不仅仅是女性，两性的祖父母都是我们长寿的原因。他不相信只诉诸女性就能解释人类进化过程中如此重要的一个特征。这种双性别模式宣称，年长人士的用处不止在于看孩子和生产食物。按照古尔文的说法，把知识代代相传可能是另一个好处。其他好处还包括调节冲突。虽然人类的大脑巨大而复杂，但技能通常会随着年龄的增长而提高，老年人饱含智慧这种刻板印象即来源于此。在整个历史当中，男性和女性都会在分享智慧方面发挥作用。

在该领域中的每个人都面临着数据稀缺和混乱的问题。我们无法确定千百年前的人类如何生活。尽管哈扎族可能是我们了解过去的一扇重要窗口。但它却是一个微小而且固定的地方。来自世界其他狩猎－采集者社群的证据甚至更加粗糙。这便留下了臆测的空间。古尔文是反对祖母假说的温和派。而马洛、莫顿、斯通和辛格在较为强硬的一端。但是不难发现其中的一种倾向性：与祖母假说针锋相对的理论大多来自男性研究者。

当我问及在其研究领域中是否有可能存在偏见时，古尔文笑了。他充满讽刺地问我："你是说人类在研究人类时带有偏见吗？"他解释道，对于人类为何能活得如此之久，以及是什么让老年人在不同的社会类型中发挥作用，有各种五花八门的解释，这意味着，事物的可能性或许比实际发生的要多得多。正是这种不确定性的空间使更年期成为一个如此多变的话题。从族长假说到祖母假说，我们可能永远也无法确定哪个是对的。古尔文承认：
"如果你拉一堆人过来问他们自己相信哪一种，会有更多
的女性选择相信祖母假说，而男性选择族长假说吗？结
果不会让我惊讶……这很难保证绝对没有偏见。"

他的观点是，莫顿、斯通和辛格关于男性单独一个群
体就塑造了更年期的说法只是一厢情愿罢了。但他同样
也认为，克丽丝滕·霍克斯过于强调祖母假说，从而忽视
了对其证据的批评。他说，该假说之所以能够继续存在，
是因为有吸引力，而不是因为它是正确的。"通过把男人
当作替罪羊，似乎它就成为一种激进的观念，有人便开始
买账。"

爱达荷州立大学的衰老生物学家唐娜·霍姆斯
（Donna Holmes）对古尔文的观点表示赞同。她告诉
我，自己与霍克斯对祖母假说的看法并不一致，而且她现
在也不相信这个假说。"这个理论充满挑衅性而且很新颖。
它让女权主义者们颇为高兴，因为它对祖母友善，而且反
驳了认为年长的女性毫无价值的观念。该理论也让自由
主义者感到满意，因为人们乐意觉得变老是一件'自然
而然'，而且是可以在没有任何邪恶制药行业干预的情况
下完成的事。因而，祖母假说变得非常时髦。"

阿莉莎·克里滕登却不这样认为。她说："突出克丽丝
滕·霍克斯所起到的作用很重要。"阿莉莎受到两种在她

看来针锋相对的观点的撕扯，她告诉我说："当枪口对准我脑袋的时候，我会选择祖母假说。"她接着补充道，在两种假说最初发表的这些年来，强化祖母假说的数据要远远多过弗兰克·马洛的族长假说。"绝经后妇女在社会经济方面付出的努力，不断让我感到震惊……我的确相信祖母在其中扮演了一种极为特殊的角色。"

在发表第一篇关于勤劳的哈扎族祖母论文以来的三十多年，她始终坚持认为证据的效力在自己这边。她告诉我："我当时并不清楚年迈女性所做的事竟如此重要。这确实凸显出育龄后女性对人类的谱系进化方向产生了极其重要的影响。"

无论有怎样的争议性，她的研究已经将老年女性带入了进化的框架当中。一扇大门已经打开，它开启了一种完全不同的、更积极的思考衰老的方式。而在今天，这种研究构成了更广泛工作的一部分，即探问更年期是否应该受到欢迎，而不是惧怕。早在20世纪70年代，美国人类学家玛莎·弗林特（Marcha Flint）就对印度拉贾斯坦邦的社群进行了研究，那里的妇女对老年的看法非常不同。当地的女性告诉她，变老是一件好事，这让她们在社群中有了崭新的地位，也与男性更加平等。相比之下，弗林特将美国人对更年期的消极态度描绘成一种"综合征"。当更年期被视为一种诅咒而不是一种祝福时，女性自然会对它感到不愉快，而且似乎也因此报告出更多的症状。

这一观察最近得到了其他研究人员的支持。研究员贝弗利·艾尔斯（Beverley Ayers）2011年在伦敦大学国王学院心理学系工作时表示，西方医学界对待更年期女性的方式让她们相信更年期的症状比实际情况要多。在《心理学家》（Psychologist）杂志上发表的一篇文章中，艾尔斯及其同事说，西方女性说她们会有"潮热、盗汗、月经不调和月经过多、抑郁、头痛、失眠、焦虑和体重增加"等症状，而在印度、中国和日本，这些症状并不常见。一种可能的解释是，女性只是把变老的影响与更年期的体验混为一谈了。如果科学告诉她们更年期是一种疾病，女性就开始觉得它真的是病。

更年期的故事是一个关于有时候科学会如何辜负女性的故事。但正如祖母假说所表明的，科学也替代了其他的叙事模式。此类叙事不仅挑战了陈旧的先入之见和令人厌倦的刻板偏见，而且真正赋予女性以权力。事实上，克丽丝滕·霍克斯在最新的研究工作中表示，勤劳的祖母可能在大约200万年前，即人类发展的极早阶段就已经出现了，这意味着她们掌控的关键点可能远不止于人类的长寿而已。她推测说："或许正是由于祖母的助益，原始人类得以走出非洲，扩散到以前未曾到访的温带和热带旧世界当中。"在她向我们讲述的故事中，古代祖母不仅是家庭的权力中心，而且在人类第一次从非洲大陆移民到世界各地的过程中，她们是这些巨大变化的载体。年龄对于她们践行自己的力量丝毫没有造成阻碍。

正是因为这些女性的艰辛努力，一切才成为可能。

结　语

女权主义者已经摧毁了
旧有的女性形象，但是她们
无法抹去仍然存在着的
敌意、偏见和歧视。

贝蒂·弗里丹（Betty Friedan）：
《女性的奥秘》（*The Feminine Mystique*, 1963）

在伦敦布鲁姆斯伯里，离我住所不远的地方有一所韦尔科姆图书馆，那里书架上的一本科学书籍吸引了我的目光。在一排排学术期刊和医学教科书中，角落里藏着一本1953年出版的小册子，名为《女性的天然优势》。

这本书的作者是英国裔美国人类学家阿什利·蒙塔古，他在书中写道："女性的天然优势是一个社会事实，而且是被社会忽略的一块知识领域。"当我第一次读到这一直白的言论时，感觉它听起来有些激进，但是如果回到20世纪50年代，我完全能够想象，这句话听上去一定更为激进，毕竟当时女性除了投票权也没什么别的权利。找到这本书时，我已经研读了横跨两个世纪的数百页科学文献，这些文献都专门论述了女性在某种程度上逊色于男性的观念。这本小册子是少有的例外，而且作者是一位男性。于是，我自己买了一本旧的。

随后我了解到，这并不是蒙塔古唯一一部充满争议的著作。他是一位多产的作家，曾经在普林斯顿大学演讲，并在战后成为知识界的名流，出现在了美国的脱口秀节目中。当希特勒在欧洲对犹太人犯下暴行时，他书写了种族这一生物概念的谬误之处。在关于女性的论著中，他将妇女受到压迫的状况与美国黑人的历史待遇相提并论。早在女性外阴切除术成为今天备受关注的问题之前，蒙塔古就已经发起了反对该行为的运动。

蒙塔古原来并不叫蒙塔古。他原名伊斯雷尔·埃伦伯格（Israel Ehrenberg），1905年出生在东伦敦一个犹太裔俄罗斯移民家庭，这一背景几乎注定让他成为反犹主义的受害者。或许这也是他改名的原因。他选择了18世纪的作家和女权主义者玛丽·沃特利·蒙塔古（Mary Wortley Montagu）女士作为自己的新身份。蒙塔古女士因撰写关于奥斯曼帝国的游记，以及在看到天花疫苗在土耳其的有效使用后，倡导接种天花疫苗而为世人所熟知。她当时深信接种疫苗能拯救生命，早在这种医疗实践在英国普及之前，就给自己的孩子打了预防针。

我不清楚除了名字之外，玛丽女士对蒙塔古是否还有其他方面的启发，但似乎影响是存在的。在书中，蒙塔古着眼于生物学的测量方法——正是基于此，人们才认为女性逊色于男性。他运用数据表明，无论从智力上还是身体上来说，女性都不是无力和软弱的。他激情澎湃地为女性地位的提升给出了理由。他并不总是客观的。实际上，他还会时常用自己的观点取乐："如果我有时拿自己的性别开玩笑，希望没有哪个毫无幽默感的男人会觉得是在诽谤他。"

蒙塔古还明确指出，如果拥抱变革，男性会从中获益无穷。他呼吁灵活的工作模式，从而使父母能够分别照顾孩子，这样双方都可以享受抚养孩子带来的益处。他还希望丈夫们无论自己多么不喜欢家务，都不要把全部工作留给居家主妇来完成。他写道："男人在寻求解决办法的过程中，他们自己本身就是一个问题。当男人明白解决自身问题的最好方法是帮助女人解决男人给她们创造的问题时，他们就迈出了解决问题的第一步……真相会让男人和女人同时获得自由。"无论在当时还是现在，这条信息都相当及时。

尽管如此，还是让我再讲一个其他人类学家的故事吧。

2015年，梅尔文·康纳（Melvin Konner）从蒙塔古的著作中获得灵感，自己写了一本书，名为"女人终究是女人：性别、进化与男性霸权的终结"（Women After All: Sex, Evolution, and the End of Male Supremacy）。他在书中指出，女性有一些共同的特质，让她们成为现代社会天然的领导者。他在采访时告诉我："刚好我觉得少一些暴力更好。"他说，如果粗暴的力量是男性特权的一个重要原因，那么在一个强力不再重要、暴力似乎在减少的时代，女性的地位自然要提高："我认为，如果女性拥有更大的影响力，这个世界会更美好。"

如今看来，这种想法应该没那么激进了。毕竟，时代变革已经在进行中，我们拥有了女性领导者。实际上，有些批评家认为康纳的观点有点居高临下。但是，女性掌权这种简单想法，在1953年《女性的天然优势》上架时或许是一种有趣的挑衅，如今情况却截然不同。当该书在《华尔街日报》（*Wall Street Journal*）上连载时，康纳在48个小时之内就收到了超过700条评论，许多评论都来自一个"男权运动"组织。他回忆道，有些评论很简短，但开头结尾都是"去你的！"还有人对他说："你的愚蠢真是无法形容。"这些回应令人震惊。他的妻子开始为家里的门上两道锁。康纳承认，女性获得权力的想法对某些人来说是一种"威胁"。

这种反应其实毫不奇怪。当妇女参政论者在19世纪和20世纪初期为投票权斗争时，面对着更为巨大的阻力。这是一场苦涩、血腥的战斗。数以千计的人被监禁，有些人还受到折磨。女性生活中的每一次变革浪潮都带有同样的阻力。

如今，当世界各地的妇女为更多的自由和平等而斗争时，再一次遭遇暴力的顽固阻挠。根据致力于促进生殖权利的研究组织古特马赫研究所（Guttmacher Institute）的数据显示，过去的五年里，美国某些州越来越多地试图限制妇女堕胎的权利。有些对堕胎药进行限制，另一些则从限制私人保险覆盖范围以及堕胎诊所的规定方面入手。该机构在2016年1月发布的一份新闻稿中警告说："对堕胎渠道的持续封锁没有减弱的迹象。"在共和党总统唐纳德·特朗普（Donald Trump）的领导下，人们担心形势会恶化得更快。

同样，尽管世界各地的斗争者为提高人们的认识做出了巨大的努力，但南亚某些地区堕掉女胎，以及非洲地区的女性割礼现象仍然普遍存在。强调女性谦逊的宗教激进主义的蔓延，也见证了女性性自由的保证就在我们眼前日渐衰落。

有一种现象被称为"北欧悖论"（Nordic paradox），这种悖论说明法律面前人人平等并不总是能保证女性得到更好的待遇。冰岛是世界上女性在劳动力市场参与度最高的国家之一，政府给予儿童保育大量补贴，父母也有相同的育儿假。自2006年以来，挪威要求上市公司董事会成员中至少40%为女性。然而，2016年5月发表在《社会科学与医学》（*Social Science and Medicine*）上的一份报告显示，北欧国家亲密伴侣暴力侵害女性的概率高得不成比例。对这一悖论的一种解释是，随着传统男性特质和女性特质的观念受到挑战，北欧国家可能正在经历一次反弹效应。

对女性而言，这个世界似乎比1953年阿什利·蒙塔古写作《女性的天然优势》时更美好，但在某些方面反而更加糟糕了。来自某些角落的阻力具有如此强大的害处，以至于有可能颠覆已经取得的进步。

或许你会觉得这些斗争与崇高的科学界毫无关系。学者们通常会对把自己的工作与政治混为一谈的想法嗤之以鼻。但是，如果不考虑过去科学如何不公平地对待女性（某些方面现在仍然如此），未来就可能更加不公平。而且，这对我们所有人同样重要。因为科学如何描绘女性将深刻塑造社会怎样理解男人和女人。在平等斗争中，思想观念的争执也包括生物事实。

本书采访的人物中，每一位致力于挑战关于女性的负面研究的科学家几乎都宣称自己是女性主义者。这丝毫没有影响他们工作的出色度。在某些情况下甚至恰恰相反。著有《对女性的误判：为什么女性不是更好的、低人一等的抑或截然相反的性别》（*The Mismeasure of Woman: Why Women are Not the Better Sex, The Inferior Sex, or the Opposite Sex*）一书的美国社会心理学家卡罗尔·塔夫里斯（Carol Tavris）这样告诉我："这就是女权主义，它涉及意识形态、政治和道德的信念与目标。而科学要求我们把自己的信仰和假设（包括那些受到女权主义启发的）付诸实践……几十年来，女权主义是一个曝光科学偏见的镜头。它让科学本身变得更好。女性开始研究大多数男性学者根本不感兴趣的女性生活问题——月经、怀孕、分娩、性、工作与事业、爱情等。当男性将女性纳入自己的研究，并挖掘出性别差异时，他们通常得出的结论是，女性不仅与男性不同，而且是有缺陷的。因此，女权主义是打破人们所持有的荒谬信念的重要方式。"

我着手写作这本书时，想要深入事实的核心当中，即便这些事实会让人感觉不舒服。对于事实不清晰之处，我试图突出围绕它们产生的各种争论。本书的目的不是要表明一种性别更逊色，另一种性别更出色（我不认为任何人能够对此做出合理的区分）。我只是想对自己和其他女性的生物学故事有更好的理解。正如我所了解到的，科学远远没有那么完美。这不是科学方法的错误，而是我们自身的问题。我们这些不完美的生物闯进了科学的家，双脚弄脏了它的地毯。我们本应该成为科学恭敬的客人，但却到处耀武扬威。在我们的掌控之下，科学只能是一次自我修正的真理之旅。因此，本书提及的所有研究都不代表故事的结局。理论只是理论，它期待着更多的证据。

但是，无论此类研究在某些领域有多么不明朗，我仍发现了值得庆幸之处，即科学已经为渴望生活在一个更公平世界中的男人和女人提供了一切。女权主义可以成为科学的朋友。它不仅通过推动研究人员纳入女性的视角来改进科学的工作方式，而且科学反过来也可以向我们展示出两性并不像看起来那样彼此不同。迄今为止的研究表明，通过每个人平等的努力、共同分担工作和责任，全世界的人类得以生存、繁荣和扩展。对于人类的大部分历史而言，男人和女人都在亲密合作。而我们的生物学也体现了这一点。

当然，从某种程度上来说，生物学对于我们今天的生活方式没有任何影响。我们已经进入科学家称之为"人类世"（Anthropocene）的时代，在这个时代中，人类被认为对全球的生态系统产生了深刻的影响。我们以其他动物完全做不到的方式掌控着生活环境。而且，我们掌控着自己。我们有控制女性怀孕的节育措施，也有让父亲识别孩子生父的鉴定手段。科学家已经在着手研究三亲婴儿[1]。几十年内，将更年期推迟到老年也是有可能的。人工智能或许最终会改写工作和恋爱的法则。我们会进化到一个人类已经与以往不再相同的世界当中。那时我们就给了自己选择任何生活方式的权利。

如此一来，在这样的世界中，我们还在存续了几个世纪的老一套模式下劳碌似乎就变得很奇怪了。我们花了这么长时间才实现两性平等，而实现平等的力量完全掌握在我们自己手中。过去阴云密布的窗口严重扭曲了我们看待社会的方式，以至于我们很难用另一种方式去想象它。研究人员面临的任务是继续清洁窗口，直到我们看清真正的自己，就像阿什利·蒙塔古尝试过的那样，就像许多先驱学者已经践行以及今天继续努力的那样。

事实将会赋予我们把社会变得更好的能力，将其变成一个平等对待每个人的社会。这不仅是因为事实使我们变得文明——如以往证据已经表明的那样——还会让我们成为真正的人类。

1　三亲婴儿指的是通过基因干预手段出生的婴儿，会携带有父母之外第三方的遗传基因。——译者注

致　谢

2014年春天，《观察家》（*Observer*）杂志的编辑伊恩·塔克（Ian Tucker）请我写一篇关于更年期的文章。构思这篇文章让我接触到了大量的研究，尤其是科学内部关于如何定义女性的争论。这也正是本书的核心。感谢Fourth Estate出版社编辑路易斯·海恩斯（Louise Haines）对又一本性与性别研究著作的支持，她还给予了许多宝贵意见和想法。同时感谢Beacon出版社的埃米·考德威尔（Amy Caldwell）想出了这个书名。我的经纪人彼得·塔拉克（Peter Tallack）和蒂斯·塔卡基（Tiss Takagi）也提供了巨大的帮助，使我当初的想法得以成形，他们在完成后还帮忙改进了手稿。

还要衷心感谢作家协会和布兰德尔信托基金会，他们十分慷慨地给了我一笔研究经费，让我有时间写作，能够为研究购买书籍、旅行考察。如果没有他们的帮助，我作为一个全职妈妈根本不可能写完这本书。希望他们也会将自己的善举一直传递给其他与我处境相同的作家。

非常感谢剑桥大学图书馆手稿室特许我查阅查尔斯·达尔文的私人信件，包括他与马萨诸塞州布鲁克林的卡罗琳·肯纳德的往来信件。此外，还要感谢伦敦韦尔科姆图书馆提供的药品广告档案。英国间性人协会（The UK Intersex Association）和英国间性人公益组织（Intersex UK）围绕间性人状况的问题为我提供了帮助和建议。

此外，感谢许多朋友和学者在校对某些章节过程中给予的帮助。其中包括理查德·昆顿、诺曼·芬顿、保罗·马修斯、汤姆·武利亚米、贾纳韦·法尔吉、丹尼斯·希尔、蒂姆·鲍尔、莫妮卡·尼尔曼、雷纳·尼尔曼、里马·萨伊尼以及穆库尔·德威昌德。萨拉·赫迪、帕特里夏·格瓦蒂和罗伯特·特里弗斯尤为慷慨地花时间回答了我没完没了的提问。唐·斯塔林非常友好地为书中关于进化的章节提供了自己丰富的专业知识。普利蒂·贾和普拉德·德威昌德最后仔细阅读了整本书，给出了非常宝贵的反馈，而手稿最后的编辑工作是由Fourth Estate出版社的罗伯特·莱西在同样的细致工作之下完成的。但我最深和最衷心的感激要送给彼得·弗罗贝尔。我已经把他看作目前为止最尖锐的读者，而他的观点以及对手稿中事实的核查更加让我感到钦佩。

缺少家庭的帮助，一边写书一边抚养一个两岁的孩子是无法做到的。我最应该感谢的是我的婆婆尼娜，她每周都会从医生的工作中抽出大量时间照顾孙子，还有我的好丈夫穆库尔，他愿意放弃我的陪伴，在晚上和周末独自照顾我们的儿子，这样我就可以写作和出差了。

感谢我所有的家人和朋友，也要感谢我最爱的儿子安奈林，每当我从阅读中抬起头时，他总是能让我微笑。我希望有一天他会读这本书，因为写作这本书时我思虑的正是他的未来。

参考文献

导言

Carothers, Bobbi and Harry Reis. 'The Tangle of the Sexes'. *New York Times*, 20 April 2013.

Einstein, Albert. 'Professor Einstein Writes in Appreciation of a Fellow-Mathematician'. *New York Times*, 5 May 1935.

Ghorayshi, Azeen. 'Famous Berkeley Astronomer Violated Sexual Harassment Policies Over Many Years'. *BuzzFeed News*, 9 October 2015.

Ghorayshi, Azeen. '"He Thinks He's Untouchable"'. *BuzzFeed News*, 29 June 2016.

Grunspan, Daniel Z., et al. 'Males Under-Estimate Academic Performance of Their Female Peers in Undergraduate Biology Classrooms'. *PLOS ONE* II, no. 2 (2016).

Hamlin, Kimberly A. *From Eve to Evolution: Darwin, Science, and Women's Rights in Gilded Age America*. Chicago: University of Chicago Press, 2014.

Harmon, Amy. 'Chicago Professor Resigns Amid Sexual Misconduct Investigation'. *New York Times*, 2 February 2016.

Hemel, Daniel J. 'Summers' Comments on Women and Science Draw Ire'. *Harvard Crimson*, 14 January 2005.

Institute for Women's Policy Research. 'Pay Equity and Discrimination'.

Knapton, Sarah. 'Female Brain is Not Wired for Weight Loss,

Scientists Conclude'. *Daily Telegraph*, 1 February 2016.

Levin, Sam. 'UC Berkeley Sexual Harassment Scandal Deepens Amid Campus Protests'. *Guardian*, 11 April 2016.

Lucibella, Michael. 'March 23, 1882: Birth of Emmy Noether', This Month in Physics History. *American Physical Society News* 22, no. 3 (2013).

Mervis, Jeffrey. 'Caltech Suspends Professor for Harassment'. *Science*, 12 January 2016.

Moss-Racusin, Corinne A., et al. 'Science Faculty's Subtle Gender Biases Favor Male Students'. *Proceedings of the National Academy of Sciences* USA 109, no. 41 (2012), 16474–9.

National Science Foundation, 'Women, Minorities, and Persons with Disabilities in Science and Engineering: 2015'.

Pattinson, Damian. 'PLOS ONE Update on Peer Review Process'. 1 May 2015.

The Press Association, 'Gender Gap in UK Degree Subjects Doubles in Eight Years, Ucas Study Finds'. *Guardian*, 5 January 2016.

Ruti, Mari. *The Age of Scientific Sexism: How Evolutionary Psychology Promotes Gender Profiling and Fans the Battle of the Sexes*. New York: Bloomsbury Press, 2015.

Schiebinger, Londa. 'Skeletons in the Closet: The First Illustrations of the Female Skeleton in Eighteenth-Century Anatomy'. *Representations* 14 (1986), 42–82.

Summers, Lawrence H. 'Remarks at NBER Conference on Diversifying the Science and Engineering Workforce'. Harvard University website, 14 January 2005.

UK Office for National Statistics, 'Annual Survey of Hours and Earnings: 2016 Provisional Results'.

United Nations Educational, Scientific and Cultural Organization, 'Women in Science'. 17 November 2015.

US Bureau of Labor Statistics. 'American Time Use Survey Summary'. 24 June 2015.

WISE, 'Woman in the STEM Workforce'. 7 September 2015.

Wolfinger, Nicholas. 'For Female Scientists, There's No Good

Time to Have Children'. *Atlantic*, 29 July 2013.

Women's Engineering Society, 'Statistics on Women in Engineering'. Revised March 2016.

第一章

Angier, Natalie. *Woman: An Intimate Geography*. London: Virago, 1999.

Baca, Katherine Ana Ericksen. 'Eliza Burt Gamble and the Proto- Feminist Engagements with Evolutionary Theory'. Undergraduate thesis, Harvard University, 2011.

Coates, J.M. and J. Herbert. 'Endogenous Steroids and Financial Risk Taking on a London Trading Floor'. *Proceedings of the National Academy of Sciences USA* 105, no. 16 (2008), 6167–72.

Cueva, Carlos, et al. 'Cortisol and Testosterone Increase Financial Risk Taking and May Destabilize Markets'. *Scientific Reports* 5, no. 11206 (2015).

Darwin, Charles. *The Descent of Man: Selection in Relation to Sex*. London: John Murray, 1871.

Egan, Maureen L. 'Evolutionary Theory in the Social Philosophy of Charlotte Perkins Gilman'. *Hypatia* 4, no. 1 (1989), 102–19.

Evans, Herbert M. 'Endocrine Glands: Gonads, Pituitary, and Adrenals'. *Annual Review of Physiology* 1 (1939), 577–652.

Fausto-Sterling, Anne. *Sexing the Body: Gender Politics and the Construction of Sexuality*. New York: Basic Books, 2000.

Gamble, Eliza Burt. *The Evolution of Woman, an Inquiry into the Dogma of Her Inferiority to Man*. New York: Knickerbocker Press, 1894.

Geddes, Patrick and J. Arthur Thomson. *The Evolution of Sex*. New York: Scribner and Welford, 1890.

Hamlin, Kimberly A. *From Eve to Evolution: Darwin, Science, and Women's Rights in Gilded Age America*. Chicago: University of Chicago Press, 2014.

Hoeveler, J. David. *The Evolutionists: American Thinkers Confront Charles Darwin, 1860–1920*. Lanham, MD: Rowman & Littlefield Publishers, 2007.

Oudshoorn, Nelly. 'Endocrinologists and the Conceptualization of Sex, 1920–1940'. *Journal of the History of Biology* 23, no. 2 (1990), 163–86.

Romanes, George John. 'Mental Differences of Men and Women'. *Popular Science Monthly* 31 (July 1887), 383–401.

Sanday, Peggy Reeves. 'Margaret Mead's View of Sex Roles in Her Own and Other Societies'. *American Anthropologist* 82, no. 2 (1980), 340–8.

Schiebinger, Londa. *The Mind Has No Sex? Women in the Origins of Modern Science*. Cambridge, MA: Harvard University Press, 1989.

Seymour, Jane Katherine. 'The Medical Meanings of Sex Hormones: Clinical Uses and Concepts in The Lancet, 1929–1939'. Dissertation, Wellcome Centre for the History of Medicine at University College London, 2005.

Van den Wijngaard, Marianne. *Reinventing the Sexes: The Biomedical Construction of Femininity and Masculinity*. Bloomington: Indiana University Press, 1997.

Wass, John. 'The Fantastical World of Hormones'. *Endocrinologist* (Spring 2015), 6–7.

Wolfe, A.B. *'Sex Antagonism*, by Walter Heape'. Reviewed work. *American Journal of Sociology* 20, no. 4 (1915), 551.

Zondek, Bernhard. 'Mass Excretion of strogenic Hormone in the Urine of the Stallion'. *Nature* 133 (1934), 209–10.

第二章

Ah-King, Malin, et al. 'Genital Evolution: Why Are Females Still Understudied?'. *PLOS Biology* 12, no. 5 (2014).

Arnold, Arthur P., et al. 'The Importance of Having Two X Chromosomes'. *Philosophical Transactions of the Royal Society B* 371, no. 1688 (2016).

Austad, Steven N. 'Why Women Live Longer Than Men: Sex Differences in Longevity'. *Gender Medicine* 3, no. 2 (2006), 79–92.

Austad, Steven N. and Andrzej Bartke. 'Sex Differences in Longevity and in Responses to Anti-Aging Interventions: A Mini-Review'.

Gerontology 62, no. 1 (2016).

Beery, Annaliese and Irving Zucker. 'Sex Bias in Neuroscience and Biomedical Research'. *Neuroscience and Biobehavioral Reviews* 35, no. 3 (2011), 565–72.

Berletch, Joel B., et al. 'Genes that Escape from X Inactivation'. *Human Genetics* 130, no. 2 (2011), 237–45.

Buckberry, Sam, et al. 'Integrative Transcriptome Meta-Analysis Reveals Widespread Sex-Biased Gene Expression at the Human Fetal–Maternal Interface'. *Molecular Human Reproduction* 20, no. 8 (2014), 810–19.

Clayton, Janine A. and Francis S. Collins. 'NIH to Balance Sex in Cell and Animal Studies'. Policy. *Nature* 509, no. 7500 (2014), 282–3.

Digitalis Investigation Group. 'The Effect of Digoxin on Mortality and Morbidity in Patients with Heart Failure'. *New England Journal of Medicine* 336, no. 8 (1997), 525–33.

Din, Nafees U., et al. 'Age and Gender Variations in Cancer Diagnostic Intervals in 15 Cancers: Analysis of Data from the UK Clinical Practice Research Datalink'. *PLOS ONE* 10, no. 5 (2015).

European Commission Community Research and Development Information Service. 'Exclusion from Clinical Trials Harming Women's Health'. Last updated 8 March 2007.

Fadiran, Emmanuel O. and Lei Zhang. 'Chapter 2: Effects of Sex Differences in the Pharmacokinetics of Drugs and Their Impact on the Safety of Medicines in Women', in *Medicines for Women*, Mira Harrison-Woolrych (ed.), ADIS, 2015, 41–68.

Fairweather, DeLisa, et al. 'Sex Differences in Autoimmune Disease from a Pathological Perspective'. *American Journal of Pathology* 173, no. 3 (2008), 600–9.

Flory J.H., et al. 'Observational Cohort Study of the Safety of Digoxin Use in Women with Heart Failure'. *British Medical Journal Open*, 13 April 2012.

Furman, David, et al. 'Systems Analysis of Sex Differences Reveals an Immunosuppressive Role for Testosterone in the Response to Influenza Vaccination'. *Proceedings of the National Academy of Scienc-*

es 11, no. 2, 869–74.

Gerontology Research Group. 'Numbers of Living Supercentenarians as of Last Update'. Last updated 9 July 2016.

Giefing-Kroll, Carmen, et al. 'How Sex and Age Affect Immune Responses, Susceptibility to Infections, and Response to Vaccination'. *Aging Cell* 14, no. 3 (2015), 309–21.

Goldhill, Olivia. 'Period Pain Can be "Almost as Bad as a Heart Attack." Why Aren't We Researching How to Treat it?'. *Quartz*, 15 February 2016.

Greenblatt, D.J., et al. 'Gender Differences in Pharmacokinetics and Pharmacodynamics of Zolpidem Following Sublingual Administration'. *Journal of Clinical Pharmacology* 54, no. 3 (2014), 282–90.

Heinrich, Janet. 'Drugs Withdrawn From Market', GAO-01-286R. US Government Accountability Office, 19 January 2001.

Hitchman, Sara C. and Geoffrey T. Fong. 'Gender Empowerment and Female-to-Male Smoking Prevalence Ratios'. *Bulletin of the World Health Organization* 89, no. 3 (2011), 161–240.

Institute of Medicine. *Women's Health Research: Progress, Pitfalls, and Promise*. Washington, DC: The National Academies Press, 2010.

Jha, Prabhat, et al. 'Trends in Selective Abortions of Girls in India: Analysis of Nationally Representative Birth Histories from 1990 to 2005 and Census Data from 1991 to 2011'. *Lancet* 377 (2011), 1921–8.

John, Mary E. *Sex Ratios and Gender Biased Sex Selection: History, Debates and Future Directions*. New Delhi: UN Women, 2014.

Lawn, Joy E., et al. 'Beyond Newborn Survival: The World You are Born Into Determines Your Risk of Disability-Free Survival'. *Pediatric Research* 74, no. S1, 1–3.

Maher, Brendan. 'Women Are More Vulnerable to Infections'. *Nature News*, 26 July 2013.

Ngo, S.T., et al. 'Gender Differences in Autoimmune Disease'. *Frontiers in Neuroendocrinology* 35, no. 3 (2014), 347–69.

Oertelt-Prigione, Sabine. 'The Influence of Sex and Gender on the Immune Response'. *Autoimmunity Reviews* 11, no. 6 (2012),

A479–85.

Peacock, Janet L., et al. 'Neonatal and Infant Outcome in Boys and Girls Born Very Prematurely'. *Pediatric Research* 71, no. 3 (2012), 305–10.

Prothero, Katie E., et al. 'Dosage Compensation and Gene Expression on the Mammalian X Chromosome: One Plus One Does Not Always Equal Two'. *Chromosome Research* 17, no. 5 (2009), 637–48.

Ramesh, Randeep. 'Dozens of Female Babies' Body Parts Found in Disused Indian Well in New Delhi'. *Guardian*, 23 July 2007.

Rathore, S.S., et al. 'Sex-Based Differences in the Effect of Digoxin for the Treatment of Heart Failure'. *New England Journal of Medicine* 347, no. 18 (2002), 1403–11.

Richardson, Sarah S. *Sex Itself: The Search for Male and Female in the Human Genome*. Chicago: University of Chicago Press, 2013.

Richardson, Sarah S., et al. 'Focus on Preclinical Sex Differences Will Not Address Women's and Men's Health Disparities' Opinion. *Proceedings of the National Academy of Sciences USA* 112, no. 44 (2015), 13419–20.

Richardson, Sarah S. 'Is the New NIH Policy Good for Women?'. *Catalyst: Feminism, Theory, and Technoscience* 1, no. 1 (2015).

Robinson, D.P. and S.L. Klein. 'Pregnancy and Pregnancy-Associated Hormones Alter Immune Responses and Disease Pathogenesis'. *Hormones and Behavior* 62, no. 3 (2012), 263–71.

Ropers, H.H. and B.C. Hamel. 'X-Linked Mental Retardation'. *Nature Reviews Genetics* 6, no. 1 (2005), 46–57.

United Nations. 'Health'. Chapter 2 in *The World's Women 2015: Trends and Statistics*.

United Nations Population Fund. *Trends in Sex Ratio at Birth and Estimates of Girls Missing at Birth in India 2001–2008*. New Delhi: UNFPA, 2010.

Yamanaka, Miki and Ann Ashworth. 'Differential Workloads of Boys and Girls in Rural Nepal and Their Association with Growth'. *American Journal of Human Biology* 14, no. 3 (2002), 356–63.

第三章

Alexander, G.M. and M. Hines. 'Sex Differences in Response to Children's Toys in Nonhuman Primates (Cercopithecus aethiops sabaeus)'. *Evolution and Human Behavior* 23, no. 6 (2002), 467–79.

Auyeung, Bonnie, et al. 'Fetal Testosterone Predicts Sexually Differentiated Childhood Behavior in Girls and in Boys'. *Psychological Science* 20, no. 2 (2009), 144–8.

Baron-Cohen, Simon. 'The Extreme Male Brain Theory of Autism'. *Trends in Cognitive Sciences* 6, no. 6 (2002), 248–54.

Baron-Cohen, Simon. *The Essential Difference*. New York: Perseus Books, 2003.

Baron-Cohen, Simon. 'The Truth About Science and Sex'. *Guardian*, 27 January 2005.

Baron-Cohen, Simon, et al. 'Elevated Fetal Steroidogenic Activity in Autism'. *Molecular Psychiatry* 20 (2014), 369–76.

Bryden, M.P., et al. 'Evaluating the Empirical Support for the Geschwind-Behan-Galaburda Model of Cerebral Lateralization'. *Brain and Cognition* 26, no. 2 (1994), 103–67.

Colom, Roberto, et al. 'Negligible Sex Differences in General Intelligence'. *Intelligence* 28, no. 1 (2000), 57–68.

Connellan, Jennifer, et al. 'Sex Differences in Human Neonatal Social Perception'. *Infant Behavior and Development* 23, no. 1 (2000), 113–18.

Cronin, Helena. 'The Vital Statistics'. *Guardian*, 12 March 2005.

Davis, Shannon N. and Barbara J. Risman. 'Feminists Wrestle With Testosterone: Hormones, Socialization and Cultural Interactionism as Predictors of Women's Gendered Selves'. *Social Science Research* 49 (2015), 110–25.

Eliot, Lise. *Pink Brain, Blue Brain: How Small Differences Grow Into Troublesome Gaps—And What We Can Do About It*. Boston: Houghton Mifflin Harcourt, 2009.

Fine, Cordelia. *Delusions of Gender: The Real Science Behind Sex Differences*. London: Icon Books, 2010.

Geschwind, Norman and Albert M. Galaburda. *Cerebral Dominance: The Biological Foundations. Cambridge, MA: Harvard University Press, 1984.

Goy, Robert W. and Bruce S. McEwen. Sexual Differentiation of the Brain: Based on a Work Session of the Neurosciences Research Program. Cambridge, MA: MIT Press, 1980.

Grossi, Giordana and Alison Nash. 'Picking Barbie's Brain: Inherent Sex Differences in Scientific Ability?'. Journal of Interdisciplinary Feminist Thought 2, no. 1 (2007), Article 5.

Gurwitz, Sharon B. 'The Psychology of Sex Differences by Eleanor Emmons Maccoby, Carol Nagy Jacklin'. Reviewed work. American Journal of Psychology 88, no. 4 (1975), 700–3.

Hines, Melissa. 'Sex-Related Variation in Human Behavior and the Brain'. Trends in Cognitive Sciences 14, no. 10 (2010), 448–56.

Hines, Melissa, et al. 'Testosterone During Pregnancy and Gender Role Behavior of Preschool Children: A Longitudinal, Population Study'. Child Development 73, no. 6 (2002), 1678–87.

Hyde, Janet Shibley. 'The Gender Similarities Hypothesis'. American Psychologist 60, no. 6 (2005), 581–92.

Jadva V., et al. 'Infants' Preferences for Toys, Colors, and Shapes: Sex Differences and Similarities'. Archives of Sexual Behavior 39, no. 6 (2010), 1261–73.

Johnson, Wendy, et al. 'Sex Differences in Variability in General Intelligence: A New Look at the Old Question'. Perspectives on Psychological Science 3, no. 6 (2008), 518–31.

Jordan-Young, Rebecca M. Brain Storm: The Flaws in the Science of Sex Differences. Cambridge, MA: Harvard University Press, 2010.

Kolata, Gina Bari. 'Sex Hormones and Brain Development'. Science 205, no. 4410 (1979), 985–7.

Kolata, Gina. 'Math Genius May Have Hormonal Basis'. Science 222, no. 4630 (1983), 1312.

Kung, Karson T.F., et al. 'No Relationship Between Prenatal Androgen Exposure and Autistic Traits: Convergent Evidence From Studies of Children With Congenital Adrenal Hyperplasia and of Amniotic Testosterone Concentrations in Typically Developing Children'. *Journal of Child Psychology and Psychiatry* 57, no. 12 (2016), 1455–62.

Larimore, Walt and Barbara Larimore. *His Brain, Her Brain: How Divinely Designed Differences Can Strengthen Your Marriage.* Grand Rapids, MI: Zondervan, 2008.

Leslie, Sarah-Jane, et al. 'Expectations of Brilliance Underlie Gender Distributions Across Academic Disciplines'. *Science* 347, no. 6219 (2015), 262–5.

Lombardo, Michael V., et al. 'Fetal Testosterone Influences Sexually Dimorphic Gray Matter in the Human Brain'. *Journal of Neuroscience* 32, no. 2 (2012), 674–80.

Lutchmayaa, Svetlana, et al. 'Foetal Testosterone and Eye Contact in 12-Month-Old Human Infants'. *Infant Behavior and Development* 25, no. 3 (2002), 327–35.

Maccoby, Eleanor Emmons and Carol Nagy Jacklin. *The Psychology of Sex Differences.* Palo Alto, CA: Stanford University Press, 1974.

McManus, I.C. and M.P. Bryden. 'Geschwind's Theory of Cerebral Lateralization: Developing a Formal, Causal Model'. *Psychological Bulletin* 110, no. 2 (1991), 237–53.

Martin, Carol Lynn and Diane Ruble. 'Children's Search for Gender Cues: Cognitive Perspectives on Gender Development'. *Current Directions in Psychological Science* 13, no. 2 (2004), 67–70.

Pinker, Steven. 'The Science of Gender and Science: Pinker vs. Spelke: A Debate'. Edge.org, 16 May 2005.

Ruigroka, Amber N.V., et al. 'A Meta-Analysis of Sex Differences in Human Brain Structure'. *Neuroscience and Biobehavioral Reviews* 39 (2014), 34–50.

Van den Wijngaard, Marianne. 'The Acceptance of Scientific Theories and Images of Masculinity and Femininity: 1959–1985'. *Journal of the History of Biology* 24, no. 1 (1991), 19–49.

Wallen, Kim and Janice M. Hassett. 'Sexual Differentiation of Behavior in Monkeys: Role of Prenatal Hormones'. *Journal of Neuroendocrinology* 21, no. 4 (2009), 421–6.

Wolpert, Lewis. *Why Can't a Woman Be More Like a Man?* London: Faber & Faber, 2014.

第四章

Bennett, Craig M. 'The Story Behind the Atlantic Salmon'. Prefrontal. org. 18 September 2009.

Bennett, Craig M., et al. 'Neural Correlates of Interspecies Perspective Taking in the Post-Mortem Atlantic Salmon: An Argument for Multiple Comparisons Correction'. *Journal of Serendipitous and Unexpected Results* 1, no. 1 (2009), 1–5.

'Brain Connectivity Study Reveals Striking Differences Between Men and Women'. News release. Perelman School of Medicine, University of Pennsylvania, 2 December 2013.

Button, Katherine S., et al. 'Power Failure: Why Small Sample Size Undermines the Reliability of Neuroscience'. *Nature Reviews Neuroscience* 14 (2013), 365–76.

Cahill, Larry. 'A Half-Truth is a Whole Lie: On the Necessity of Investigating Sex Influences on the Brain'. *Endocrinology* 153, no. 6 (2012), 2541–3.

Cahill, Larry. 'Equal≠The Same: Sex Differences in the Human Brain'. *Cerebrum* (April 2014).

Connor, Steve. 'The Hardwired Difference Between Male and Female Brains Could Explain Why Men Are "Better at Map Reading"'. *Independent*, 3 December 2013.

Dubb, Abraham, et al. 'Characterization of Sexual Dimorphism in the Human Corpus Callosum'. *NeuroImage* 20 (2003), 512–19.

Fine, Cordelia. 'Gender Differences Found in Brain Wiring: Insight or Neurosexism?'. *Popular Science* (5 December 2013).

Fine, Cordelia, et al. 'Plasticity, Plasticity, Plasticity … and the Rigid Problem of Sex'. *Trends in Cognitive Sciences* 17, no. 11 (2013), 550–1.

Gardener, Helen H. 'Sex and Brain Weight'. Letter to the editor. *Popular Science Monthly* 31, no. 10 (1887), 266–8.

Gardener, Helen H. *Facts and Fictions of Life*, Boston: Arena

Publishing Company, 1893.

Grahame, Arthur. 'Why You May Wear a Small Hat and Still Have a Big Mind'. *Popular Science Monthly* (December 1926), 15–16.

Gray, Richard. 'Brains of Men and Women Are Poles Apart'. *Daily Telegraph*, 3 December 2013.

Gur, Ruben, et al. 'Sex and Handedness Differences in Cerebral Blood Flow During Rest and Cognitive Activity'. *Science* 217 (1982), 659–61.

Gur, Ruben C., et al. 'Sex Differences in Brain Gray and White Matter in Healthy Young Adults: Correlations with Cognitive Performance'. *Journal of Neuroscience* 19, no. 10 (1999), 4065–72.

Gur, Ruben C., et al. 'Age Group and Sex Differences in Performance on a Computerized Neurocognitive Battery in Children Age 8–21'. *Neuropsychology* 26, no. 2 (2012), 251–65.

Haines, Lester. 'Women Crap at Parking: Official'. *Register*, 4 December 2013.

Halpern, Diane F., et al. 'Education Forum: The Pseudoscience of Single-Sex Schooling'. *Science* 333 (2011), 1706–7.

Hammond, William. 'Men's and Women's Brains'. Letter to the editor. *Popular Science Monthly* 31, no. 28 (1887), 554–8.

Ingalhalikar, Madhura, et al. 'Sex Differences in the Structural Connectome of the Human Brain'. *Proceedings of the National Academy of Sciences USA* 111, no. 2 (2014), 823–8.

Joel, Daphna. 'Male or Female? Brains are Intersex'. *Frontiers in Integrative Neuroscience* 5, no. 57 (2011).

Joel, Daphna and Ricardo Tarrasch. 'On the Mis-Presentation and Misinterpretation of Gender-Related Data: The Case of Ingalhalikar's Human Connectome Study'. Letter. *Proceedings of the National Academy of Sciences USA* 111, no. 6 (2014).

Joel, Daphna, et al. 'Sex Beyond the Genitalia: The Human Brain Mosaic'. *Proceedings of the National Academy of Sciences USA* 112, no. 50 (2015), 15468–73.

Khazan, Olga. 'Male and Female Brains Really Are Built Differently'. *Atlantic*, 2 December 2013.

Lecky, Prescott. 'Are Women as Smart as Men?'. *Popular Science Monthly* (July 1928), 28–9.

Maguire, Eleanor A., et al. 'London Taxi Drivers and Bus Drivers: A Structural MRI and Neuropsychological Analysis'. *Hippocampus* 16 (2006), 1091–101.

May, Arne. 'Experience-Dependent Structural Plasticity in the Adult Human Brain'. *Trends in Cognitive Sciences* 15, no. 10 (2011), 475–82.

'Men and Women: Are We Wired Differently?'. TODAY Health. 14 December 2006.

Miller, David I. and Diane F. Halpern. 'The New Science of Cognitive Sex Differences'. *Trends in Cognitive Sciences* 18, no. 1 (2014), 37–45.

'Noted Suffragette's Brain as Good as a Man's Cornel Anatomist Finds, Disproving Old Theory'. *Cornell Daily Sun*, 29 September 1927.

O'Connor, Cliodhna and Helene Joffe. 'Gender on the Brain: A Case Study of Science Communication in the New Media Environment'. *PLOS ONE* 9, no. 10 (2014).

Rippon, Gina, et al. 'Recommendations for Sex/Gender Neuroimaging Research: Key Principles and Implications for Research Design, Analysis, and Interpretation'. *Frontiers in Human Neuroscience* 8, no. 650 (2014).

Romanes, George John. 'Mental Differences of Men and Women'. *Popular Science* Monthly 31 (July 1887).

Sacher, Julia, et al. 'Sexual Dimorphism in the Human Brain: Evidence from Neuroimaging'. *Magnetic Resonance Imaging* 31 (2013), 366–75.

Sample, Ian. 'Male and Female Brains Wired Differently, Scans Reveal'. *Guardian*, 2 December 2013.

Shors, Tracey J., et al. 'Sex Differences and Opposite Effects of Stress on Dendritic Spine Density in the Male versus Female Hippocampus'. *Journal of Neuroscience* 21, no. 16 (2001), 6292–7.

Short, Nigel. 'Vive la Différence'. *New in Chess*, February 2015.

Tan, Anh, et al. 'The Human Hippocampus is not Sexually- Dimorphic: Meta-Analysis of Structural MRI Volumes'. *NeuroImage* 124 (2016), 350–66.

第五章

Ardrey, Robert. *The Hunting Hypothesis: A Personal Conclusion Concerning the Evolutionary Nature of Man*. New York: Atheneum, 1976.

Bliege Bird, Rebecca. 'Fishing and the Sexual Division of Labor Among the Meriam'. *American Anthropologist* 109, no. 3 (2007), 442–51.

Bliege Bird, Rebecca and Brian F. Codding. 'The Sexual Division of Labor'. *Emerging Trends in the Social and Behavioral Sciences* (15 May 2015).

Bribiescas, Richard. *Men: An Evolutionary and Life History*. Cambridge, MA: Harvard University Press, 2006.

Craig, Michael. 'Perinatal Risk Factors for Neonaticide and Infant Homicide: Can We Identify Those at Risk?'. *Journal of the Royal Society of Medicine* 97, no. 2 (2004), 57–61.

Dyble, Mark, et al. 'Sex Equality Can Explain the Unique Social Structure of Hunter-Gatherer Bands'. *Science* 348, no. 6236 (2015), 796–8.

Estioko-Griffin, Agnes. 'Women as Hunters: The Case of an Eastern Cagayan Agta Group', in *The Agta of Northeastern Luzon: Recent Studies*, P. Bion Griffin and Agnes Estioko-Griffin. Cebu City, Philippines: University of San Carlos, 1985.

Estioko-Griffin, Agnes and P. Bion Griffin. 'Woman the Hunter: The Agta', in *Woman the Gatherer*, Frances Dahlberg (ed.). New Haven, CT, and London: Yale University Press, 1981, 121–51.

Goodman, Madeleine J., et al. 'The Compatibility of Hunting and Mothering Among the Agta Hunter-Gatherers of the Philippines'. *Sex Roles* 12, no. 11 (1985), 1199–209.

Gurven, Michael and Kim Hill. 'Why do Men Hunt? A Reevaluation of "Man the Hunter" and the Sexual Division of Labor'. *Current Anthropology* 50, no. 1 (2009), 51–74.

Hawkes, Kristen, et al. 'Family Provisioning is Not the Only

Reason Men Hunt: A Comment on Gurven and Hill'. *Current Anthropology* 51, no. 2 (2010), 259–64.

Hill, Kim, et al. 'Hunter-Gatherer Inter-Band Interaction Rates: Implications for Cumulative Culture'. *PLOS ONE* 9, no. 7 (2014), 1–9.

Hrdy, Sarah Blaffer. *The Langurs of Abu: Female and Male Strategies of Reproduction.* Cambridge, MA: Harvard University Press, 1977.

Hrdy, Sarah Blaffer. *The Woman That Never Evolved.* Cambridge, MA: Harvard University Press, 1981.

Hrdy, Sarah Blaffer. 'The Past, Present, and Future of the Human Family'. The Tanner Lectures on Human Values, University of Utah, 27 and 28 February 2001.

Hrdy, Sarah Blaffer. *Mothers and Others: The Evolutionary Origins of Mutual Understanding.* Cambridge, MA: The Belknap Press of Harvard University Press, 2009.

Hurtado, Ana Magdalena, et al. 'Female Subsistence Strategies Among Ache Hunter-Gatherers of Eastern Paraguay'. *Human Ecology* 13, no. 1 (1985), 1–28.

Kaplan, Hillard S., et al. 'The Evolutionary and Ecological Roots of Human Social Organization'. *Philosophical Transactions of the Royal Society B: Biological Sciences* 364, no. 1533 (2009), 3289–99.

Lee, Richard B. and Irven DeVore (eds). *Man the Hunter.* Chicago: Aldine, 1968.

Magurran, Anne. 'Maternal Instinct'. *New York Times*, 23 January 2000.

Morbeck, Mary Ellen, et al. *The Evolving Female: A Life History Perspective.* Princeton, NJ: Princeton University Press, 1997.

Muller, Martin N., et al. 'Testosterone and Paternal Care in East African Foragers and Pastoralists'. *Proceedings of the Royal Society B* 276, no. 1655 (2009), 347–54.

O'Connell, James F., et al. 'Male Strategies and Plio-Pleistocene Archaeology'. *Journal of Human Evolution* 43, no. 6 (2002), 831–72.

O'Connor, Anahad. 'A Marathon Runner Delivers a Baby'. *New York Times*, 11 October 2011.

Piantadosi, Steven and Celeste Kidd. 'Extraordinary Intelligence and the Care of Infants'. *Proceedings of the National Academy of Sciences USA* 113, no. 25 (2016), 6874–9.

Prüfer, Kay, et al. 'The Bonobo Genome Compared with the Chimpanzee and Human Genomes'. *Nature* 486 (2012), 527–31.

Rosenberg, Karen and Wenda R. Trevathan. 'Birth, Obstetrics and Human Evolution'. *BJOG: An International Journal of Obstetrics and Gynaecology* 109 (2002), 1199–206.

Scommegna, Paola. 'More U.S. Children Raised by Grandparents'. Population Reference Bureau, March 2012.

Sear, Rebecca and David A. Coall. 'How Much Does Family Matter? Cooperative Breeding and the Demographic Transition'. *Population and Development Review* 37 (2011), 81–112.

Slocum, Sally, 'Woman the Gatherer: Male Bias in Anthropology' (originally published under the name Sally Linton in 1971), in *Toward an Anthropology of Women*, Rayna R. Reiter, (ed.). New York: Monthly Review Press, 1975, 36–50.

Walker, Robert S., et al. 'Evolutionary History of Partible Paternity in Lowland South America'. *Proceedings of the National Academy of Sciences* 107, no. 45 (2010), 19195–200.

Washburn, Sherwood and Chet Lancaster. 'The Evolution of Hunting', in *Man the Hunter*, Richard B. Lee and Irven Devore (eds). Chicago: Aldine, 1968, 293–303.

Zihlman, Adrienne L. 'Women as Shapers of the Human Evolution', in *Woman the Gatherer*, Frances Dahlberg (ed.). New Haven, CT, and London: Yale University Press, 1981, 75–120.

Zihlman, Adrienne. 'The Real Females of Human Evolution'. *Evolutionary Anthropology* 21, no. 6 (2012), 270–6.

Zihlman, Adrienne. 'Engendering Human Evolution', in *A Companion to Gender Prehistory*, Diane Bolger (ed.). Hoboken, NJ: Blackwell, 2013.

Zuk, Marlene. *Paleofantasy: What Evolution Really Tells Us About Sex, Diet, and How We Live*. New York: W.W. Norton, 2013.

第六章

Baranowski, Andreas M. and Heiko Hecht. 'Gender Differences and Similarities in Receptivity to Sexual Invitations: Effects of Location and Risk Perception'. *Archives of Sexual Behavior* 44, no. 8 (2015), 2257–65.

Bateman, Angus J. 'Intra-Sexual Selection in Drosophila'. *Heredity* 2 (1948), 349–68.

Bluhm, Cynthia and Patricia Adair Gowaty. 'Social Constraints on Female Mate Preferences in Mallards, Anas platyrhynchos, Decrease Offspring Viability and Mother Productivity'. *Animal Behaviour* 68, no. 5 (2004), 977–83.

Brown, Gillian R., et al. 'Bateman's Principles and Human Sex Roles'. *Trends in Ecology and Evolution* 24, no. 6 (2009), 297–304.

Buss, David M. *The Evolution of Desire: Strategies of Human Mating*. New York: Basic Books, 1994.

Clark, Russell D. and Elaine Hatfield. 'Gender Differences in Receptivity to Sexual Offers'. *Journal of Psychology and Human Sexuality* 2, no. 1 (1989), 39–55.

Clark, Russell D. and Elaine Hatfield. 'Love in the Afternoon'. *Psychological Inquiry* 14, nos 3–4 (2003), 227–31.

Darwin, Charles. *The Descent of Man, and Selection in Relation to Sex*. London: John Murray, 1871

Drickamer, Lee C., et al. 'Free Female Mate Choice in House Mice Affects Reproductive Success and Offspring Viability and Performance'. *Animal Behaviour* 59, no. 2 (2000), 371–8.

Geertz, Clifford. 'Sociosexology'. *New York Review of Books*, 24 January 1980.

Gould, Stephen Jay. 'Freudian Slip'. *Natural History* 96 (1987), 14–21.

Gowaty, Patricia Adair, et al. 'Mutual Interest Between the Sexes and Reproductive Success in *Drosophila pseudoobscura*'. *Evolution* 56, no. 12 (2002), 2537–40.

Gowaty, Patricia Adair, et al. 'No Evidence of Sexual Selection in a Repetition of Bateman's Classic Study of Drosophila melanogaster'. *Proceedings of the National Academy of Sciences USA* 109, no. 29 (2012), 11740–5.

Hrdy, Sarah Blaffer. 'The Evolution of Human Sexuality: The Latest Word and the Last'. *Quarterly Review of Biology* 54, no. 3 (1979), 309–14.

Hrdy, Sarah Blaffer. 'Empathy, Polyandry, and the Myth of the Coy Female', in *Feminist Approaches to Science*, Ruth Bleier (ed.), New York: Pergamon Press, 1986, 119–46.

Janicke, Tim, et al. 'Darwinian Sex Roles Confirmed Across the Animal Kingdom'. *Science Advances* 2, no. 2 (2016).

Milius, Susan. 'If Mom Chooses Dad, More Ducklings Survive'. *Science News* 156, no. 1 (1999), 6.

Miller, Geoffrey. *The Mating Mind: How Sexual Choice Shaped the Evolution of Human Nature*. London: Vintage, 2000.

Pinker, Steven. 'Boys Will Be Boys'. Talk of the Town. *New Yorker*, 9 February 1998, 30–1.

Pinker, Steven. *The Blank Slate: The Modern Denial of Human Nature*. New York: Viking, 2002.

Pinker, Steven. 'Sex Ed'. *New Republic*, 14 February 2005.

Reich, Eugenie Samuel. 'Symmetry Study Deemed a Fraud'. *Nature*, 3 May 2013.

Scelza, Brooke. 'Choosy But Not Chaste: Multiple Mating in Human Females'. *Evolutionary Anthropology*: Issues, News, and Reviews 22, no. 5 (2013), 259–69.

Starin, Dawn. 'She's Gotta Have It'. *Africa Geographic*, May 2008, 57–62 Symons, Donald. *The Evolution of Human Sexuality*. New York: Oxford. University Press, 1979.

Symons, Donald. 'Another Woman That Never Existed'. Review. *Quarterly Review of Biology* 57, no. 3 (1982), 297–300.

Tang-Martínez, Zuleyma. 'Bateman's Principles: Original Experiment and Modern Data For and Against', in *Encyclopedia of Animal Behavior*, M.D. Breed and J. Moore (eds), Oxford: Academic Press, 2010, 166–76.

Tang-Martínez, Zuleyma. 'Rethinking Bateman's Principles:

Challenging Persistent Myths of Sexually Reluctant Females and Promiscuous Males'. *Journal of Sex Research* 53, nos 4–5 (2016), 532–9.

Trivers, Robert L. 'Parental Investment and Sexual Selection', *in Sexual Selection and the Descent of Man*, Bernard Campbell (ed.), Chicago: Aldine, 1972, 136–79.

Trivers, Robert L. 'Sexual Selection and Resource-Accruing Abilities in Anolis Garmani'. *Evolution* 30, no. 2 (1976), 253–69.

Walker, Robert S., et al. 'Evolutionary History of Partible Paternity in Lowland South America'. *Proceedings of the National Academy of Sciences* 107, no. 45 (2010), 19195–200.

第七章

Andics, Attila, et al. 'Voice-Sensitive Regions in the Dog and Human Brain are Revealed by Comparative fMRI'. *Current Biology* 24, no. 5 (2014), 574–8.

De Waal, Frans B.M. 'Bonobo Sex and Society'. *Scientific American*, 1 June 2006.

'Delhi Rapist Says Victim Shouldn't Have Fought Back'. BBC News, 3 March 2015.

Foreman, Amanda. 'Why Footbinding Persisted in China for a Millennium'. *Smithsonian Magazine*, February 2015.

Gowaty, Patricia Adair (ed.). *Feminism and Evolutionary Biology: Boundaries, Intersections and Frontiers*, New York: Chapman & Hall, 1997.

Hrdy, Sarah Blaffer. *The Woman That Never Evolved*. Cambridge, MA: Harvard University Press, 1981.

Hrdy, Sarah Blaffer. 'Raising Darwin's Consciousness: Female Sexuality and the Prehominid Origins of Patriarchy'. *Human Nature* 8, no. 1 (1997), 1–49.

Hrdy, Sarah Blaffer. *Mother Nature: Natural Selection and the Female of the Species*. London: Chatto & Windus, 1999.

Kemper, Steve. 'Who's Laughing Now?' *Smithsonian Magazine*, May 2008.

Lerner, Gerda. *The Creation of Patriarchy*. Oxford: Oxford University Press, 1986.

Muller, Martin N, et al. 'Male Coercion and the Costs of Promiscuous Mating for Female Chimpanzees'. *Proceedings of the Royal Society B* 2074 (2007), 1009–14.

Parish, Amy Randall. 'Sex and Food Control in the "Uncommon Chimpanzee": How Bonobo Females Overcome a Phylogenetic Legacy of Male Dominance'. *Ethology and Sociobiology* 15, no. 3 (1994), 157–79.

Parish, Amy R. and Frans B.M. de Waal. The Other "Closest Living Relative". How Bonobos (*Pan paniscus*) Challenge Traditional Assumptions About Females, Dominance, Intra—and Intersexual Interactions, and Hominid Evolution'. *Annals of the New York Academy of Sciences* 907 (2000), 97–113.

Pavlicev, Mihaela and Günter Wagner. 'The Evolutionary Origin of Female Orgasm'. *Journal of Experimental Zoology* 326, no. 6 (2016), 326–37.

Ralls, Katherine. 'Mammals in Which Females are Larger Than Males'. *Quarterly Review of Biology* 51, no. 2 (1976), 245–76.

Sherfey, Mary Jane. *The Nature and Evolution of Female Sexuality*. New York: Vintage Books, 1973.

Smuts, Barbara. 'The Evolutionary Origins of Patriarchy'. *Human Nature* 6, no. 1 (1995), 1–32.

Stanford, Craig B. 'The Social Behaviour of Chimpanzees and Bonobos: Empirical Assumptions and Shifting Evidence'. *Current Anthropology* 39, no. 4 (1998), 399–420.

Stanford, Craig. 'Despicable, Yes, but Not Inexplicable'. Book review. *Scientific American*, November–December 2009.

Strassmann, Beverly I., et al. 'Religion as a Means to Assure Paternity'. *Proceedings of the National Academy of Sciences* 109, no. 25 (2012), 9781–5.

Tapscott, Rebecca. 'Understanding Breast "Ironing": A Study of the Methods, Motivations, and Outcomes of Breast Flattening Practices in Cameroon'. *Feinstein International Center*, May 2012.

Troisi, Alfonso and Monica Carosi. 'Female Orgasm Rate

逊色：
科学对女性
做错了什么

Increases with Male Dominance in Japanese Macaques'. *Animal Behaviour* 56, no. 5 (1998), 1261–6.

Wardere, Hibo. *'Cut: One Woman's Fight Against FGM.' in Britain Today*. London: Simon and Schuster, 2016.

Watkins, Trevor. 'From Foragers to Complex Societies in Southwest Asia', in *The Human Past—World Prehistory and the Development of Human Societies*, Chris Scarre (ed.). London: Thames & Hudson, 2005, 201–33.

White, F.J. and K.D. Wood. 'Female Feeding Priority in Bonobos, Pan paniscus, and the Question of Female Dominance'. *American Journal of Primatology* 69, no. 8 (2007), 837–50.

World Health Organization, 'Classification of Female Genital Mutilation'.

World Health Organization, 'Prevalence of FGM'.

第八章

Ayers, Beverley, N., et al. 'The Menopause'. *Psychologist* 24 (2011), 348–53.

Bell, Susan E. 'Changing Ideas: The Medicalization of Menopause'. *Social Science and Medicine* 24, no. 6 (1987), 535–42.

Bethlem Museum of the Mind, 'Bethlem's Changing Population'. 26 July 2010.

Bosch, Mercè, et al. 'Linear Increase of Structural and Numerical Chromosome 9 Abnormalities in Human Sperm Regarding Age'. *European Journal of Human Genetics* 11 (2003), 754–9.

Brent, Lauren J.N., et al. 'Ecological Knowledge, Leadership, and the Evolution of Menopause in Killer Whales'. *Current Biology* 25, no. 6 (2015), 746–50.

Clancy, Kate. 'Ladybusiness Anthropologist Throws up Hands, Concedes Men are the Reason for Everything Interesting in Human Evolution'. *Scientific American*. 29 June 2013.

Cooper, Wendy. *No Change: Biological Revolution for Women*. London: Hutchinson, 1975.

Fausto-Sterling, Anne. *Myths of Gender: Biological Theories About Men and Women* (2nd rev edn). New York: Basic Books, 1992.

Foster, Emma A., et al. 'Adaptive Prolonged Postreproductive Life Span in Killer Whales'. *Science* 337, no. 6100 (2012), 1313.

Gurven, M. and H.S. Kaplan. 'Beyond the Grandmother Hypothesis: Evolutionary Models of Human Longevity', in *The Cultural Context of Aging: Worldwide Perspectives* (3rd edn). J. Sokolovsky (ed.). Westport, CT: Praeger, 2009, 53–66.

Hawkes, Kristen, et al. 'Hardworking Hadza Grandmothers', in *Comparative Socioecology: The Behavioural Ecology of Humans and Other Mammals*, V. Standen and R.A. Foley (eds). London: Basil Blackwell, 1989, 341–66.

Hawkes, K., et al. 'Grandmothering, Menopause, and the Evolution of Human Life Histories'. *Proceedings of the National Academy of Sciences* USA 95 (1998), 1336–9.

Hawkes, Kristen and James E. Coxworth. 'Grandmothers and the Evolution of Human Longevity: A Review of Findings and Future'. *Evolutionary Anthropology* 22 (2013), 294–302.

Hrdy, Sarah Blaffer. *Mothers and Others: The Evolutionary Origins of Mutual Understanding*. Cambridge, MA: The Belknap Press of Harvard University Press, 2009.

Im, Eun-Ok, et al. 'Sub-Ethnic Differences in the Menopausal Symptom Experience: Asian American Midlife Women'. *Journal of Transcultural Nursing* 21, no. 2 (2010), 123–3.

Kachel, A. Friederike, et al. 'Grandmothering and Natural Selection'. *Proceedings: Biological Sciences* 278, no. 1704 (2011), 384–91.

Kim, P.S., et al. 'Increased Longevity Evolves from Grandmothering'. *Proceedings of the Royal Society B* 279, no. 1749 (2012), 4880–4.

Kim, P.S., et al. 'Grandmothering Drives the Evolution of Longevity in a Probabilistic Model'. *Journal of Theoretical Biology* 353 (2014), 84–94.

The King's Fund, 'Life Expectancy'.

Kuhle, Barry X. 'An Evolutionary Perspective on the Origin and

Ontogeny of Menopause'. *Maturitas* 57, no. 4 (2007), 329–37.

Lahdenperä, Mirkka. 'Severe Intergenerational Reproductive Conflict and the Evolution of Menopause'. *Ecology Letters* 15, no. 11 (2012), 1283–90.

Lahdenperä, M., et al. 'Menopause: Why Does Fertility End Before Life?'. *Climacteric* 7, no. 4 (2004), 327–32.

Loudon, Irvine. 'Maternal Mortality in the Past and its Relevance to Developing Countries Today'. *American Journal of Clinical Nutrition* 72, no. 1 (2000), 241–6.

Marlowe, Frank. 'The Patriarch Hypothesis: An Alternative Explanation of Menopause'. *Human Nature* 11, no. 1 (2000), 27–42.

Morton, R.A., et al. 'Mate Choice and the Origin of Menopause'. *PLOS: Computational Biology* 9, no. 6 (2013).

O'Connell, James F., et al. 'Grandmothering and the Evolution of Homo Erectus'. *Journal of Human Evolution* 36 (1999), 461–85.

Odame-Asante, Emily. '"A Slave to Her Own Body": Views of Menstruation and the Menopause in Victorian England, 1820–1899'. Dissertation, University College London, 2012.

Percy Smith, R., et al. 'Discussion on the Psychoses of the Climacteric'. *British Medical Journal* 2, no. 2707 (1912), 1378–86.

Rosenhek, Jackie. 'Mad With Menopause'. *Doctor's Review* (February 2014).

Santosa, Sylvia and Michael D. Jensen. 'Adipocyte Fatty Acid Storage Factors Enhance Subcutaneous Fat Storage in Postmenopausal Women'. *Diabetes* 62, no. 3 (2013), 775–82.

Sear, Rebecca and David A. Coall. 'How Much Does Family Matter? Cooperative Breeding and the Demographic Transition'. *Population and Development Review* 37 (2011), 81–112.

Shanley, D.P., et al. 'Testing Evolutionary Theories of Menopause'. *Proceedings of the Royal Society B: Biological Sciences* 274, no. 1628 (2007), 2943–9.

Stone, Bronte A., et al. 'Age Thresholds for Changes in Semen Parameters in Men'. *Fertility and Sterility* 100, no. 4 (2013), 952–8.

Thomas, Elizabeth Marshall. 'Reflections: The Old Way'. *New

Yorker, 15 October 1990.

Tre, Lisa. 'Men Shed Light on the Mystery of Human Longevity, Study Finds'. *Stanford News Service*, 12 September 2007.

Tuljapurkar, S.D., et al. 'Why Men Matter: Mating Patterns Drive Evolution of Human Lifespan'. *PLOS ONE* 2, no. 8 (2007).

US National Center for Health Statistics, 'Mortality in the United States, 2014'.

Ward, Suzie. 'A History of the Treatment of the Menopause'. Dissertation. Wellcome Institute for the History of Medicine, 1996.

Whitehead, Saffron. 'Milestones in the History of HRT'. *Endocrinologist*, Spring 2015, 20–1.

Williams, George C. 'Pleiotropy, Natural Selection, and the Evolution of Senescence'. *Evolution* 11, no. 4 (1957), 398–411.

Wilson, Robert A. *Feminine Forever*. London: W.H. Allen, 1966.

结语

Gracia, Enrique and Juan Merlo. 'Intimate Partner Violence Against Women and the Nordic Paradox'. *Social Science and Medicine* 157 (2016), 27–30.

Guttmacher Institute, 'Last Five Years Account for More Than One-Quarter of All Abortion Restrictions Enacted Since Roe'. 13 January 2016.

Konner, Melvin. *Women After All: Sex, Evolution, and the End of Male Supremacy*. New York: W.W. Norton, 2015.

Montagu, Ashley. *The Natural Superiority of Women*. New York: Macmillan, 1953.

Rúdólfsdóttir, Annadís Greta. 'Iceland is Great for Women, But it's No Feminist Paradise'. *Guardian*, 28 October 2014.

Tavris, Carol. *The Mismeasure of Woman: Why Women are Not the Better Sex, the Inferior Sex*, or the Opposite Sex. New York: Simon & Schuster, 1992.

图书在版编目（ＣＩＰ）数据

逊色：科学对女性做错了什么 /（英）安吉拉·萨
伊尼（Angela Saini）著. 李贯峰译.-- 重庆：重庆
大学出版社，2021.4
（认识你自己）
书名原文：How Science Got Women
Wrong and the New Research That's Rewriting the Story
ISBN 978-7-5689-2089-6

Ⅰ.①逊… Ⅱ.①安… ②李… Ⅲ.①妇女学－通俗
读物 Ⅳ.①C913.68-49
中国版本图书馆CIP数据核字(2021)第006649号

逊色：科学对女性做错了什么
XUNSE KEXUE DUI NÜXING ZUOCUOLE SHENME
（英）安吉拉·萨伊尼　著

李贯峰　译

策划编辑：姚　颖
责任编辑：侯慧娴　　　书籍设计：M^{oo} Design
责任校对：王　倩　　　责任印制：张　策

重庆大学出版社出版发行
出版人：饶帮华
社址：（401331）重庆市沙坪坝区大学城西路21号
网址：http://www.cqup.com.cn
印刷：北京盛通印刷股份有限公司

开本：787mm×1092mm　1/32　印张：12　字数：239千
2021年4月第1版　　2021年4月第1次印刷
ISBN978-7-5689-2089-6　　定价：58.00元

版贸核渝字（2019）第142号